2024年第一季度

First Quarter, 2024

中国货币政策执行报告

CHINA MONETARY POLICY REPORT

中国人民银行货币政策分析小组

Monetary Policy Analysis Group of
the People's Bank of China

中国金融出版社

责任编辑：黄海清　童祎薇
责任校对：孙　蕊
责任印制：陈晓川

图书在版编目（CIP）数据

2024年第一季度中国货币政策执行报告 / 中国人民银行货币政策分析小组编. -- 北京 : 中国金融出版社, 2024. 8. -- ISBN 978-7-5220-2512-4

Ⅰ. F822.0

中国国家版本馆CIP数据核字第2024962VM8号

2024年第一季度中国货币政策执行报告
2024 NIAN DI-YI JIDU ZHONGGUO HUOBI ZHENGCE ZHIXING BAOGAO

出版发行　中国金融出版社
社址　北京市丰台区益泽路2号
市场开发部　（010）66024766，63805472，63439533（传真）
网 上 书 店　www.cfph.cn
（010）66024766，63372837（传真）
读者服务部　（010）66070833，62568380
邮编　100071
经销　新华书店
印刷　天津市银博印刷集团有限公司
尺寸　210毫米×285毫米
印张　10.25
字数　206千
版次　2024年8月第1版
印次　2024年8月第1次印刷
定价　108.00元
ISBN 978-7-5220-2512-4
如出现印装错误本社负责调换　联系电话（010）63263947

本书执笔人

总　　纂：宣昌能　　邹　澜

审　　稿：周铁海　　周永坤　　高　飞　　彭立峰　　孙天琦

张文红　　周　宇　　张雪春　　丁志杰

统　　稿：邱潮斌

执　　笔：

第一部分：李　磊　　宁　可　　王金明　　胡智慧　　王文龙

李　航　　王海纳

第二部分：刘　婕　　蔡春春　　陈　涛　　张　昆　　周泽宇

李慧敏　　韦秋鸣　　戴洁琼　　陈佳腾　　吴诗涵

张尔聪　　王伟涛

第三部分：毛奇正　　刘　旸　　宋玮玮　　梁　爽　　尹曌天

第四部分：张筱钰　　单敬雯　　张　琪　　陈　俊　　杨　越

王奇奇

第五部分：魏辰皓　　程艳芬　　时昱旻

提供材料：李文喆　　刘生福　　罗嗣源　　李思佳　　王西贝

付　童　　杨瑞雯　　陈　阳　　刘　珍　　齐玉录

英文总纂：张丽红

英文审稿：张　勤　　陈苏燕　　以及前述审稿人、执笔人

Nancy Hearst（美国哈佛大学费正清东亚研究中心）

英文翻译：蔡　筠　　陈　松　　陈苏燕　　丁　韡　　付　颖

何君玲　　金　怡　　乐嘉旸　　李旷然　　刘翔宇

刘孜群　　刘雪菲　　吴玉南　　张　勤　　章　曦

郑朝亮　　钟　文　　周璐珍

Contributors to This Report

CHIEF EDITORS:
XUAN Changneng ZOU Lan

READERS:
ZHOU Yihai ZHOU Yongkun GAO Fei PENG Lifeng SUN Tianqi
ZHANG Wenhong ZHOU Yu ZHANG Xuechun DING Zhijie

EDITORS:
QIU Chaobin

AUTHORS:

PART ONE: LI Lei NING Ke WANG Jinming HU Zhihui WANG Wenlong
LI Hang WANG Haina

PART TWO: LIU Jie CAI Chunchun CHEN Tao ZHANG Kun ZHOU Zeyu
LI Huimin WEI Qiuming DAI Jieqiong CHEN Jiateng WU Shihan
ZHANG Ercong WANG Weitao

PART THREE: MAO Qizheng LIU Yang SONG Weiwei LIANG Shuang
YIN Zhaotian

PART FOUR: ZHANG Xiaoyu SHAN Jingwen ZHANG Qi CHEN Jun YANG Yue
WANG Qiqi

PART FIVE: WEI Chenhao CHENG Yanfen SHI Yumin

OTHER CONTRIBUTORS: LI Wenzhe LIU Shengfu LUO Siyuan LI Sijia
WANG Xibei FU Tong YANG Ruiwen CHEN YANG
LIU Zhen QI Yulu

ENGLISH EDITION

CHIEF EDITORS: ZHANG Lihong

EDITORS: ZHANG Qin CHEN Suyan above-mentioned readers and authors
Nancy Hearst (Fairbank Center for East Asian Research, Harvard University)

TRANSLATORS: CAI Yun CHEN Song CHEN Suyan DING Wei FU Ying
HE Junling JIN Yi YUE Jiayang LI Kuangran LIU Xiangyu
LIU Ziqun LIU Xuefei WU Yunan ZHANG Qin ZHANG Xi
ZHENG Zhaoliang ZHONG Wen ZHOU Luzhen

内容摘要

2024年以来，在以习近平同志为核心的党中央坚强领导下，我国宏观调控力度加大，巩固和增强经济回升向好态势，经济运行中积极因素增多，动能持续增强，社会预期改善，高质量发展扎实推进，呈现增长较快、结构优化、质效向好的特征。第一季度国内生产总值（GDP）同比增长5.3%，居民消费价格指数（CPI）同比转正，国民经济实现良好开局。中国人民银行坚持以习近平新时代中国特色社会主义思想为指导，认真落实党中央、国务院决策部署，强化逆周期调节，稳健的货币政策灵活适度、精准有效，为经济回升向好营造了良好的货币金融环境。

一是保持流动性合理充裕。年初降准0.5个百分点，释放中长期流动性超过1万亿元，并综合运用公开市场操作、中期借贷便利、再贷款再贴现等工具，保持流动性合理充裕。注重引导金融机构加强信贷均衡投放，为经济提供稳定、可持续的金融支持。二是促进融资成本稳中有降。下调支农支小再贷款、再贴现利率0.25个百分点，继续推动存款利率市场化，2月引导5年期以上贷款市场报价利率（LPR）下行0.25个百分点。三是引导信贷结构调整优化。设立5 000亿元科技创新和技术改造再贷款，放宽普惠小微贷款认定标准，扩大碳减排支持工具支持对象范围，做好金融“五篇大文章”。四是保持汇率基本稳定。坚持市场在汇率形成中起决定性作用，发挥好汇率对宏观经济、国际收支的调节功能，强化预期引导，防范汇率超调风险。五是加强风险防范化解。健全金融风险监测评估，稳妥处置重点区域和重点机构风险。有序推进金融支持融资平台债务风险化解。强化金融稳定保障体系建设。

货币政策效果逐步显现。融资总量稳定增长，3月末社会融资规模存量、广义货币（M2）同比分别增长8.7%和8.3%，第一季度新增贷款9.5万亿元。信贷结构持续优化，3月末普惠小微贷款和制造业中长期贷款同比分别增长20.3%和26.5%，民营经济贷款同比增长10.7%，均超过全部贷款增速。融资成本稳中有降，3月新发放企业贷款加权平均利率为3.73%，较上年同期低0.22个百分点。人民币对美元汇率小幅波动，对一篮子货币稳中有升，3月末中国外汇交易中心（CFETS）人民币汇率指数较上年末上涨2.4%。

当前我国经济发展面临的战略机遇和风险挑战并存。全球经济复苏动能分化，发达经济体货币政策调整、地缘政治冲突等不确定性依然存在，国内经济持续回升向好仍面临诸多挑战。也要看到，我国经济基础稳、优势多、韧性强、潜能大，开局良好、回升向好是当前经济运行的基本特征和趋势，要增强做好经济工作的信心。下一阶段，中国人民银行将坚持以习近平新时代中国特色社会主义思想为指导，全面贯彻落实党的二十大、中央经济工作会议、中央金融工作会议和全国“两会”精神，坚持稳中求进工作总基调，完整、准确、全面贯彻新发展理念，坚定不移走中国特色金融发展之路，加快建设金融强国，建设现代中央银行制度，着力推动高质量发展。保持货币政策的稳健性，增强宏观政策取向一致性，强化逆周期和跨周期调节，加大对实体经济支持力度，切实巩固和增强经济回升向好态势。

稳健的货币政策要灵活适度、精准有效。合理把握债券与信贷两个最大融资市场的关系，引导信贷合理增长、均衡投放，保持流动性合理充裕，保持社会融资规模、货币供应量同经济增长和价格水平预期目标相匹配。把维护价格稳定、推动价格温和回升作为把握货币政策的重要考量，加强政策协调配合，保持物价在合理水平。持续深化利率市场化改革，发挥贷款市场报价利率改革和存款利率市场化调整机制作用，推动企业融资和居民信贷成本稳中有降。坚持聚焦重点、合理适度、有进有退，为普惠金融、科技创新、绿色发展等重点领域和薄弱环节提供有效支持。畅通货币政策传导机制，避免资金沉淀空转。坚持以市场供求为基础、参考一篮子货币进行调节、有管理的浮动汇率制度，发挥市场在汇率形成中的决定性作用，综合施策、稳定预期，坚决对顺周期行为予以纠偏，防止市场形成单边预期并自我强化，坚决防范汇率超调风险，保持人民币汇率在合理均衡水平上基本稳定。持续有效防范化解重点领域风险，坚决守住不发生系统性风险的底线。

Executive Summary

Since the beginning of 2024, under the strong leadership of the CPC Central Committee with Comrade Xi Jinping at its core, China strengthened macroeconomic regulation and control to consolidate and enhance the upward trend of economic recovery. Bolstered by increased positive factors, continuously enhanced momentum, and improved social expectations, high-quality development achieved solid progress and economic performance was characterized by fast growth, an improved structure as well as higher quality and efficiency. The national economy made a good start in Q1, with the GDP growing 5.3 percent year on year and the CPI rising back into positive territory on a year-on-year basis. Following the guidance of Xi Jinping Thought on Socialism with Chinese Characteristics for a New Era, the People's Bank of China (PBOC) resolutely implemented the decisions and arrangements of the CPC Central Committee and the State Council. It strengthened counter-cyclical adjustments and pursued a prudent monetary policy in a flexible, moderate, precise, and effective manner, thereby providing a sound monetary and financial environment for economic recovery.

First, liquidity remained adequate at a reasonable level. The required reserve ratio (RRR) was cut by 0.5 percentage points at the beginning of 2024, releasing over RMB 1 trillion of medium- and long-term funds. In addition, the PBOC used a mix of tools, including open market operations (OMOs), medium-term lending facility (MLF) operations, and central bank lending and discounts, to keep liquidity adequate at a reasonable level. It also guided financial institutions toward more balanced credit disbursement so as to ensure stable and sustainable financial support for the economy. Second, financing costs remained stable with a downward trend. The PBOC cut the interest rate on central bank lending for rural development, the interest rate on central bank lending for micro and small businesses (MSBs) and the central bank discount rate by 0.25 percentage points, respectively. It continued to promote the market-based reform of the deposit rate. In February, it guided the over-five-year loan prime rate (LPR) to move down by 0.25 percentage points. Third, the credit structure was improved. The PBOC launched RMB 500 billion of central bank lending for sci-tech innovation and technological transformation, lowered the threshold for access to inclusive MSB loans, and expanded the list of financial institutions eligible for the carbon emission reduction facility (CERF) in a bid to develop technology finance, green finance, inclusive finance, old-age finance, and digital finance. Fourth, the exchange rate remained basically stable. Upholding the decisive role of the market in exchange rate formation, the PBOC gave play to the role of the exchange rate in adjusting the macro economy and the balance of payments, strengthened expectation guidance, and prevented the risk of exchange rate overshooting. Fifth, risk prevention and resolution were strengthened. The PBOC intensified financial risk monitoring and assessment and appropriately handled risks in key areas and with key institutions. The work of providing financial support to help resolve the debt risks of financing platforms was promoted in an orderly way, and development of a financial stability guarantee system was stepped up.

The effects of the monetary policy were gradually felt. Aggregate financing grew steadily. At end-March, outstanding aggregate financing to the real economy (AFRE) and broad money (M2) recorded year-on-year growth of 8.7 percent and 8.3 percent, respectively. New RMB loans registered RMB 9.5 trillion in Q1. The credit structure continued to improve. At end-March, inclusive MSB loans and medium and long-term (MLT) loans to the manufacturing sector grew by 20.3 percent and 26.5 percent year on year, respectively, and loans to the private sector grew by 10.7 percent year on year, all of which outpaced overall loan growth. Financing costs were stable with a slight decline. In March, the weighted average rate on new corporate loans registered 3.73 percent, down 0.22 percentage points year on year. The RMB exchange rate fluctuated slightly against the US dollar and remained stable with an upward trend against a basket of currencies. At end-March, the China Foreign Exchange Trade System (CFETS) RMB Index rose by 2.4 percent from the end of 2023.

Currently, China's economic development faces both strategic opportunities and risks and challenges. As the economic recovery momentum diverges across the globe and uncertainties, such as monetary policy shifts in the developed economies and geopolitical conflicts, remain, China needs to overcome quite a number of challenges to achieve sustained economic recovery. However, it should also be noted that the Chinese economy boasts a solid foundation, multiple advantages, and strong resilience, and its performance features a good start and an upward trend. Therefore, we need to enhance confidence in doing a good job in economic work. During the next stage, under the guidance of Xi Jinping Thought on Socialism with Chinese Characteristics for a New Era, the PBOC will fully implement the spirit of the 20th National Congress of the CPC, the Central Economic Work Conference, the Central Financial Work Conference, and the National Two Sessions. It will adhere to the general principle of seeking progress while maintaining stability, and it will apply the new development philosophy fully, faithfully, and comprehensively. Firmly following the path of financial development with Chinese characteristics, the PBOC will speed up efforts to build China into a financial powerhouse, develop a modern central banking system, and work hard to promote high-quality development. Maintaining prudence of monetary policies and enhancing consistency in the macroeconomic policy orientation, the PBOC will strengthen counter-cyclical and inter-temporal adjustments, and it will enhance support for the real economy in a bid to consolidate and reinforce the upward economic recovery trend.

Prudent monetary policies will be flexible, moderate, precise, and effective. Based on a rational understanding of the relationship between the two largest financing markets, namely, the bond market and the credit market, the PBOC will guide reasonable growth and a balanced provision of credit. By doing so, it will keep liquidity adequate at a reasonable level and keep aggregate financing and money supply stay in step with projected economic growth and CPI increase. Maintaining price stability and promoting moderate price recovery will be an important consideration for the implementation of monetary policy. The PBOC will enhance policy coordination to keep prices at a reasonable level. By continuing to deepen the market-oriented interest rate reform and giving play to the role of the LPR reform and the mechanism for market-oriented deposit rate adjustments, it will promote the costs for business financing and for consumer credit to remain stable with a downward trend. Implementing policies in a targeted, appropriate, and flexible way, the PBOC will provide effective support for key areas and weak links, such as inclusive finance, sci-tech innovation, and green development. It will smooth the transmission mechanism of monetary policy and avoid accumulation and idle transfer of funds. Pursuing a managed floating exchange rate regime based on market supply and demand with reference to a basket of currencies, the PBOC will let the market play a decisive role in the formation of the exchange rate. It will take a holistic approach in policy implementation and it will stabilize expectations. It will firmly correct pro-cyclical activities so as to prevent market expectations from becoming unanimously one-sided and self-reinforced, and it will firmly prevent risks arising from exchange rate overshooting so as to keep the RMB exchange rate basically stable at an adaptive and equilibrium level. The PBOC will continue its efforts to effectively prevent and resolve risks in key areas, thereby firmly defending the bottom line whereby no systemic financial risks will occur.

目 录

图

Contents

Figures

第一部分　货币信贷概况

2024年以来，人民银行以习近平新时代中国特色社会主义思想为指导，全面贯彻落实党的二十大、中央经济工作会议、中央金融工作会议精神，按照《政府工作报告》部署，稳健的货币政策灵活适度、精准有效，强化逆周期和跨周期调节，货币信贷和社会融资规模合理增长，综合融资成本稳中有降，信贷结构不断优化，人民币汇率在合理均衡水平上保持基本稳定。

一、银行体系流动性合理充裕

2024年第一季度，人民银行坚持实施稳健的货币政策，综合运用降准、公开市场操作、中期借贷便利（MLF）和再贷款再贴现等多种方式投放流动性。其中，2月降准0.5个百分点，释放中长期流动性超1万亿元。灵活把握公开市场操作力度和节奏，及时熨平春节现金投放、财政税收、政府债券发行等短期波动因素，引导货币市场利率围绕央行公开市场逆回购操作利率平稳运行，为推动金融支持经济高质量发展提供了适宜的流动性环境。3月末，金融机构超额准备金率为1.5%，银行体系流动性合理充裕。

二、金融机构贷款量稳价降

信贷总量合理增长。2023年第一季度金融机构贷款投放较快，2024年以来，人民银行着力引导金融机构加强信贷均衡投放，为支持实体经济留有后劲，提升信贷增长的质效和稳定性。第一季度金融机构信贷冲高现象有所缓解，在保持对实体经济支持力度的同时，投放节奏更趋均衡。3月末，金融机构本外币贷款余额为251.8万亿元，同比增长9.2%，比年初增加9.6万亿元。人民币贷款余

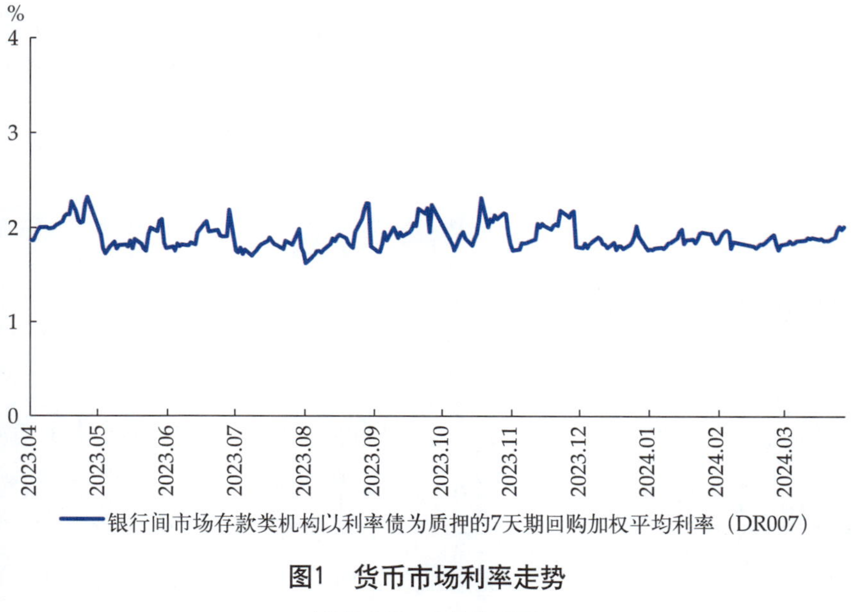

图1　货币市场利率走势

（数据来源：中国货币网）

表 1　2024 年第一季度人民币贷款结构

贷款种类	3 月末余额 / 亿元	同比增速 /%	当年新增额 / 亿元
人民币各项贷款	2 470 493	9.6	94 620
住户贷款	814 370	5.1	13 318
企（事）业单位贷款	1 631 791	11.4	77 735
非银行业金融机构贷款	10 096	100.8	2 336
境外贷款	14 236	48.4	1 231

数据来源：中国人民银行。
注：企（事）业单位贷款是指非金融企业及机关团体贷款。

表 2　2024 年第一季度分机构新增人民币贷款情况

单位：亿元

机构类型	当年新增额
中资大型银行①	51 664
中资中小型银行②	42 462
小型农村金融机构③	13 511
外资金融机构	440

数据来源：中国人民银行。
注：①中资大型银行是指本外币资产总量大于等于2万亿元的银行（以2008年末各金融机构本外币资产总额为参考标准）。
②中资中小型银行是指本外币资产总量小于2万亿元的银行(以2008年末各金融机构本外币资产总额为参考标准)。
③小型农村金融机构包括农村商业银行、农村合作银行、农村信用社。

额为247.0万亿元，同比增长9.6%，比年初增加9.5万亿元。

信贷结构持续优化。3月末，企（事）业单位中长期贷款比年初增加6.2万亿元，在全部企业贷款中的占比为79.8%。制造业中长期贷款余额同比增长26.5%，比全部贷款增速高16.9个百分点。普惠小微贷款余额同比增长20.3%，比全部贷款增速高10.7个百分点；普惠小微授信户数6 201万户，同比增长7.5%。

专栏1　信贷增长与经济高质量发展的关系

近年来，随着我国经济转型升级和高质量发展，我国信贷增长与经济增长的关系趋于弱化。分区域看，各地区贷款增速与经济增速也无必然联系，比如2023年某地区贷款平均增速为11.4%，GDP平均增速为5%，而另一地区贷款平均增速仅为3.3%，但GDP平均增速也有4.8%。一些省份贷款增长较快，但未有效带动经济增长；还有一些省份以较低的信贷增长支持了较快的经济发展，资金使用效率实际是提升的。目前，我国信贷总量已从过去两位数以上的较高增速放缓至个位数，但这不意味着金融支持实体经济力度减弱。主要有以下原因：

一是经济结构调整、转型升级在加快推进。一方面，房地产市场供求关系发生重大转变，地方债务风险防控加强，过去靠房地产、地方融资平台等债务驱动的经济增长模式难以持续。另一方面，传统高度依赖信贷资金的重工业趋于饱和，轻资产服务业占比持续提升。在这个过程中，信贷需求较前些年会出现“换挡”，信贷结构也在优化升级，即使信贷增长比过去低一些，也足够支持经济保持平稳增长。

二是当信贷存量规模比较大时，继续增加信贷投放的边际效果递减。过去我国贷款增速长期保持在两位数以上的较高水平，与当时的发展阶段相适应，为经济发展创造了适宜的环境。尤其是为应对新冠疫情，着力稳住经济大盘，金融又加大了逆周期调节力度，存量货币信贷已经不低，并将持续发挥作用。当前，信贷增长已由供给约束转化为需求约束，对该变化还有个认识、适应的过程，仍有“规模情结”现象。当贷款投放超过实体经济真实有效的融资需求时，不仅会使低效企业长期占用信贷资源、难以出清和优胜劣汰，低价恶性竞争拖累经营高效企业，也容易造成部分企业借助自身优势地位，将低成本贷款资金用于购买理财产品、存定期，或转贷给其他企业，带来企业资金空转套利问题。

三是直接融资的良性替代效应。信贷只是社会融资渠道之一，不能反映金融支持实体经济的全貌。高科技、创新型企业尚未经历完整成熟的生命周期，迫切需要的是与其高风险、高收益、专业性强、知识和信息迭代快等特点相匹配的资金，主要是股权资金等直接融资。随着直接融资发展，融资结构与经济结构转型升级更加适配，同样会导致信贷与经济增长的相关性趋弱。

下一步，要正确认识信贷与经济增长关系的变化，保持合理的融资环境，促进企业转型升级与经济高质量发展。从服务实体经济这个根本宗旨出发，信贷投放归根结底应与经济高质量发展的需要相适配。要科学认识信贷增长和经济增长的关系，转变片面追求规模的传统思维，宏观上要更加注重把握好融资环境的松紧适度。随着信贷结构有增有减，盘活被低效占用的金融资源，减少资金空转沉淀，大力发展直接融资，可能会使信贷总量增速放缓，但真正需要资金的高效企业反而会获得更多融资，从而提高资金使用效率和金融支持质效。

贷款加权平均利率持续处于历史低位。人民银行不断深化利率市场化改革，发挥贷款市场报价利率（LPR）改革和存款利率市场化调整机制效能，推动贷款利率稳中有降。3月，1年期和5年期以上LPR分别为3.45%和3.95%，分别较上年12月持平和下降0.25个百分点。3月，新发放贷款加权平均利率为3.99%，同比下降0.35个百分点，其中，一般贷款加权平均利率为4.27%，同比下降0.26个百分点；企业贷款加权平均利率为

3.73%，同比下降0.22个百分点。金融对实体经济的支持力度持续提升。3月，一般贷款中利率高于LPR的贷款占比为52.81%，利率等于LPR的贷款占比为6.74%，利率低于LPR的贷款占比为40.44%。

外币存款利率和贷款利率总体走升。3月，活期、3个月以内大额美元存款加权平均利率分别为2.46%和4.89%，分别较上年12月上升0.23个和0.19个百分点；3个月以内、3（含）～6个月美元贷款加权平均利率分别为5.83%和5.75%，分别较上年12月上升0.02个和下降0.05个百分点。

存款继续增加。3月末，金融机构本外币各项存款余额为301.4万亿元，同比增长7.6%，比年初增加11.5万亿元。人民币各项存款余额为295.5万亿元，同比增长7.9%，比年初增加11.2万亿元。外币存款余额为8 326亿美元，比年初增加347亿美元。

表 3　2024 年 3 月新发放贷款加权平均利率情况

项目	3 月利率 / %	比上年 12 月变化 / 个百分点	同比变化 / 个百分点
新发放贷款加权平均利率	3.99	0.16	−0.35
一般贷款加权平均利率	4.27	−0.08	−0.26
其中：企业贷款加权平均利率	3.73	−0.02	−0.22
票据融资加权平均利率	2.26	0.79	−0.41
个人住房贷款加权平均利率	3.69	−0.28	−0.45

数据来源：中国人民银行。

表 4　2024 年 1—3 月金融机构人民币贷款利率区间占比

单位：%

月份	减点	LPR	加点					
			小计	(LPR，LPR+0.5%)	[LPR+0.5%，LPR+1.5%)	[LPR+1.5%，LPR+3%)	[LPR+3%，LPR+5%)	LPR+5%及以上
1 月	42.37	6.34	51.28	14.69	16.74	9.82	5.47	4.57
2 月	41.70	6.52	51.77	14.27	15.99	10.30	6.19	5.03
3 月	40.44	6.74	52.81	15.64	16.72	10.26	5.53	4.66

数据来源：中国人民银行。

表 5　2024 年 1—3 月大额美元存款与美元贷款平均利率

单位：%

月份	大额美元存款						美元贷款				
	活期	3 个月以内	3（含）~6 个月	6（含）~12 个月	1 年	1 年以上	3 个月以内	3（含）~6 个月	6（含）~12 个月	1 年	1 年以上
1 月	2.37	4.64	5.24	4.92	5.44	4.82	5.91	5.42	5.29	5.05	5.77
2 月	2.37	4.74	5.20	4.62	5.00	4.99	5.76	5.65	5.20	5.34	5.28
3 月	2.46	4.89	5.29	5.25	4.73	5.27	5.83	5.75	5.39	5.32	6.09

数据来源：中国人民银行。

表 6　2024 年第一季度人民币存款结构情况

项目	3 月末余额 / 亿元	同比增速 /%	当年新增额 / 亿元
人民币各项存款	2 955 054	7.9	1 124 44
住户存款	1 455 456	11.8	85 561
非金融企业存款	788 818	1.5	2 225
机关团体存款	364 134	6.5	10 401
财政性存款	55 082	4.0	−2 855
非银行业金融机构存款	271 522	10.0	15 600
境外存款	20 042	12.8	1 511

数据来源：中国人民银行。

专栏2　从存贷款结构分布看资金流向

新冠疫情以来，我国金融支持实体经济力度增强，贷款持续较快增长，存款明显增加，目前我国贷款余额近250万亿元、存款余额近300万亿元，社会各界都很关注“钱去哪，钱在哪”的问题。

货币有不同层次的统计。“钱去哪，钱在哪”首先涉及“什么是钱”。所谓的“钱”，实际上也就是货币。根据我国的定义，货币供应量是全社会的货币存量，是某一时点承担流通和支付手段的金融工具总和。目前，我国的货币分为M0、M1、M2三个层次。M0，即我们常说的“现金”，最活跃，流动性也最高；M1，是M0加上流动性稍弱一点的单位活期存款；M2，是M1加上流动性更弱一些的单位定期存款、居民存款等。通过银行负债端的存款统计可以体现出“钱在哪”。由于M2可以通过贷款等渠道派生，因此也可以通过银行资产端分析“钱去哪”。

从“钱去哪”角度看，贷款主要投向了企业和实体经济的供给端。分析钱去哪了，先要看贷款的流向。分部门看，3月末我国企（事）业单位贷款、住户贷款分别达163万亿元、81万亿元，分别占全部贷款的66%、33%，企业仍是贷款的大头。也就是说，贷款投放主要用于支持企业扩大投资和生产、居民购房和消费。分期限和行业看，目前我国中长期贷款占比超过三分之二，基建、房地产、制造业等重资产行业约占全部贷款的五成，而居民的非住房消费贷款占比不足10%。实体经济供给端和投资领域融资相对较多，而需求端尤其是消费仍有较大增长潜力。

从“钱在哪”角度看，存款主要在居民部门。在经济循环的过程中，银行如果还在扩张资产、贷款仍在增加，钱不会从实体经济中减少，也不会消失，只是随着企业投资生产、居民消费、财政收支，存款在企业、居民、政府等部门间会有转移。2024年3月末，在约296万亿元的存款总盘子中，居民、企业、政府占比分别为49%、27%和14%，分别较疫情前的2019年上升7.1个、下降4.2个和下降3.3个百分点。贷款主要投向了企业，通过各类支出会体现为居民存款，但由于居民消费有待恢复、总需求不足，存款主要留存在居民部门，没有进一步通过居民部门支出转化为企业存款。同时，企业和居民的存款定期化趋势加剧。定期和活期存款已由2017年的“六四开”升至目前的“七三开”。此外，表内存款和表外资管产品等各类资产的回报率会出现相对变化，影响居民风险偏好和投资行为，居民会相应调整资产配置，这也是影响居民存款占比的重要因素。

当前货币存量已经不少了。过去相当长一段时期，我国经济保持高速增长，经济体量持续增大，都会带来资金需求的上升，规模庞大的存贷款，是过去多年来金融持续不断支持实体经济发展的反映。人民银行着力调节好“货币供应总闸门”，但对于“钱去哪，钱在哪”等存贷款的结构问题，实体经济主体的影响也很大。贷款投向主要取决于不同类别借款人对银行信贷的需求，存款在各经营主体之间的流动更多受实体经济供需是否平衡、循环是否顺畅影响。也要看到，当前我国经济结构调整、转型升级在加快推进，经济更为轻型化，信贷结构也在优化升级。同时，随着有效需求恢复、社会预期改善，资金周转效率提升，资金沉淀的现象也在缓解。庞大的货币总量增长可能放缓，这并不意味着金融支持实体经济的力度减弱，反而是金融支持质效提升的体现。还要看到，直接融资正在加快发展，未来随着柜台债和企业债等债券规模进一步扩大，这些投融资活动并未通过传统的银行存贷款业务来实现，存贷款和货币供应量也会下降。实际上，这类直接融资不断发展，更有利于资源优化配置，资金使用效率提升，间接融资的作用会相应下降。从国际上看，直接融资较为发达的经济体不再以货币供应量作为货币政策中介目标。

下一阶段，人民银行将继续按照党中央、国务院部署，稳健的货币政策灵活适度、精准有效，引导信贷合理增长、均衡投放，盘活存量金融资源，保持社会融资规模、货币供应量同经济增长和价格水平预期目标相匹配。同时，支持发挥政策合力，有效调动经营主体的资金运用，更好实现居民敢消费、企业愿投资、政府能兜底，推动实体经济畅通循环。

三、货币供应量与社会融资规模合理增长

货币总量合理增长。3月末，广义货币供应量（M2）余额为304.8万亿元，同比增长8.3%。狭义货币供应量（M1）余额为68.6万亿元，同比增长1.1%。流通中货币（M0）余额为11.7万亿元，同比增长11.0%。第一季度现金净投放3 766亿元，同比多投放2 805亿元。

社会融资规模保持合理增长。初步统计，3月末社会融资规模存量为390.3万亿元，同比增长8.7%。第一季度社会融资规模增量累计为12.9万亿元，比上年同期少1.6万亿元。主要有以下特点：一是人民币贷款保持合理增长。第一季度金融机构对实体经济发放的人民币贷款增加9.1万亿元，比上年同期

图2　广义货币（M2）和社会融资规模存量同比增速

（数据来源：中国人民银行）

表 7　2024 年第一季度社会融资规模

项目	2024 年 3 月末		2024 年第一季度	
	存量 / 万亿元	同比增速 /%	增量 / 亿元	同比增减 / 亿元
社会融资规模	390.32	8.7	129 288	−16 145
其中：人民币贷款	244.59	9.2	91 094	−15 890
外币贷款（折合人民币）	1.81	-3.6	1 523	917
委托贷款	11.17	-1.3	-995	-1 676
信托贷款	4.1	9.6	1 983	2 024
未贴现银行承兑汇票	3.03	-3.1	5 500	814
企业债券	31.83	1.3	11 207	2 551
政府债券	71.15	14.7	13 584	-4 708
非金融企业境内股票融资	11.51	6	763	-1 386
其他融资	10.88	3.8	1 447	679
其中：存款类金融机构资产支持证券	1.26	-34.1	-1 001	-239
贷款核销	8.86	15.1	2 549	634

数据来源：中国人民银行、国家金融监督管理总局、中国证券监督管理委员会、中央国债登记结算有限责任公司、银行间市场交易商协会等部门。

注：①社会融资规模存量是指一定时期末实体经济从金融体系获得的资金余额。社会融资规模增量是指一定时期内实体经济从金融体系获得的资金额。

②自2023年1月起，人民银行将消费金融公司、理财公司和金融资产投资公司等三类银行业非存款类金融机构纳入金融统计范围。由此，对社会融资规模中“实体经济发放的人民币贷款”和“贷款核销”数据进行调整。

③表中同比数据按可比口径计算。

少增1.6万亿元，占同期社会融资规模增量的70.5%。二是政府债券融资保持合理规模，第一季度政府债券净融资为1.4万亿元，比上年同期少4 708亿元，但与2020—2023年同期均值基本持平；企业直接融资同比多增，第一季度企业债券净融资比上年同期多2 551亿元，非金融企业境内股票融资比上年同期少1 386亿元。三是表外融资有所增加。第一季度信托贷款、未贴现银行承兑汇票分别比上年同期多增2 024亿元和814亿元，委托贷款比上年同期多减1 676亿元。四是贷款核销力度较大，第一季度贷款核销增加2 549亿元，比上年同期多增634亿元。

四、人民币汇率保持基本稳定

2024年以来，跨境资本流动平稳有序，外汇市场供求基本平衡，人民币汇率预期总体稳定。美元指数上涨，国际地缘政治不确定性增加，大宗商品价格出现较大波动，非美货币普遍承压，人民币汇率在全球主要货币中表现相对稳健，总体在合理均衡水平上保持基本稳定。第一季度，人民币汇率以市场供求为基础，对一篮子货币汇率有所升值。3月末，中国外汇交易中心（CFETS）人民币汇率指数报99.78，较上年末升值2.4%。2005年人民币汇率形成机制改革以来至2024年3月末，国际清算银行测算的人民币名义和实际有效汇率分别升值42.9%和37.1%。3月末，人民币对美元汇率中间价为7.0950元，较上年末贬值0.2%，2005年人民币汇率形成机制改革以来累计升值16.7%。

跨境人民币业务保持增长，收支基本平衡。第一季度，跨境人民币收付金额合计14.6万亿元，同比增长28%，其中，实收7.1万亿元、实付7.5万亿元。经常项目下跨境人民币收付金额合计3.7万亿元，同比增长28%，其中，货物贸易收付金额2.9万亿元，服务贸易及其他经常项目下收付金额8 198亿元；资本项目下人民币收付金额合计10.9万亿元，同比增长28%。

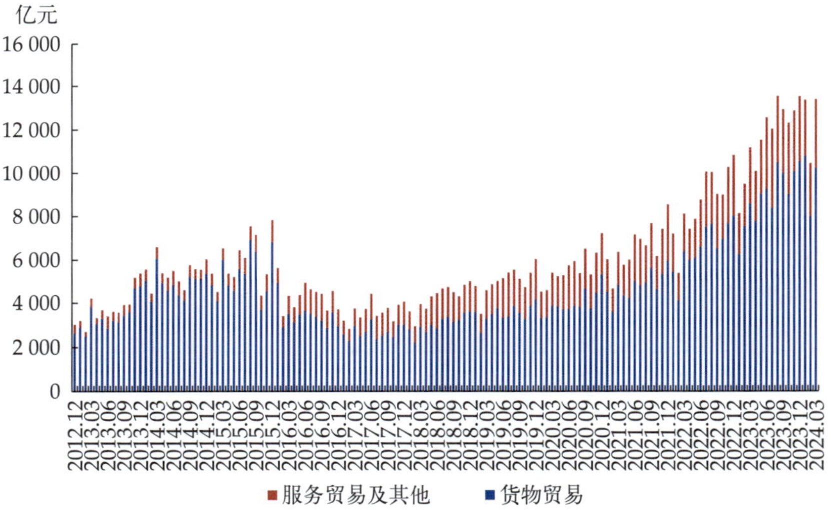

图3　经常项目人民币收付金额按月情况

（数据来源：中国人民银行）

第二部分　货币政策操作

2024年第一季度，人民银行坚决贯彻党中央、国务院决策部署，稳健的货币政策灵活适度、精准有效，保持流动性合理充裕，引导货币信贷总量合理增长、均衡投放，促进社会综合融资成本稳中有降，推动金融资源更多流向重大战略、重点领域和薄弱环节，助力经济发展实现良好开局。

一、灵活开展公开市场操作

前瞻操作稳定春节资金面。第一季度，影响银行体系流动性的因素较为复杂，特别是春节因素扰动较大。人民银行准确预判流动性形势变化，在运用降准、中期借贷便利（MLF）等工具投放中长期流动性的基础上，通过公开市场逆回购操作，灵活精准对银行体系流动性实施边际调节。春节前，及时启动14天期逆回购操作，与7天期逆回购操作灵活搭配，累计投放跨春节流动性1.4万亿元，保障节前流动性平稳；春节后，综合考虑现金回流等情况，及时调整公开市场逆回购操作规模，维护市场资金供求平衡。

保持季末流动性合理充裕。人民银行密切关注第一季度末流动性变化，特别是新《资本管理办法》正式实施对季末金融机构流动性管理和货币市场交易行为的影响，加强流动性分析和市场监测，灵活把握公开市场操作的力度和节奏，在季末及时加大逆回购操作规模，保持流动性合理充裕。第一季度，银行间市场存款类机构7天期回购加权平均利率（DR007）围绕公开市场操作利率平稳运行，均值为1.87%，比上年同期低16个基点，季末也未出现明显波动。

此外，人民银行继续每月开展央行票据互换（CBS）操作，助力提升银行永续债的二级市场流动性。同时，坚持常态化在香港发行人民币央行票据，并结合离岸市场投资需求，增加了部分品种的发行规模。第一季度，人民银行在香港发行3期共700亿元人民币央行票据，包括3个月期央票300亿元、6个月期央票250亿元和1年期央票150亿元，其中6个月期央票增发100亿元，对于增加香港离岸市场高等级人民币资产供给、促进离岸人民币货币市场和债券市场健康发展发挥了积极作用。

二、开展常备借贷便利和中期借贷便利操作

合理把握中期借贷便利（MLF）操作力度。适时适度开展中期借贷便利操作，保障中长期流动性合理供给。第一季度，累计开展中期借贷便利操作1.9万亿元，期限均为1年，利率为2.5%。3月末，中期借贷便利余额为7.2万亿元，比年初增加1 230亿元。

及时开展常备借贷便利（SLF）操作。对地方法人金融机构按需足额提供短期流动性支持，稳定市场预期，增强银行体系流动性的稳定性。第一季度，常备借贷便利累计开展操作62亿元，3月末余额为34亿元。常备借贷便利利率有效发挥了利率走廊上限的作用，维护了货币市场的平稳运行。3月末，隔夜、7天、1个月常备借贷便利利率分别为2.65%、2.80%和3.15%。

三、下调金融机构存款准备金率

前瞻性降准0.5个百分点。2月5日，为保障春节前资金供应，向银行体系提供长期稳定、低成本资金，人民银行下调金融机构人民币存款准备金率0.5个百分点，释放中长期流动性超过1万亿元。此次降准有利于传递加大宏观政策调控力度的政策信号，提振市场信心，也有利于优化央行向银行体系供给流动性的结构，降低银行体系资金成本每年近100亿元。本次降准后，金融机构加权平均存款准备金率为7.0%。

四、继续完善宏观审慎制度和管理框架

发挥好宏观审慎评估（MPA）的导向作用。引导金融机构加强信贷均衡投放，适当平抑第一季度贷款过度冲高，引导信贷节奏向历史平均水平回归，为后三个季度贷款投放留有后劲，抑制资金沉淀空转，提升支持实体经济的可持续性；保持对普惠小微、制造业中长期融资的信贷支持力度，引导更多信贷资源流向重点领域和薄弱环节。

完善系统重要性金融机构监管框架。扎实推进制度建设，研究拟定系统重要性保险公司附加监管规定。加强监测分析，密切跟踪系统重要性银行经营变化。督促落实附加资本要求，提升系统重要性银行抗风险能力。组织审查系统重要性银行恢复计划和处置计划建议，提升其风险应对能力和水平。持续夯实系统重要性金融机构附加监管，发挥好宏观审慎管理与微观审慎监管合力，巩固金融体系稳定根基。

五、发挥货币政策结构优化作用

保持普惠金融较强支持力度。积极运用支农支小再贷款、再贴现，引导地方法人金融机构扩大对涉农、小微和民营企业的信贷投放。扶贫再贷款按照现行规定进行展期，巩固脱贫攻坚成果，支持乡村振兴。继续引导10个省份地方法人金融机构运用好再贷款等工具，促进区域协调发展。3月末，全国支农再贷款余额为6 650亿元，支小再贷款余额为1.7万亿元，扶贫再贷款余额为1 172亿元，再贴现余额为5 991亿元。

持续助推绿色金融更好发展。继续实施碳减排支持工具，扩大支持对象范围，新增纳入部分地方法人金融机构和外资金融机构。支持煤炭清洁高效利用专项再贷款于2023年末到期，存量资金继续有效发挥作用。3月末，两个工具余额分别为5 140亿元、2 641亿元。

进一步加大科技金融支持。设立科技创新和技术改造再贷款，额度5 000亿元，利率1.75%，激励引导金融机构向处于初创期、成长期的科技型中小企业，以及重点领域的数字化、智能化、高端化、绿色化技术改造和设备更新项目提供信贷支持。新的工具是对原有科技创新再贷款和设备更新改造专项再贷款的政策接续和改革完善，支持科技创新和推动大规模设备更新。3月末，科技创新再贷款、设备更新改造专项再贷款余额分别为1 548亿元、1 567亿元。

扎实推进养老金融发展。延续实施普惠养老专项再贷款至2024年末，扩大试点范围至全国，并将支持范围扩大至公益型、普惠型养老机构运营、居家社区养老体系建设、纳入目录的老年产品制造。3月末，工具余额为18亿元。

支持房地产市场平稳健康发展。继续实施保交楼贷款支持计划、租赁住房贷款支持计划。3月末，保交楼贷款支持计划、租赁

住房贷款支持计划余额分别为86亿元、20亿元。用好抵押补充贷款支持政策性开发性金融机构为保障性住房建设、城中村改造、“平急两用”公共基础设施建设提供信贷支持。3月末，抵押补充贷款余额为3.4万亿元。

六、提升信贷政策服务质效

提升民营和小微企业金融服务质效。推动《关于强化金融支持举措 助力民营经济发展壮大的通知》落实落细，指导金融机构制定实施细则，通过完善内部政策安排、强化科技手段运用、拓宽信贷资金来源渠道等，进一步增加金融资源投入，逐步提升民营企业贷款占比。持续开展中小微企业金融服务能力提升工程，推动建立敢贷愿贷能贷会贷长效机制。3月末，民营经济贷款余额同比增长10.7%，占各项贷款的比重同比提升0.4个百分点；普惠小微贷款余额、授信户数同比分别增长20.3%、7.5%，3月新发放的普惠小微贷款加权平均利率为4.36%。

持续推进金融支持乡村全面振兴。锚定建设农业强国目标，加大对粮食安全、设施农业、乡村产业等重点领域的金融资源投入。指导金融机构优化资源配置，强化涉农信用信息整合，拓展数字化管理工具运用，丰富金融产品供给，更好满足乡村振兴领域多元化融资需求。鼓励商业银行发行“三农”专项金融债券，支持符合条件的企业发行乡村振兴票据，拓宽涉农领域直接融资渠道。3月末，涉农贷款余额60.2万亿元，同比增长13.5%。

持续提升金融支持科技创新力度。加大对科技型企业的信贷支持力度，不断提升金融支持科技创新的能力、强度和水平。实施《加大力度支持科技型企业融资行动方案》，推动构建全方位、多层次科技金融服务体系。指导金融机构将更多信贷资源向科创领域倾斜，设立服务科技创新的专营组织架构、专门风控制度、专业产品体系、专项考核机制，提高专业能力。激励银行加强对科技型中小企业、制造业数字化转型等的中长期信贷支持。3月末，高技术制造业中长期贷款余额为2.9万亿元，同比增长27.3%；科技型中小企业贷款余额为2.7万亿元，同比增长20.4%，全国“专精特新”中小企业贷款余额为4.1万亿元，同比增长17.9%，均明显高于全部贷款增速。

持续做好养老金融服务。聚焦银发经济优化养老金融服务，鼓励金融机构优化组织体系建设，创新金融产品服务模式，加大养老领域信贷投放力度。截至2024年3月末，国家开发银行、农业发展银行、工商银行、农业银行、中国银行、建设银行、交通银行7家银行养老产业贷款余额超千亿元。

发挥绿色金融引领作用。引导金融机构坚持对绿色发展和传统能源转型支持并重。精准支持清洁能源、电煤保供、煤电清洁高效利用等领域，为能源安全提供有力的资金保障。加大对绿色领域信贷投放力度，促进绿色贷款高速增长。2024年3月末，绿色贷款余额为33.8万亿元，同比增长35.1%，高于全部贷款增速25.9个百分点。推动绿色债券市场高质量发展，进一步拓宽金融机构绿色资金来源。3月末，我国绿色债券余额超过1.9万亿元。其中绿色金融债券余额约8 700亿元，占绿色债券整体存量超过四成，为金融机构投放绿色信贷提供了稳定的资金来源。

七、健全市场化利率形成和传导机制

深化利率市场化改革。持续释放LPR改

革效能，促进贷款利率稳中有降。1月25日，下调支农支小再贷款、再贴现利率0.25个百分点，2月，引导5年期以上LPR下降0.25个百分点。通过市场化的利率传导机制，贷款利率实现更大幅度下行。3月，企业贷款加权平均利率为3.73%，同比下降0.22个百分点，处于历史低位。发挥利率自律机制作用，规范存款市场竞争秩序。4月，市场利率定价自律机制发布《关于禁止通过手工补息高息揽储　维护存款市场竞争秩序的倡议》，明确要求银行不得以任何形式向客户承诺或支付突破存款利率授权上限的补息，维护市场合理竞争秩序，强化存款利率调整效果，稳定银行负债成本。

因城施策调整首套房贷利率下限。发挥新发放首套房贷利率政策动态调整机制的作用，引导新发放房贷利率下行。截至3月末，全国343个城市（地级及以上）中，75个下调了首套房贷利率下限，64个取消了下限。3月，新发放个人住房贷款利率为3.69%，同比下降0.45个百分点。

八、深化人民币汇率市场化改革

完善以市场供求为基础、参考一篮子货币进行调节、有管理的浮动汇率制度。坚持市场在汇率形成中起决定性作用，发挥汇率调节宏观经济、国际收支的自动稳定器和减震器功能。综合采取措施，加强预期管理，平衡外汇市场供求，防范汇率超调风险，保持人民币汇率在合理均衡水平上的基本稳定。第一季度，人民币对美元汇率中间价最强为7.0770元，最弱为7.1174元，59个交易日中，30个交易日升值、29个交易日贬值。最大单日升值幅度为0.1%（64点），最大单日贬值幅度为0.3%（232点）。人民币对国际主要货币汇率有升有贬，双向浮动。3月末，人民币对美元、欧元、英镑、日元汇率中间价分别较上年末贬值0.2%和升值2.4%、0.5%、6.5%。2005年人民币汇率形成机制改革以来至2024年3月末，人民币对美元、欧元、英

表 8　2024 年第一季度银行间外汇即期市场人民币对各币种交易量

单位：亿元人民币

币种	美元	欧元	日元	港元	英镑	澳大利亚元
交易量	137 366.73	1 846.19	1 034.79	200.95	83.94	212.20
币种	新西兰元	新加坡元	瑞士法郎	加拿大元	澳门元	马来西亚林吉特
交易量	59.42	240.13	28.79	138.24	19.83	9.16
币种	俄罗斯卢布	南非兰特	韩元	阿联酋迪拉姆	沙特里亚尔	匈牙利福林
交易量	18.35	8.25	13.15	8.82	9.03	0.20
币种	波兰兹罗提	丹麦克朗	瑞典克朗	挪威克朗	土耳其里拉	墨西哥比索
交易量	2.48	3.27	11.43	3.18	0.35	4.71
币种	泰铢	印度尼西亚卢比	柬埔寨瑞尔	哈萨克斯坦坚戈	蒙古图格里克	越南盾
交易量	62.07	4.93	0	0	0	0

数据来源：中国外汇交易中心。

镑、日元汇率分别累计升值16.7%、30.5%、60.1%和54.9%。银行间外汇市场人民币直接交易成交较为活跃，流动性平稳，降低了企业的汇兑成本，促进了双边贸易和投资。

九、防范化解金融风险

加强系统性风险监测评估。健全系统性金融风险监测评估框架，不断完善银行业、证券业、保险业、金融市场风险监测。定期开展央行金融机构评级，优化央行评级工作机制，持续完善评级指标与系统。对安全边际内的1～7级机构，继续定期开展银行风险监测预警。对8～10级的高风险银行，区分增量和存量，对存量高风险机构推动各方形成合力，采取多种措施压降；对增量高风险机构建立具有硬约束的早期纠正机制，稳步扩大硬约束早期纠正试点范围。

筑牢金融安全网。秉承“事前防范金融风险过度积累，事中事后快速高效处置风险”的原则，主动防范化解金融风险。强化金融机构的公司治理和风险管理。加强金融监管，促进宏观审慎管理、微观审慎管理、行为监管各司其职，相互配合形成合力。强化处置资源保障，发挥好央行最后贷款人作用。强化金融稳定法制保障，推动金融稳定法尽快出台。

十、提升跨境贸易和投融资服务能力

推进高水平开放试点优化扩围。贯彻落实党中央、国务院关于支持福建建设两岸融合发展示范区国家重大决策部署，在福建部分地区实施跨境贸易投资高水平开放一揽子政策，进一步提高经营主体资金结算便捷度。

不断优化涉外支付服务。提升外籍人员来华支付服务水平，支持外籍人员享受境内移动支付便利，推动支付机构与银行合作落地境外个人“外卡内绑”支付服务，通过分层核验的方式，为外籍人员提供差异化移动支付服务。明确线上外卡收单业务管理要求和原则，便利外籍人员线上刷卡购物。

深化对外货币金融合作。稳步推进双边本币互换，优化本币互换框架，发挥互换对支持离岸人民币市场发展和促进贸易投资便利化的作用。以周边及共建“一带一路”国家为重点，加强央行间本币结算合作，优化境外人民币使用环境。3月末，在人民银行与境外货币当局签署的双边本币互换协议下，境外货币当局动用人民币余额1 154亿元，人民银行动用外币余额折合2.46亿美元，对促进双边贸易投资发挥了积极作用。

专栏3　持续提升外籍来华人员支付便利性

人民银行深入贯彻党中央、国务院决策部署，认真落实《国务院办公厅关于进一步优化支付服务提升支付便利性的意见》（以下简称《意见》）要求，将优化支付服务作为重点工作，加强跨部门协作，加快健全政策体系，建立横向贯通、条块结合、重点推进的立体化工作格局，多措并举优化支付服务，实抓实干打通支付堵点，持续提升外籍来华人员支付便利性。

一是完善政策框架，强化协同发力。牵头15个部门起草《意见》，分别会同商务部、文旅部等部门联合发文，细化政策举措，出台配套实施细则，构建以《意见》为基础、联合发文为补充的“1+N”政策体系，推动商业、文旅、交通等领域优化支付服务工作。部署人民银行分行加强与当地政府沟通协作，结合实际明确具体工作方案，指导北京、广州、深圳、成都、大连等地印发工作实施方案。

二是聚焦重点城市、重点机构。结合外籍来华人员聚集地、热门旅游景区、涉外支付情况等，综合确定北京、上海、广州、深圳、成都等17个重点城市和21家重点机构，要求制订具体工作方案和重点任务分解表，明确时间表和路线图，力争在短期内取得明显成效。分别在北京、上海等多个重点城市召开优化支付服务推进会，督促各地、各部门、各行业协同合作，加大工作推进力度。

三是紧盯重点任务，打通支付堵点。移动支付方面，指导支付宝、财付通优化“外卡内绑”“外包内用”业务流程，丰富产品功能，提升交易限额，便利入境人员使用移动支付。银行卡受理方面，加快推进机场、酒店、景区等重点场所、重点商户受理境外银行卡改造，改善银行卡受理环境。外币兑换方面，综合运用银行网点、外币兑换设施、ATM等渠道提供现钞兑换服务，优化外币兑换服务供给，丰富外币兑换币种供应。现金使用方面，组织商业银行发放包含1元、5元、10元等不同面额的人民币现金“零钱包”，保障现金供应，持续开展拒收人民币现金专项整治工作。账户服务方面，组织商业银行、支付机构进一步优化开户服务流程，合理实施账户分类分级管理，完善多语言服务、咨询投诉等开户配套服务，不断提升账户服务水平。

四是强化政策解读和宣传推广。多渠道及时回应社会关切，更好便利外籍来华人员了解相关政策。开设“优化支付服务”专栏，持续宣传推广各地、各机构经验做法及成效。发布中、英多语种及各地区支付指南，通过境外平台推广，阅读量超1 400万次。利用短视频和图解等形式，持续、广泛报道优化支付服务举措成效和典型案例。据不完全统计，新华社、总台央视、中国新闻社、中国日报等媒体相关报道阅读量超1 500万次。

经过各方共同努力，优化支付服务工作取得明显成效。一是移动支付便利性进一步提升。据统计，2024年第一季度，入境人员移动支付交易3 900多万笔、金额56亿元，均同比增长近11倍。其中，3月笔数、金额较2月环比分别增长64%、67%。二是银行卡受理环境持续改善。截至2024年3月末，重点城市重点商户境外银行卡受理覆盖率较2月末提高20个百分点。三是现金使用环境明显优化。工行、农行、中行、建行、交行等重点银行全国范围ATM均支持使用境外银行卡取现，超6万家银行网点、近2 300个外币兑换设施支持外币兑换，累计发放人民币现金“零钱包”262万个。四是账户服务持续优化。截至2024年3月末，累计为境外来华人员（含港澳台居民）开立银行账户2 279万户，较年初增加81万户。

下一步，人民银行将继续贯彻落实党中央、国务院决策部署，按照既定方案和目标，与相关部门和地方政府密切协作，充分发挥立体化工作格局的作用，聚焦重点城市、重点机构、重点任务，持续优化支付服务，进一步提升支付便利性。

第三部分 金融市场运行

2024年第一季度金融市场整体平稳运行。货币市场利率小幅回升，市场交易活跃。国债和企业债券发行利率回落，债券发行量增加。股票市场成交量增加，筹资额同比减少。

一、金融市场运行概况

（一）货币市场利率回升，市场交易活跃

货币市场利率有所回升。2024年3月，同业拆借月加权平均利率为1.88%，质押式回购月加权平均利率为1.91%，比上年12月分别高10个和1个基点。银行业存款类金融机构间利率债质押式回购月加权平均利率为1.76%，低于质押式回购月加权平均利率15个基点。3月末，隔夜和1周Shibor分别为1.72%和1.97%，较上年末分别下降3个和上升10个基点。

货币市场回购交易活跃。第一季度，银行间市场债券回购累计成交418.7万亿元，日均成交6.9万亿元，同比增长18.6%；同业拆借累计成交26.3万亿元，日均成交4 313亿元，同比减少20.2%。从期限结构看；隔夜回购成交量占回购总量的85.5%，比重较上年同期下降0.9个百分点；隔夜拆借成交量占拆借总量的85.4%，比重较上年同期下降4.6个百分点。交易所债券回购累计成交118万亿元，同比增长4.3%。

同业存单和大额存单业务有序发展。第一季度，银行间市场发行同业存单6 818期，

表 9 2024 年第一季度金融机构回购、同业拆借资金净融出、净融入情况

单位：亿元

机构类型	回购市场		同业拆借	
	2024 年第一季度	2023 年第一季度	2024 年第一季度	2023 年第一季度
中资大型银行①	−2 071 865	−1 420 541	−118 656	−109 762
中资中型银行②	−205 865	−298 799	20 364	−20 546
中资小型银行③	206 702	91 660	11 287	19 852
证券业机构④	609 115	461 284	75 807	90 221
保险业机构⑤	85 343	46 201	730	254
外资银行	11 978	14 474	−3 730	−2 510
其他金融机构及产品⑥	1 364 593	1 105 721	14 197	22 492

数据来源：中国外汇交易中心。

注：①中资大型银行包括工商银行、农业银行、中国银行、建设银行、国家开发银行、交通银行、邮政储蓄银行。

②中资中型银行包括政策性银行、招商银行等9家股份制商业银行以及北京银行、上海银行、江苏银行。

③中资小型银行包括恒丰银行、浙商银行、渤海银行、其他城市商业银行、农村商业银行和合作银行、民营银行、村镇银行。

④证券业机构包括证券公司、基金公司和期货公司。

⑤保险业机构包括保险公司和企业年金。

⑥其他金融机构及产品包括城市信用社、农村信用社、财务公司、信托投资公司、金融租赁公司、资产管理公司、社保基金、基金、理财产品、信托计划、其他投资产品等，其中部分金融机构和产品未参与同业拆借市场。

⑦负号表示净融出，正号表示净融入。

发行总量为7.4万亿元，二级市场交易总量为60.9万亿元，3月末同业存单余额为16.1万亿元。3个月期同业存单发行加权平均利率为2.26%，比同期限Shibor低2个基点。第一季度，金融机构发行大额存单2.8万期，发行总量为5.6万亿元，同比增加364亿元。

利率互换市场平稳运行。第一季度，人民币利率互换市场达成交易8.1万笔，同比下降3.0%；名义本金总额7.8万亿元，同比下降2.2%。从期限结构来看，1年及1年以下交易最为活跃，名义本金总额达5.5万亿元，占总量的69.8%。人民币利率互换交易的浮动端参考利率主要包括7天回购定盘利率和Shibor，与之挂钩的利率互换交易名义本金占比分别为94.6%和4.5%。第一季度，以LPR为标的的利率互换共成交219笔，名义本金392.2亿元。

利率期权业务平稳发展。第一季度利率期权交易共计成交121笔、259.4亿元，其中利率互换期权成交4笔、18亿元，利率上限/下限期权成交117笔、241.4亿元。

（二）债券发行利率回落，债券发行量同比增加

债券发行利率回落。3月，财政部发行的10年期国债收益率为2.31%，较上年12月下降28个基点；主体评级AAA级的企业发行的一年期短期融资券平均利率为2.35%，较上年12月下降74个基点。

国债收益率整体下行，期限利差小幅扩大。3月末，1年期、3年期、5年期、7年期、10年期国债收益率分别为1.72%、2.03%、2.20%、2.32%和2.29%，较上年末分别下行36个、26个、20个、22个和27个基点；1年期和10年期国债利差为57个基点，较上年末扩大9个基点。

表 10　2024 年第一季度利率互换交易情况

时间	交易笔数 / 笔	交易量 / 亿元
2024 年第一季度	81 050	78 331
2023 年第一季度	83 587	80 077

数据来源：中国外汇交易中心。

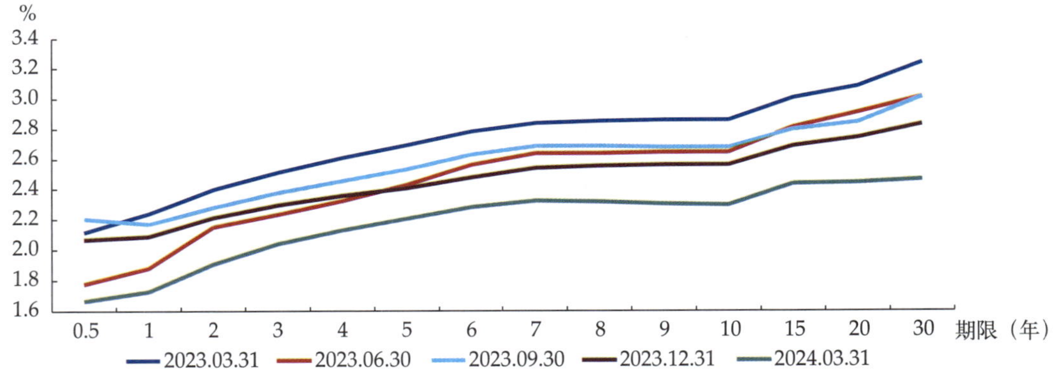

图4　银行间市场国债收益率曲线变化情况

（数据来源：中央国债登记结算有限责任公司）

专栏4　如何看待当前长期国债收益率

长期国债收益率是作为金融市场定价基准的国债收益率曲线的重要组成部分，市场关注度一直较高。2024年第一季度，长期国债收益率出现下行，10年期国债收益率从年初的2.56%下降至2.29%，30年期国债收益率从年初的2.84%下降至2.46%，分别下行27个和38个基点。长期国债收益率主要反映长期经济增长和通胀的预期，同时也受到安全资产缺乏等因素的扰动。

从宏观层面看，我国经济长期向好的基本面没有改变，经济基础稳、优势多、韧性强、潜能大，未来较长时期仍将保持合理增速。当前，随着疫情防控平稳转段和前期宏观经济政策效果逐步显现，经济回升向好的趋势也在不断巩固。2023年，我国实现了5.2%的经济增长，2024年第一季度继续保持5.3%的较高增速，开局良好，PMI、投资、出口等经济指标和社会预期还在改善。这些因素都将支撑长期国债收益率总体运行在与长期经济增长预期相匹配的合理区间内。

从微观层面看，市场缺乏安全资产对长期国债收益率也产生了影响。第一季度，银行、保险等机构出于“早买早收益”的考虑，资产配置需求集中释放，投资者无风险资产需求也在上升，债券市场投资的需求相应增多。截至3月末，开放式公募债券基金规模5.7万亿元，较上年同期增长了36.3%。特别是，部分机构为增厚债券投资收益拉长投资久期，对长期债券的需求增加。第一季度，银行间债券市场20～30年期债券成交8.9万亿元，同比增长约5倍，其中，农村金融机构交易规模占银行间债券市场比重为24.8%，较上年同期上升约10.5个百分点。

4月下旬以来，长期国债利率有所回升。4月末，30年期国债到期收益率已回升至2.5%以上，债券市场供需关系边际改善。理论上，固定利率的长期债券久期长，对利率波动比较敏感，市场投资者会更为关注长期债券投资的利率风险，坚持审慎理性的投资理念，防范投资行为过于短期化可能带来的损失。

我国长期国债收益率在反映市场预期和宏观经济方面总体是有效的。近年来货币政策逆周期调节力度较强，为债券市场平稳运行持续营造了良好的流动性环境；2024年积极财政政策的力度比较大，计划发行的政府债券规模也不小，发行节奏还会加快。债券市场供求有望进一步趋于均衡，长期国债收益率与未来经济向好的态势将更加匹配。

债券发行同比增加。第一季度各类债券累计发行17.3万亿元，同比增长5.4%，比上年同期增加8 889亿元，主要是国债、同业存单和非金融企业债务融资工具增加较多。3月末，国内各类债券余额为160.8万亿元，同比增长9.0%。

现券交易量保持较快增长。第一季度债券市场现券总成交106.9万亿元，同比增长42.9%，其中银行间债券市场现券交易96.9万亿元，同比增长46.6%。交易所债券现券成交

表 11　2024 年第一季度各类债券发行情况

单位：亿元

债券品种	发行额	较上年同期增减
国债	24 488	2 987
地方政府债券	14 869	-4 278
中央银行票据	0	0
金融债券①	95 098	8 059
其中：国家开发银行及政策性金融债	12 538	-6 082
同业存单	73 451	13 265
公司信用类债券②	37 469	1 727
其中：非金融企业债务融资工具	25 863	2 180
企业债券	247	-1 047
公司债	8 635	765
国际机构债券	590	394
合计	172 514	8 889

数据来源：中国人民银行、中国证券监督管理委员会、中央国债登记结算有限责任公司，根据提供方最新数据更新。

注：①金融债券包括国家开发银行金融债、政策性金融债、商业银行普通债、商业银行次级债、商业银行资本混合债、证券公司债券、同业存单等。

②公司信用类债券包括非金融企业债务融资工具、企业债券以及公司债、可转债、可分离债、中小企业私募债，非金融企业发行的交易所资产支持证券等。

10.1万亿元，同比增长15.3%。

（三）票据融资稳中有降，票据市场利率基本平稳

票据承兑余额回落。第一季度，企业累计签发商业汇票7.8万亿元，同比上升32.7%；期末商业汇票未到期金额为16.4万亿元，同比下降1.9%。3月末，票据承兑余额较上年末减少7 781亿元。由中小微企业签发的银行承兑汇票占比为72.7%。

票据融资业务总体平稳运行。第一季度，金融机构累计贴现13.5万亿元，同比上升25%。3月末，票据融资余额为11.6万亿元，同比下降1.5%；占全部贷款的比重为4.7%，同比下降0.5个百分点。第一季度，票据市场利率基本平稳。

（四）股票市场成交量增加，筹资额同比减少

沪深指数走势分化。3月末，上证综合指数收于3 041点，比上年末上涨2.2%；深证成分指数收于9 401点，比上年末下跌1.3%。股票市场成交量增加，筹资额同比减少。第一季度沪、深股市累计成交51.5万亿元，日均成交8 877亿元，同比增长0.8%。第一季度累计筹资780亿元，同比减少70.3%。

（五）保险业保费收入同比增加，资产增长加快

2024年第一季度，保险业累计实现保费收入2.2万亿元，同比增长10.7%，比上年高1.6个百分点；累计赔款、给付7 352亿元，同比增长49.1%，其中，财产险赔付同比增长

表12　2024年3月末主要保险资金运用余额及占比情况

项目	余额/亿元		占资产总额比重/%	
	2024年3月末	2023年3月末	2024年3月末	2023年3月末
资产总额	328 591	283 664	100.0	100.0
其中：银行存款	31 502	28 450	9.6	10.0
投资	267 879	231 756	81.5	81.7

数据来源：国家金融监督管理总局。

11.0%，人身险赔付同比增长74.6%。

保险业资产增长加快。2024年3月末，保险业总资产32.9万亿元，同比增长15.8%，增速比上年末高5.4个百分点。其中，银行存款同比增长10.7%，投资类资产同比增长15.6%。

（六）外汇即期交易回落，掉期交易上升

第一季度，人民币外汇即期交易累计成交金额折合2万亿美元，同比下降13.3%；人民币外汇掉期交易累计成交金额折合5.6万亿美元，同比增长13.5%，其中，隔夜美元掉期交易累计成交金额3.8万亿美元，占总成交金额的67.6%；人民币外汇远期交易累计成交金额折合523亿美元，同比增长155.3%。“外币对”累计成交金额折合6 413亿美元，同比增长43.2%，其中，成交最多的产品为美元对日元，占市场比重为45.1%。

（七）黄金价格上涨，成交活跃

3月末，国际黄金价格收于2 214.35美元/盎司，较上年末上涨6.5%。上海黄金交易所Au99.99收于527.54元/克，较上年末上涨10.0%。第一季度，上海黄金交易所黄金成交量1.5万吨，同比增长32.3%；成交额7.5万亿元，同比增长54.7%。

二、金融市场制度建设

（一）债券市场制度建设

推动人民币债券成为离岸市场可广泛接受的合格担保品。2024年1月24日，人民银行和香港金管局合作，将“债券通”项下的人民币债券纳入香港金管局人民币流动资金安排合格抵押品。这是首次在离岸市场确立境内债券的担保品功能，有利于提升境外机构持债意愿，进一步增强中国债券市场的吸引力，为境内债券成为全球广泛接受的合格抵押品奠定基础，稳慎扎实推进人民币国际化，巩固香港国际金融中心地位，实现香港更好发展。

促进银行间债券市场柜台业务规范发展。2月，人民银行发布《关于银行间债券市场柜台业务有关事项的通知》，进一步明确柜台债券业务品种、交易方式和投资者开户等方面的要求，便利居民和其他机构投资者参与债券投资，拓展居民财产性收入渠道，优化融资结构，提升债券市场运行效率。

（二）证券市场改革和制度建设

完善资本市场制度建设。3月15日，证监会发布《关于严把发行上市准入关从源头上提高上市公司质量的意见（试行）》《关于

加强上市公司监管的意见（试行）》《关于加强证券公司和公募基金监管加快推进建设一流投资银行和投资机构的意见（试行）》《关于落实政治过硬能力过硬作风过硬标准全面加强证监会系统自身建设的意见》等政策文件，从强监管、防风险、促高质量发展等方面，落实监管要“长牙带刺”、有棱有角要求，突出“强本强基”和“严监严管”，推进建设中国特色资本市场。

（三）保险市场制度建设

加强人身保险公司分类监管。3月，金融监管总局发布《人身保险公司监管评级办法的通知》。搭建风险综合评估体系，通过多维度评价确定保险公司综合风险等级；提高风险识别和预警能力，实现风险关口前移；将风险划分为1～5级和S级，并科学评估风险等级；根据监管评级结果实施分级分类管理，将评级结果与现场检查、早期纠正相衔接。

完善巨灾保险制度建设。3月，金融监管总局和财政部印发《关于扩大城乡居民住宅巨灾保险保障范围　进一步完善巨灾保险制度的通知》。扩展巨灾保险责任，增加对台风、洪水、暴雨、泥石流、滑坡等自然灾害的保障，提升基本保险金额，由城镇居民住宅每户5万元、农村居民住宅每户2万元，分别提升至10万元、4万元，支持商业巨灾保险发展，满足各地区差异化风险保障需求。

第四部分　宏观经济分析

一、世界经济金融形势

全球经济总体延续复苏态势，增长分化有所加剧。发达经济体通胀压力总体缓解，继续回落的速度或不及预期。地缘政治风险上升、需求下滑，也可能拖累全球贸易和投资增长。美欧等主要发达经济体降息时点仍存在不确定性，潜藏的金融风险还需关注。

（一）主要经济体经济和金融市场概况

全球经济复苏分化。美国经济运行总体平稳，2023年GDP增长2.5%，高于2022年的1.9%。3月，美国ISM制造业PMI为50.3，自2022年11月以来首次回到荣枯线上方。欧洲经济疲软，2023年欧元区GDP增长0.4%，远低于2022年的3.4%。3月，欧元区制造业PMI下滑至46.1，连续21个月位于收缩区间。英国2023年GDP仅增长0.1%，经济增长明显放缓。日本2023年GDP增长1.9%，下半年增速较上半年明显放缓，后续复苏势头有待观察。

美国通胀有所反弹，欧洲延续回落态势。2024年3月，美国CPI同比上涨3.5%，较2月回升0.3个百分点，连续2个月反弹，核心CPI与上月持平。3月欧元区HICP同比上涨2.4%，较2月的2.6%进一步回落。3月英国CPI同比上涨3.2%，较2月的3.4%继续回落。

劳动力市场供需趋于平衡。2024年3月，美国失业率从2月的3.9%降至3.8%。劳动参与率较2月上升0.2个百分点至62.7%，但较疫情前仍低0.6个百分点。新增非农就业30.3万人，高于2月的27.5万人。非农时薪同比增长4.1%，略低于2月的4.3%。3月职位空缺数为849万个，较上月下降32万个，降至三年来最低水平。

国际金融市场总体向好。全球股市总体上涨。截至3月末，美标普500指数、欧元区STOXX50指数和日经225指数2024年以来分别累计上涨10.2%、12.4%和20.6%。受主要经济体央行暂停加息、投资者对经济软着陆保持乐观预期等因素推动，全球股市表现较好。债市收益率上行。2024年以来，美国经济数据相对偏强，通胀回落速度不及预期，市场对美联储年内首次降息时点的预测不断推迟，推动国债收益率逐步走高。截至3月末，美国10年期国债收益率收报4.2%，较上年末高32个基点。德国和英国10年期国债收益率分别收报2.31%和3.95%，较上年末分别高29个和33个基点。美元指数波动上行。与其他主要发达经济体相比，美国经济表现为美元延续上行走势提供支撑。2024年以来，美元指数总体在100～105的区间内高位波动，3月末收报104.51，较上年末上升3.1%。大宗商品价格总体呈回升态势。原油、铜、铝等价格普遍回升，黄金价格也创出历史新高。

（二）主要经济体货币政策

美联储降息时点可能延后，日本结束负利率和收益率曲线控制政策。美联储维持联邦基金利率目标区间在5.25%～5.5%，2024年3月议息会议后，鲍威尔表示政策利率很

表 13　主要发达经济体宏观经济金融指标

经济体	指标	2023 年第一季度			2023 年第二季度			2023 年第三季度			2023 年第四季度			2024 年第一季度		
		1 月	2 月	3 月	4 月	5 月	6 月	7 月	8 月	9 月	10 月	11 月	12 月	1 月	2 月	3 月
美国	实际 GDP 增速（环比折年率，%）	2.2			2.1			4.9			3.4			1.6		
	失业率（%）	3.4	3.6	3.5	3.4	3.7	3.6	3.5	3.8	3.8	3.8	3.7	3.7	3.7	3.9	3.8
	CPI（同比，%）	6.4	6.0	5.0	4.9	4.0	3.0	3.2	3.7	3.7	3.2	3.1	3.4	3.1	3.2	3.5
	DJ 工业平均指数（期末）	34 086	32 657	33 274	34 098	32 908	34 408	35 560	34 722	33 508	33 053	35 951	37 690	38 150	38 996	39 807
欧元区	实际 GDP 增速（同比，%）	1.3			0.6			0.1			0.1			0.4		
	失业率（%）	6.7	6.6	6.6	6.5	6.5	6.5	6.6	6.5	6.6	6.6	6.5	6.5	6.5	6.5	6.5
	HICP（同比，%）	8.6	8.5	6.9	7.0	6.1	5.5	5.3	5.2	4.3	2.9	2.4	2.9	2.8	2.6	2.4
	EURO STOXX 50（期末）	4 163	4 238	4 315	4 359	4 218	4 399	4 471	4 297	4 175	4 061	4 382	4 522	4 648	4 878	5 083
英国	实际 GDP 增速（同比，%）	0.3			0.2			0.2			–0.3			0.2		
	失业率（%）	3.8	3.9	4.0	3.9	4.0	4.2	4.3	4.2	4.1	4.0	3.9	3.8	4.0	4.2	
	CPI（同比，%）	10.1	10.4	10.1	8.7	8.7	7.9	6.8	6.7	6.7	4.6	3.9	4.0	4.0	3.4	3.2
	富时 100 指数（期末）	7 772	7 876	7 632	7 871	7 446	7 532	7 699	7 439	7 608	7 322	7 454	7 733	7 631	7 630	7 953
日本	实际 GDP 增速（环比折年率，%）	4.0			4.2			–3.2			0.4			—		
	失业率（%）	2.5	2.6	2.7	2.6	2.6	2.5	2.6	2.6	2.6	2.5	2.5	2.5	2.4	2.6	2.6
	CPI（同比，%）	4.3	3.3	3.2	3.5	3.2	3.3	3.3	3.2	3.0	3.3	2.8	2.6	2.2	2.8	2.7
	日经 225 指数（期末）	27 327	27 446	28 041	28 856	30 888	33 189	33 172	32 619	31 858	30 859	33 487	33 464	36 287	39 166	40 369

数据来源：各经济体相关统计部门及中央银行。

可能处于本轮紧缩周期的峰值。欧央行维持主要再融资操作利率、边际贷款便利利率和存款便利利率分别在4.5%、4.75%和4%不变，并计划从下半年起降低抗疫紧急购债计划（PEPP）下的资产规模，平均每月减持75亿欧元，2024年底停止到期证券本金再投资。英格兰银行基准利率仍为5.25%，自2023年8月以来维持不变。日本银行结束长达8年的负利率政策，将短期利率目标上调至0～0.1%，取消引导长期利率目标在0附近的收益率曲线控制（YCC），同时停止购买交易所交易基金（ETF）和房地产投资信托基金（J-REITs），并将逐步减少对商业票据和公司债的购买。此外，第一季度加拿大、韩国、澳大利亚、新西兰央行均维持基准利率在高位不变。

新兴市场经济体货币政策分化。2024年第一季度，印度、俄罗斯、印度尼西亚、马来西亚、南非央行维持基准利率不变，巴西、智利、墨西哥央行各降息100个、100个和25个基点，埃及央行加息800个基点。

（三）值得关注的问题和趋势

全球经济增长仍面临挑战。在高利率、高债务的制约下，2024年全球经济复苏前景依然存在不确定性。国际货币基金组织（IMF）预测，2024年全球经济增速为3.2%，与2023年持平，但远低于2000年至2019年3.8%的历史平均水平。世界银行、经济合作与发展组织（OECD）对2024年全球经济增速的预测则分别为2.4%和3.1%。

通胀回落速度可能不及预期。主要发达经济体通胀已从2022年高点的10%左右降至2024年第一季度的3%左右，随着紧缩货币政策的累积效应逐步显现，主要经济体通胀大概率延续回落势头，但回落速度可能放缓。一方面，商品价格下降是此前通胀回落的主要驱动因素，但2024年以来地缘政治形势高度敏感，供应链阻滞、海运成本增加等问题可能影响商品价格的回落。另一方面，美欧工资增速仍然较快，服务业通胀或较为顽固。

全球贸易和投资面临不确定性。受单边主义、地缘政治、产业链重构等多重因素叠加影响，近年来国际贸易和投资增速大幅放缓。2019年至2023年，全球贸易平均增速约为2%，是1990年以来增长最慢的五年。联合国贸易和发展会议数据显示，剔除少数几个对资本转移征税少或不征税的欧洲国家后，2023年全球外商直接投资下降18%。2024年，美国、印度、巴西等70余个国家和地区将举行大选，内政外交政策变数较大，可能影响贸易、投资、产业等政策，进一步拖累全球贸易和投资增长。发达经济体消费增长降温，全球经贸摩擦有所升级，全球贸易复苏步伐也会受到影响。

全球金融风险还需关注。在本轮加息周期中，美联储、欧央行和英格兰银行分别加息525个、450个和515个基点，政策利率均已达到历史高位，上述三家央行2023年第四季度以来暂缓加息。在高利率持续的背景下，商业地产承受的压力可能进一步向银行业传导。此外，本轮加息节奏较快，大部分在低利率时期签署的融资合同尚未到期，高利率的冲击还未完全显现。合同到期后或是市场主体需要再融资时，高利率带来的融资成本压力可能会进一步显现。

二、中国宏观经济形势

2024年第一季度，各地区各部门坚决贯彻落实党中央、国务院决策部署，加大宏观调控力度，巩固和增强经济回升向好态势。经济运行中积极因素增多，动能持续增强，社会预期改善，高质量发展扎实推进，呈现增长较快、结构优化、质效向好的特征，经济实现良好开局。初步核算，第一季度国内生产总值296 299亿元，按不变价格计算，同比增长5.3%，比上年第四季度增长1.6%。

（一）消费平稳增长，投资规模稳中有升，进出口稳定增长

居民收入持续增加，市场销售平稳增长。第一季度，全国居民人均可支配收入11 539元，同比名义增长6.2%，扣除价格因素实际增长6.2%。收入分配结构持续改善，农村居民人均可支配收入名义增速和实际增速分别快于城镇居民2.3个和2.4个百分点。第一季度，社会消费品零售总额同比增长4.7%。基本生活类商品销售良好，限额以上单位粮油食品类、饮料类商品零售额分别增长9.6%、6.5%；部分升级类商品销售较快增

长，限额以上单位体育娱乐用品类、通信器材类商品零售额分别增长14.2%、13.2%。

固定资产投资稳中有升，高技术产业投资增长较快。第一季度，全国固定资产投资（不含农户）100 042亿元，同比增长4.5%，比上年全年加快1.5个百分点。分领域看，制造业投资增长9.9%，高于全部投资5.4个百分点；基础设施投资增长6.5%；房地产开发投资下降9.5%；高技术产业投资增长11.4%，快于全部投资6.9个百分点，其中高技术制造业和高技术服务业投资分别增长10.8%、12.7%。高技术制造业中，航空航天器及设备制造业、计算机及办公设备制造业投资分别增长42.7%、11.8%；高技术服务业中，电子商务服务业、信息服务业投资分别增长24.6%、16.9%。

货物进出口稳定增长，贸易结构持续优化。第一季度，货物进出口总额101 693亿元，同比增长5.0%。其中，出口增长4.9%，进口增长5.0%，贸易顺差13 063亿元。贸易结构持续优化，民营企业进出口同比增长10.7%，占进出口总额的比重为54.3%，比上年末提高0.8个百分点。对共建“一带一路”国家进出口同比增长5.5%，占进出口总额的比重为47.4%，比上年末提高0.8个百分点。机电产品出口同比增长6.8%，占出口总额的比重为59.2%。

外商直接投资基本稳定，引资质量持续提升。第一季度，全国实际使用外资金额3 017亿元，同比下降26.1%。引资质量持续提升，高技术制造业实际使用外资378亿元，占全国实际使用外资的12.5%，较上年同期提高2.2个百分点。住宿和餐饮业、建筑业实际使用外资金额分别增长84.7%、17.5%。

（二）农业生产形势良好，工业生产较快增长，服务业增势较好

第一季度，第一产业增加值11 538亿元，同比增长3.3%；第二产业增加值109 846亿元，同比增长6.0%；第三产业增加值174 915亿元，同比增长5.0%。

农业生产形势良好，畜牧业平稳发展。第一季度，农业（种植业）增加值同比增长3.8%。冬小麦播种面积保持稳定，长势总体较好，春耕春播平稳有序推进。第一季度，猪牛羊禽肉产量2 490万吨，同比增长1.4%，其中，猪肉产量下降0.4%。3月末，生猪存栏同比下降5.2%；第一季度，生猪出栏同比下降2.2%。

工业生产较快增长，高技术制造业增长加快。第一季度，全国规模以上工业增加值同比增长6.1%。从三大门类看，采矿业增加值同比增长1.6%，制造业同比增长6.7%，电力、热力、燃气及水生产和供应业同比增长6.9%。高技术制造业增加值同比增长7.5%，比上年第四季度加快2.6个百分点。分经济类型看，国有控股企业增加值同比增长5.2%，私营企业增加值同比增长5.4%。分产品看，充电桩、3D打印设备、电子元件产品产量同比分别增长41.7%、40.6%和39.5%。

服务业增势较好，现代服务业较快增长。第一季度，服务业增加值同比增长5.0%。其中，信息传输、软件和信息技术服务业，租赁和商务服务业，交通运输、仓储和邮政业同比分别增长13.7%、10.8%和7.3%。3月，全国服务业生产指数同比增长5.0%。其中，信息传输、软件和信息技术服务业，租赁和商务服务业，住宿和餐饮业生产指数分别增长12.7%、8.2%和6.2%。1～2

月，规模以上服务业企业营业收入同比增长12.0%，比上年加快3.7个百分点。3月，服务业商务活动指数为52.4%，比上月上升1.4个百分点；业务活动预期指数为58.2%。

（三）居民消费价格温和上涨，核心CPI涨幅略有扩大

居民消费价格总体平稳。第一季度，居民消费价格指数（CPI）同比持平，涨幅比上年回落0.2个百分点，月度CPI同比涨幅分别为-0.8%、0.7%和0.1%。供给充足和上年基数因素导致多数食品价格走势偏弱，春节错月和节假日效应加大了猪肉、鲜菜等价格的月度波动，食品价格同比下降3.2%，降幅比上季度收窄0.8个百分点。国际油价上涨带动能源价格涨幅有所扩大，春节因素导致出行类服务价格月度起伏明显，非食品价格同比上涨0.7%，涨幅比上季度扩大0.2个百分点。扣除食品和能源的核心CPI同比上涨0.7%，涨幅比上季度扩大0.1个百分点。

生产价格降幅有所收窄。输入性因素带动国内石油、有色金属相关行业价格震荡上涨，但需求总体偏弱，多数工业品价格仍然弱势运行。第一季度，工业生产者出厂价格指数（PPI）同比下降2.7%，降幅比上季度收窄0.1个百分点，月度降幅分别为2.5%、2.7%和2.8%；工业生产者购进价格指数（PPIRM）同比下降3.4%，降幅比上季度收窄0.4个百分点；人民银行监测的企业商品价格指数（CGPI）同比下降2.2%，比上年同期低1.7个百分点。

（四）财政收入有所下滑，财政支出稳定增长

第一季度，全国一般公共预算收入6.1万亿元，同比下降2.3%。其中，中央财政收入下降6.5%，地方本级财政收入增长1.0%。全国税收收入4.9万亿元，同比下降4.9%。其中，国内增值税下降7.1%，个人所得税下降4.5%。非税收入1.2万亿元，同比增长10.1%。

第一季度，全国一般公共预算支出7.0万亿元，同比增长2.9%。其中，中央一般公共预算本级支出和地方一般公共预算支出分别增长10.5%和1.9%。从支出结构上看，社会保障和就业支出、农林水支出和住房保障支出增长较快，同比分别增长3.7%、13.1%和7.8%。

（五）就业形势总体改善

城镇调查失业率微降。第一季度，全国城镇调查失业率平均值为5.2%，比上年同期下降0.3个百分点。3月，全国城镇调查失业率为5.2%，比上月和上年同期均下降0.1个百分点。农民工就业持续改善，第一季度，外来农业户籍劳动力失业率均值为4.7%，同比下降0.9个百分点；外出务工农村劳动力总量1.86亿人，同比增长2.2%。

（六）国际收支及外债

2023年，我国经常账户顺差2 530亿美元，与同期国内生产总值（GDP）之比为1.4%，继续处于合理均衡区间。其中，货物贸易顺差5 939亿美元，我国持续推进产业升级以及外贸多元化发展的成效不断显现；服务贸易逆差2 078亿美元，居民跨境旅游、留学有序恢复但仍低于疫情前水平，生产性服务贸易发展势头良好。非储备性质的金融账户逆差与经常账户顺差保持自主平衡格局，其中，外商直接投资延续净流入，证券投资逆差明显收窄。3月末，外汇储备余额为3.2万亿美元，较上年末增加77亿美元，主要受汇率折算和全球资产价格调整等综合因素影响。截至2023年末，我国全口径（含本外币）外债余额为2.4万亿美元。其中，短期外债余额为1.4万亿美元，占外债余额的56%。

（七）行业分析

1. 新能源发电行业

自2020年碳达峰碳中和目标提出以来，我国持续推进能源结构调整，减少化石能源消费，加快建设新型能源体系。新能源产业快速发展，取得了明显的成绩。一是新能源装机规模快速增长。2023年末，我国并网风电和太阳能发电合计装机规模为10.5亿千瓦，同比增长38.6%，占总装机容量的36.0%。预计到2024年末，新能源发电装机规模将达到13亿千瓦，占总装机容量的比重上升至40%左右。二是发电效率、消纳能力稳步提升。新能源消纳离不开完善的配套电网建设。近年来，我国持续投建特高压体系，至2023年末累计建成35项特高压工程，线路长度超过4.6万公里。全年风电和光伏利用率都在98%左右，利用小时数分别较2016年提升28%和14%。三是核心技术不断突破。目前，我国光伏已经实现了全产业链各个环节的国产化，度电成本显著降低。2023年，我国光伏产品（硅片、电池片、组件）出口总额超过484亿美元。

金融作为推动能源绿色低碳转型的重要支撑，通过多种举措为新能源发电等绿色低碳领域提供了良好的金融环境。一是绿色信贷保持快速增长。截至2023年末，金融机构本外币绿色贷款余额为30.1万亿元，同比增长36.5%；人民银行创设的碳减排支持工具余额为5 410亿元，较年初增加2 314亿元，新能源行业资金供给能力不断提升。二是贷款期限匹配合理。碳减排贷款期限通常在10年以上，能够匹配风光大基地等清洁能源建设较长的运营周期，改善相关企业融资期限结构。三是资金利率显著下行。清洁能源上市公司披露数据显示，2023年利息成本较2021年下降约0.84%。

展望未来，新能源发展前景仍非常广阔，需要进一步推动新能源的有效利用，助力我国新型能源体系高质量发展再上新台阶。一是深化电力体制改革。聚焦能源更大范围优化配置，通过加快建设全国统一电力市场体系，持续提升电力市场化交易规模，统一市场基础规则制度，为清洁能源异地消纳提供制度基础。二是提升系统调节能力。健全能源基础设施网络建设，加大电网企业建设改造资金支持力度，提高配电网智能化水平，全面提升电力系统调节能力和灵活性，增强电力系统接纳新能源的能力。三是聚焦能源科技创新。加强关键核心技术和战略性前瞻性重大科技攻关，加快实现新能源领域高水平科技自立自强，进一步提升清洁能源利用水平。

2. 高技术制造业

高技术制造业是推动我国经济高质量发展、提升全球竞争力的重要力量，近年来保持快速发展。一是行业投资强劲增长。2023年高技术制造业投资同比增长9.9%，比制造业整体投资增速高3.4个百分点，占制造业投资的比重较2022年提高0.8个百分点。二是行业增加值实现快速增长。2023年规模以上高技术制造业增加值同比增长2.7%，占规模以上工业增加值比重较2022年提高0.2个百分点，制造业转型升级成效显著。三是高精尖技术持续突破。2023年我国在高技术制造领域取得了一系列技术进步和突破，例如，国产大型客机C919完成首次商业载客飞行、全球首颗忆阻器存算一体芯片诞生、自研海底地震勘探采集装备“海脉”实现产业化制造等。

近年来，金融领域持续加大对高技术制造业发展的支持力度。《关于金融支持制造强国建设的指导意见》《关于进一步推动金融服务制造业高质量发展的通知》《关于深化制造业金融服务 助力推进新型工业化的通知》等文件出台落地，引导金融机构增加制造业特别是高技术制造业的信贷投放。2024年4月，人民银行设立科技创新和技术改造再贷款，引导金融机构支持科技型中小企业“首贷户”，以及重点领域技术改造和设备更新项目；商业银行也在不断创新适合高技术制造业特点的金融产品与服务。截至2024年3月末，金融机构高技术制造业贷款同比增长27.3%，明显高于9.6%的全部贷款增速。

展望未来，高技术制造业作为我国经济转型发展的重要驱动力，将继续向高质量发展加速迈进。一是我国积极推进新型工业化，深入实施制造业重大技术改造升级和大规模设备更新工程，高技术制造业投资有望继续保持较快增长。二是在技术不断创新和全球对高技术产品需求增长的带动下，高技术制造业市场规模也将进一步扩大。三是面对日益复杂的国际竞争环境，高技术制造业将更加注重提升自主创新能力和产业链自主可控能力。

第五部分　货币政策趋势

一、中国宏观经济金融展望

2024年第一季度，我国经济回升向好势头进一步巩固和增强，国内生产总值（GDP）同比增长5.3%，为实现全年增长目标打下了良好基础。

经济延续回升向好态势的有利条件较多。一是政府稳增长力度继续加大。2024年除了拟安排3%的赤字率外，还有超长期特别国债1万亿元，中央政府有效运用的杠杆空间较为充裕，有利于支持重大项目建设并带动吸纳就业。二是居民消费意愿加快恢复。假日经济活力持续释放，清明假期国内旅游总花费较2019年同期增长12.7%；汽车、家电等更新换代的市场规模空间也很大。在人民银行城镇储户问卷中，倾向更多消费的居民占比也较上年低点回升1.5个百分点。三是民营经济活跃度不断提升。民间投资增速在2024年第一季度由负转正，更多反映中小民企经营状况的财新制造业PMI连续5个月位于扩张区间。人民银行企业家问卷调查也显示，经营景气指数连续2个季度处于扩张区间。此外，前期各项宏观政策措施还在逐步发挥作用，有利于继续巩固和增强经济回升向好态势。

我国经济发展还存在一些挑战。从国际看，在地缘冲突升温、大国博弈加剧背景下，外部环境复杂性、严峻性、不确定性明显上升，经济全球化面临考验，发达经济体高通胀黏性较强、降息时点后移，影响仍需关注。从国内看，有效需求仍然不足，企业经营压力较大，重点领域风险隐患较多，国内大循环不够顺畅。对此，既要正视困难，又要增强信心和底气，我国经济基础稳、优势多、韧性强、潜能大，长期向好的基本趋势没有改变，有利条件强于不利因素，开局良好、回升向好是当前经济运行的基本特征和趋势，要坚持稳中求进、以进促稳，扎实推动高质量发展，在发展中解决问题。

物价将保持温和回升态势。当前物价处于低位的根本原因在于实体经济需求不足、供求失衡，而不是货币供给不够。2024年第一季度，随着经济数据持续改善，物价指标明显回弹，CPI同比由负转正，预计年内还将继续温和回升，PPI降幅也将收敛。从中长期看，我国处于经济转型和产业升级的关键期，供需条件有望持续改善，货币条件合理适度，居民预期稳定，物价保持基本稳定有坚实基础。

二、下一阶段货币政策主要思路

中国人民银行将坚持以习近平新时代中国特色社会主义思想为指导，全面贯彻落实党的二十大、中央经济工作会议、中央金融工作会议和全国“两会”精神，坚持稳中求进工作总基调，完整、准确、全面贯彻新发展理念，坚定不移走中国特色金融发展之路，加快建设金融强国，建设现代中央银行制度，着力推动高质量发展。保持货币政策的稳健性，增强宏观政策取向一致性，强化逆周期和跨周期调节，加大对实体经济支持力度，切实巩固和增强经济回升向好态势。

稳健的货币政策要灵活适度、精准有效。合理把握债券与信贷两个最大融资市场的关系，引导信贷合理增长、均衡投放，保持流动性合理充裕，保持社会融资规模、货币供应量同经济增长和价格水平预期目标相匹配。把维护价格稳定、推动价格温和回升作为把握货币政策的重要考量，加强政策协调配合，保持物价在合理水平。持续深化利率市场化改革，发挥贷款市场报价利率改革和存款利率市场化调整机制作用，推动企业融资和居民信贷成本稳中有降。坚持聚焦重点、合理适度、有进有退，为普惠金融、科技创新、绿色发展等重点领域和薄弱环节提供有效支持。畅通货币政策传导机制，避免资金沉淀空转。坚持以市场供求为基础、参考一篮子货币进行调节、有管理的浮动汇率制度，发挥市场在汇率形成中的决定性作用，综合施策、稳定预期，坚决对顺周期行为予以纠偏，防止市场形成单边预期并自我强化，坚决防范汇率超调风险，保持人民币汇率在合理均衡水平上基本稳定。持续有效防范化解重点领域风险，坚决守住不发生系统性风险的底线。

一是保持融资和货币总量合理增长。合理把握债券与信贷两个最大融资市场的关系，支持直接融资加快发展，继续推动公司信用类债券和金融债券市场发展。密切关注海外主要央行货币政策变化，持续加强对银行体系流动性供求和金融市场变化的分析监测，灵活有效开展公开市场操作，搭配运用多种货币政策工具，保持银行体系流动性合理充裕和货币市场利率平稳运行。支持金融机构按照市场化法治化原则，保持货币信贷供给与实体经济高质量发展的有效融资需求相适配，引导贷款合理增长、均衡投放，增强贷款增长的稳定性和可持续性，保持社会融资规模、货币供应量同经济增长和价格水平预期目标相匹配。加大力度盘活存量金融资源，密切关注资金沉淀空转等情况，促进提高资金使用效率，为经济高质量发展提供更好支撑。

二是充分发挥货币信贷政策导向作用。坚持“聚焦重点、合理适度、有进有退”，保持再贷款再贴现政策稳定性，用好普惠小微贷款支持工具，实施好存续的各类专项再贷款工具，推动科技创新和技术改造再贷款落地生效。持续做好支持民营经济发展壮大的金融服务，推动畅通民营企业信贷、债券、股权融资渠道。开展民营和小微企业信贷政策导向效果评估、金融机构服务乡村振兴考核评估，增加民营和小微企业、乡村振兴等重点领域金融资源投入。落实好加大力度支持科技型企业融资行动方案，开展科技金融服务能力提升专项行动。鼓励开展金融适老化服务升级，提高养老金融普惠性。统筹好对绿色发展和传统能源转型的金融支持，持续推动绿色债券市场高质量发展。因城施策精准实施差别化住房信贷政策，更好支持刚性和改善性住房需求，一视同仁满足不同所有制房地产企业合理融资需求，统筹研究消化存量房产和优化增量住房的政策措施，促进房地产市场平稳健康发展。强化保障性住房、城中村改造、“平急两用”公共基础设施建设资金保障，推动加快构建房地产发展新模式。

三是把握好利率、汇率内外均衡。深入推进利率市场化改革，畅通货币政策传导渠道。健全市场化利率形成和传导机制，发挥中央银行政策利率引导作用。落实存款利率市场化调整机制，防范高息揽储行为，维护市场竞争秩序，着力稳定银行负债成本。发挥贷款市场报价利率改革效能，加强行业自律协调和管理，督促金融机构坚持风险定价原则，理顺贷款利率与债券收益率等市场利率的关系，推动社会综合融资成本稳中有降。稳步深化汇率市场化改革，完善以市场供求为基础、参考一篮子货币进行调节、有管理的浮动汇率制度，坚持市场在汇率形成中起决定性作用，发挥汇率调节宏观经济和国际收支自动稳定器功能。加强预期管理，做好跨境资金流动的监测分析，坚持底线思维，坚决防范汇率超调风险，防止形成单边一致性预期并自我强化，保持人民币汇率在合理均衡水平上的基本稳定。加强外汇市场管理，引导企业和金融机构树立“风险中性”理念，指导金融机构基于实需原则和风险中性原则积极为中小微企业提供汇率避险服务，维护外汇市场平稳健康发展。

四是不断深化金融改革和对外开放。完善债券市场法制，夯实公司信用类债券的法制基础。落地做市商与公开市场业务一级交易商联动机制，完善债券承销、估值、做市等业务管理，提升债券市场定价功能和市场稳健性。推动柜台债券业务扩容和规范发展，提升金融基础设施服务效率及便利性。加强货币市场宏观审慎管理。坚持市场化法治化原则，继续贯彻“零容忍”理念，加大对债券市场违法违规行为的查处力度。坚定不移推动债券市场对外开放。稳慎扎实推进人民币国际化，进一步扩大人民币在跨境贸易和投资中的使用，深化对外货币合作，发展离岸人民币市场。开展跨境贸易投资高水平开放试点，提升跨境贸易投资自由化、便利化水平，稳步推进人民币资本项目可兑换。

五是积极稳妥防范化解金融风险。进一步完善宏观审慎政策框架，提高系统性风险监测、评估与预警能力，丰富宏观审慎政策工具箱。持续完善系统重要性金融机构监管框架，夯实系统重要性银行附加监管，研究拟定系统重要性保险公司附加监管规定，发挥好宏观审慎管理与微观审慎监管合力，巩固金融体系稳定的根基。平稳有序推动重点区域、重点机构和重点领域风险处置和改革化险工作，稳妥有序做好存量风险处置项目收尾。继续做好硬约束早期纠正试点工作。强化金融稳定保障体系，健全权责一致、激励约束相容的风险处置责任机制，建立科学合理的金融风险处置成本分担机制。进一步发挥存款保险核心功能，扎实开展差别费率管理、风险监测预警、现场核查、早期纠正、风险处置等工作。继续完善金融稳定法律制度体系，配合有关部门持续推进金融稳定法立法进程。

Since the beginning of 2024, the People's Bank of China (PBOC) has followed the guidance of Xi Jinping Thought on Socialism with Chinese Characteristics for a New Era and has fully implemented the guiding principles of the 20th CPC National Congress, the Central Economic Work Conference, the Central Financial Work Conference, as well as the requirements set forth in the *Report on the Work of the Government*. It has implemented a sound monetary policy that is flexible, moderate, precise and effective, and has strengthened counter-cyclical and inter-temporal adjustments. Money, credit, and the aggregate financing to the real economy (AFRE) have witnessed reasonable growth, overall financing costs have remained stable with a slight decline, the credit structure has improved continuously, and the RMB exchange rate has remained basically stable at an adaptive and equilibrium level.

I. Liquidity in the banking system was adequate at a reasonable level

In Q1 2024, the PBOC employed a mix of instruments, such as the cut in the required reserve ratio (RRR), open market operations (OMOs), the medium-term lending facility (MLF), and central bank lending and discounts to inject liquidity into the economy. Specifically, the PBOC cut the RRR by 0.5 percentage points in February, releasing over RMB 1 trillion in medium and long-term liquidity. It has also managed the intensity and pace of OMOs in a flexible manner so as to iron out short-term fluctuations such

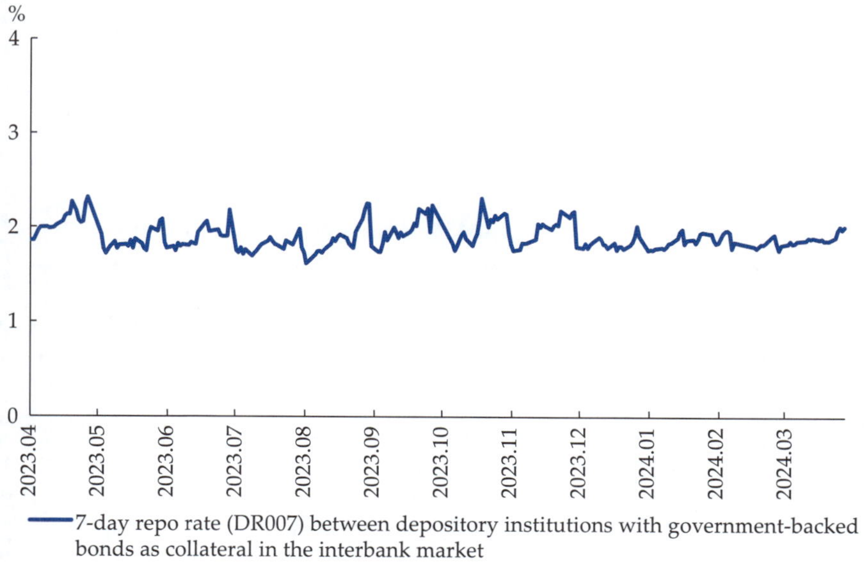

Figure 1 Movement of Money Market Interest Rates

(Source: www.chinamoney.com.cn)

as cash injections during the Spring Festival, fiscal levies, and issuances of government bonds, and guided money market rates to move smoothly around the central Bank's open market reverse repo rates, thereby creating a favorable liquidity environment for promoting financial support for high-quality development of the real economy. At end-March, the excess reserve ratio for financial institutions registered 1.5 percent, indicating that liquidity in the banking system was adequate at a reasonable level.

II. Lending by financial institutions remained stable and lending rates declined

Credit aggregates grew reasonably. The first quarter of 2023 witnessed a growth in loan issuance by financial institutions. Since the beginning of 2024, the PBOC has made great efforts to guide financial institutions to strengthen the balanced supply of credit, so as to ensure sustained support for the real economy and improve the quality, efficiency and stability of credit growth. In Q1 2024, the credit surge eased. Financial institutions made a well-paced credit supply while maintaining support for the real economy. At end-March, outstanding loans issued by financial institutions in domestic and foreign currencies grew 9.2 percent year on year to RMB 251.8 trillion, increasing RMB 9.6 trillion from the beginning of 2024. Outstanding RMB loans grew 9.6 percent year on year to RMB 247.0 trillion, up RMB 9.5 trillion from the beginning of 2024.

The credit structure has been improving. At end-March, medium and long-term (MLT) loans to enterprises and public entities grew by RMB 6.2 trillion from the beginning of 2024, accounting for 79.8 percent of total corporate loans. The year-on-year (YOY) growth of MLT loans to the manufacturing sector registered 26.5 percent, 16.9 percentage points higher than the growth of total loans. Outstanding inclusive loans to MSBs grew 20.3 percent year on year, 10.7 percentage points higher than the growth of total loans. A total of 62.01 million MSBs were supported, a rise of 7.5 percent year on year.

Table 1 The Structure of RMB Loans in Q1 2024

Type of loan	Outstanding amount at end-March (RMB 100 million)	YOY growth (%)	Increase from the beginning of the year (RMB 100 million)
RMB loans to:	2,470,493	9.6	94,620
Households	814,370	5.1	13,318
Enterprises and public entities	1,631,791	11.4	77,735
Non-banking financial institutions	10,096	100.8	2,336
Overseas	14,236	48.4	1,231

Source: The People's Bank of China.

Note: Loans to enterprises and public entities refer to loans to non-financial enterprises, government departments, and organizations.

Table 2 New RMB Loans from Financial Institutions in Q1 2024

Unit: RMB 100 million

Type of institution	Increase from the beginning of the year
Chinese-funded large-sized banks①	51,664
Chinese-funded small and medium-sized banks②	42,462
Small-sized rural financial institutions③	13,511
Foreign-funded financial institutions	440

Source: The People's Bank of China.

Notes: ① Chinese-funded large-sized banks refer to banks with assets (in both domestic and foreign currencies) of RMB2 trillion or more (according to the amount of total assets in both domestic and foreign currencies at end-2008).

② Chinese-funded small and medium-sized banks refer to banks with total assets (in both domestic and foreign currencies) of less than RMB2 trillion (according to the amount of total assets in both domestic and foreign currencies at end-2008).

③ Small-sized rural financial institutions include rural commercial banks, rural cooperative banks, and rural credit cooperatives.

Box 1 The Relationship Between Credit Growth and High-quality Economic Development

In recent years, as China has been undergoing economic restructuring and high-quality development, the correlation between credit growth and economic growth has weakened. Also, at the regional level loan growth has been not necessarily correlated to economic growth. For instance, in 2023, the average loan growth in a region was 11.4 percent while its average GDP growth was 5 percent. The average loan growth in another region was only 3.3 percent while its average GDP growth was up to 4.8 percent. The rapid loan growth in some provinces failed to effectively boost economic growth. On the contrary, some other provinces achieved rapid economic growth with low credit growth, as the efficiency of utilizing funds was enhanced. China's credit aggregate has slowed down from above-double-digit growth to single-digit growth, but this does not imply the weakening of financial support for the real economy. The rationale is as follows.

Firstly, economic restructuring and transition is accelerating. On the one hand, the supply and demand in the real estate market has undergone major changes, and the risk prevention and control of local government debt has been enhanced. Therefore, the economic model driven by the expansion of debt in the real estate sector or via the LGFV (Local Government Financing Vehicle) is hard to sustain. On the other hand, traditional heavy industries highly reliant on credit funds have saturated the market, while the contribution of the asset-light service sector continues to increase. In this process, credit demand has "shifted gears" compared with previous years, and credit structure has also improved. Lower credit growth is sufficient to support stable economic growth.

Secondly, the marginal effect of further increasing credit supply is diminishing for an economy with a large stock of credit funds.

In the past, China's loan growth maintained an above-double-digit growth for a long time, which was in line with development stage of the corresponding period and created favorable environment for economic development. In particular, to respond to the COVID-19 and stabilize the macro economy, financial counter-cyclical adjustments were enhanced, leading to the large balance of money and credit, which will continue to play their role. Currently, the credit growth model has shifted from supply-constrained to demand-constrained. It takes time to understand and adapt to the new dynamic, and blind pursuit of credit expansion still exists. When loan supply exceeds the real and effective financing demand of the real economy, inefficient enterprises will occupy credit resources for a long period, making market clearing and survival of the fittest difficult to work. The vicious price competition will be a drag on efficient enterprises. Besides, some enterprises will make use of their advantage in obtaining low-cost loans and use these funds to purchase wealth management products, open fixed deposit accounts, or lend to other enterprises, leading to the circulation of corporate funds within the financial system and arbitrage.

Thirdly, direct financing is a virtuous alternative to credit. Credit is only one of the social financing channels, so it cannot reflect the whole picture of financial support for the real economy. As high-tech and innovative enterprises haven't gone through a full and mature life cycle, they have a pressing demand for funds that match their characteristics of high risk, high return, strong professionalism, rapid iteration of knowledge and information. which are mainly obtained through direct financing, such as equity funds. As direct financing develops, the financing structure is more compatible with the upgraded economic structure, which will also weaken the correlation between credit and economic growth.

Going forward, we should properly assess the change in the relationship between the credit and economic growth, and maintain a reasonable financing environment to promote the restructuring of enterprises and high-quality economic development. To achieve the fundamental purpose of serving the real economy, credit supply should ultimately match the demand of high-quality economic development. We should have a scientific understanding of the relationship between credit growth and economic growth, change the traditional mentality of blindly pursuing credit expansion, and attach more importance to creating a moderate financing environment for the macro economy. As the credit structure varies, activating financial resources that are inefficiently occupied, reducing the circulation of funds within the financial system, and vigorously developing direct financing may slow down aggregate credit growth. At the same time, efficient enterprises that have real demands for funds will acquire more financing, thus boosting the efficiency of capital utilization and the quality of financial support.

The weighted average interest rate on loans remained at a historic low. The PBOC has continuously advanced the market-oriented reform of interest rates, tapping into the loan prime rate (LPR) reform and bringing into play the key role of the market-based adjustment mechanism for deposit interest rates so as to promote a steady decline in lending rates. In March, the one-year LPR stood at 3.45 percent, the same as last December, while the over-five-year LPR posted 3.95 percent, down 0.25 percentage points from December 2023. In March, the weighted average interest rate on new loans recorded 3.99 percent, down 0.35 percentage points year on year. In particular, the weighted average interest rate on ordinary loans registered 4.27 percent, down 0.26 percentage points year on year, and the weighted average interest rate on corporate loans was 3.73 percent, down 0.22 percentage points year on year, both of which represented a continuous increase in financial support for the real economy. In March, the share of ordinary loans with rates above, at, or below the LPR registered 52.81 percent, 6.74 percent, and 40.44 percent, respectively.

Interest rates on foreign-currency deposits and loans increased on the whole. In March, the weighted average interest rates on demand large-value USD-denominated deposits and on large-value USD-denominated deposits with maturities within three months registered 2.46 percent and 4.89 percent, respectively, up 0.23 and 0.19

Table 3 Weighted Average Interest Rates on New Loans Issued in March 2024

Item	March (%)	Change from last December (Percentage point)	YOY Change (Percentage point)
Weighted average interest rate on new loans	3.99	0.16	−0.35
On ordinary loans	4.27	−0.08	−0.26
Of which: on corporate loans	3.73	−0.02	−0.22
On bill financing	2.26	0.79	−0.41
On mortgage loans	3.69	−0.28	−0.45

Source: The People's Bank of China.

Table 4 Shares of RMB Lending Rates at Different Levels, from January to March 2024

Unit: %

Month	LPR–bps	LPR	LPR+bps					
			Subtotal	(LPR, LPR+0.5%)	[LPR+0.5%, LPR+1.5%)	[LPR+1.5%, LPR+3%)	[LPR+3%, LPR+5%)	LPR+5% and above
January	42.37	6.34	51.28	14.69	16.74	9.82	5.47	4.57
February	41.70	6.52	51.77	14.27	15.99	10.30	6.19	5.03
March	40.44	6.74	52.81	15.64	16.72	10.26	5.53	4.66

Source: The People's Bank of China.

percentage points from December 2023, respectively. The weighted average interest rates on USD-denominated loans with maturities within three months and with maturities between three months (including three months) and six months registered 5.83 percent and 5.75 percent, an increase of 0.02 percentage points and a decrease of 0.05 percentage points compared to December 2023, respectively.

Deposits maintained growth. At end-March, outstanding deposits in domestic and foreign currencies at all financial institutions increased 7.6 percent year on year to RMB 301.4 trillion, up RMB 11.5 trillion from the beginning of 2024. Outstanding RMB deposits grew 7.9 percent year on year to RMB 295.5 trillion, an increase of RMB 11.2 trillion from the beginning of 2024. Outstanding deposits in foreign currencies stood at USD 832.6 billion, an increase of USD 34.7 billion from the beginning of 2024.

Table 5 Average Interest Rates on Large-value USD-denominated Deposits and Loans, from January to March 2024

Unit: %

Month	Large-value deposits						Loans				
	Demand deposits	Within 3 months	3–6 months (including 3 months)	6–12 months (including 6 months)	1 year	Over 1 year	Within 3 months	3–6 months (including 3 months)	6–12 months (including 6 months)	1 year	Over 1 year
January	2.37	4.64	5.24	4.92	5.44	4.82	5.91	5.42	5.29	5.05	5.77
February	2.37	4.74	5.20	4.62	5.00	4.99	5.76	5.65	5.20	5.34	5.28
March	2.46	4.89	5.29	5.25	4.73	5.27	5.83	5.75	5.39	5.32	6.09

Source: The People's Bank of China.

Table 6 The Structure of RMB Deposits in Q1 2024

Item	Outstanding deposits at end-March (RMB 100 million)	YOY growth (%)	Increase from the beginning of the year (RMB 100 million)
RMB deposits:	2,955,054	7.9	112,444
Households	1,455,456	11.8	85,561
Non-financial enterprises	788,818	1.5	2,225
Public entities	364,134	6.5	10,401
Fiscal entities	55,082	4.0	−2,855
Non-banking financial institutions	271,522	10.0	15,600
Overseas	20,042	12.8	1,511

Source: The People's Bank of China.

Box 2 Analysis of Fund Flow from the Perspective of Deposit and Loan Structure

Since the outbreak of COVID-19, China's financial sector has provided stronger support to the real economy, with continuously rapid growth of loans and a significant increase in deposits. Outstanding loans now stand at nearly RMB 250 trillion and the outstanding deposits register almost RMB 300 trillion. A major social concern is "where has money gone, and where has money come from".

There are different measures of money supply. For the question "where has money gone, and where has money come", the most relevant definition is "what is money". The so-called "money" is, in fact, money supply. In China, money supply measures the outstanding amount of money in the economy, encompassing all financial instruments as means of circulation and payment at a particular time. There are three measures of money in China. M0 is "cash," as we usually call it, which is the most active and liquid type; M1 includes M0 plus slightly less liquid institution demand deposits; M2 includes M1 plus the most illiquid deposits, such as institution time deposits and household deposits. Deposits on the bank liability side can reflect "where has money come from". The analysis on the bank asset side can answer the question "where has money gone", as M2 is created through loans and other channels.

From the perspective of "where has money gone", loans have been extended to enterprises and to the supply side of the real economy. To know how funds flow, we should first look at the breakdown of loans. By sectors, loans to enterprises (including public institutions) and households registered RMB 163 trillion and RMB 81 trillion, respectively, accounting for 66 percent and 33 percent, respectively, of overall loans. Enterprises have received the lion's share of loans. To put it in other words, loans were mainly issued to support the expansion of investment and production by enterprises as well as housing purchasing and consumption by households. By maturities and industries, the proportion of medium- and long-term loans exceeds two thirds, and about 50 percent of overall loans have been extended to asset-heavy industries such as infrastructure, real estate and manufacturing. Non-housing consumption loans to households make up less than 10 percent. Therefore, financing in supply-side of the real economy has been relatively large, while the demand side, consumption, in particular, still has great growth potential.

From the perspective of "where has money come from", deposits are mostly from the household sector. In economic circulation, if banks continue to expand assets and loans continue to grow, money will neither decrease nor disappear from the real economy. Instead, deposits will be transferred among enterprises, households, governments, and other sectors; when enterprises make investments and engage in production, households get into consumption and governments collect revenue and spend. At end-March 2024, of total deposits worth about RMB 296 trillion, the share of households, enterprises, and governments stood at 49 percent, 27 percent, and 14 percent, respectively, representing an increase of 7.1 percentage points, a decrease of 4.2 percentage points, and a decline of 3.3 percentage points from 2019 before the outbreak of COVID-19. Therefore, loans have been extended mostly to enterprises, and then have been transformed into household deposits through various types of spending. However, as household consumption still needs to be revived and aggregate demand is insufficient, most deposits remain within the household sector and have not been recycled into enterprise deposits. Meanwhile, with the upsurge in time deposits by both enterprises and households, the overall ratio of time deposits to demand deposits has risen from 6 : 4 in 2017 to the current level of 7 : 3. In addition, for assets such as deposits on bank balance sheets and wealth management products off-bank balance sheets, the yields have changed in relative terms, affecting the risk appetite and investment behaviors of households. In turn, households adjust their asset allocation, which is an important factor affecting the proportion of household deposits to the aggregate amount.

The current outstanding amount of monetary aggregates is not small. For a long time in the past, China's rapid economic growth and the continuous expansion of its economy resulted in an elevated funding demand. The huge amount of deposits and loans reflected constant financial support to the real economy over the years. The PBOC has ensured that the valve on aggregate monetary supply is well controlled. However, economic entities also have a relatively large impact on structural problems for loans and deposits. Loan issuances, by and large, are subject to diversified demands of borrowers, and the flow of deposits between business entities depends more on whether economic supply and demand is balanced and economic circulation is smooth. It's worth noting that China is accelerating the adjustment, transformation, and upgrading of its economic structure, pointing to a more asset-light economy and an optimized credit structure. Meanwhile, as effective demand recovers, social expectations improve, and the efficiency in the turnover of funds rises, there has been some relief for funds sitting idle. The growth of the vast monetary aggregates may slow down, but this does not mean support from the financial sector to the real economy will decrease. Instead, this reflects enhanced quality and effectiveness. Moreover, direct financing is developing at a faster pace. Due to the increase in OTC bonds, corporate bonds, and other bonds, and the divergence of such investment and financing from traditional bank lending and deposit channels, the amount of deposits, loans, and monetary supply will drop. The development of such direct financing is in fact more conducive to optimized resource allocation and enhanced fund-use efficiency, and the role indirect financing plays will fall accordingly. Internationally, in economies with more advanced direct financing, money supply is no longer the intermediate target of monetary policy.

Going forward, the PBOC will continue to follow the decisions and requirements of the CPC Central Committee and the State Council, pursue a prudent monetary policy in a flexible, moderate, precise, and effective manner, guide reasonable loan growth and balanced loan issuance, ensure efficient use of existing financial resources, and keep aggregate financing and money supply stay in step with projected economic growth and CPI increase. Meanwhile, the PBOC will support strengthened synergy among government policies, effectively mobilize funds among business entities, better realize the goal that households willing to consumption, enterprises willing to invest and governments able to provide a cushion for those most in need and promote a smooth circulation of the real economy.

III. Money supply and the AFRE grew at a reasonable pace

The monetary aggregate grew at a reasonable pace. At end-March 2024, outstanding broad money M2 registered RMB 304.8 trillion, up 8.3 percent year on year; narrow money M1 and currency in circulation M0 registered RMB 68.6 trillion and RMB 11.7 trillion, up 1.1 percent and 11.0 percent year on year, respectively. In total, the first quarter of 2024 witnessed a net cash injection of RMB 376.6 billion, up RMB 280.5 billion year on year.

The AFRE grew stably. According to preliminary statistics, the outstanding AFRE reached RMB 390.3 trillion at end-March 2024 and its YOY growth registered 8.7 percent. In Q1 2024, the AFRE increment totaled RMB 12.9 trillion, RMB 1.6 trillion less than that during the same period in 2023. The AFRE was

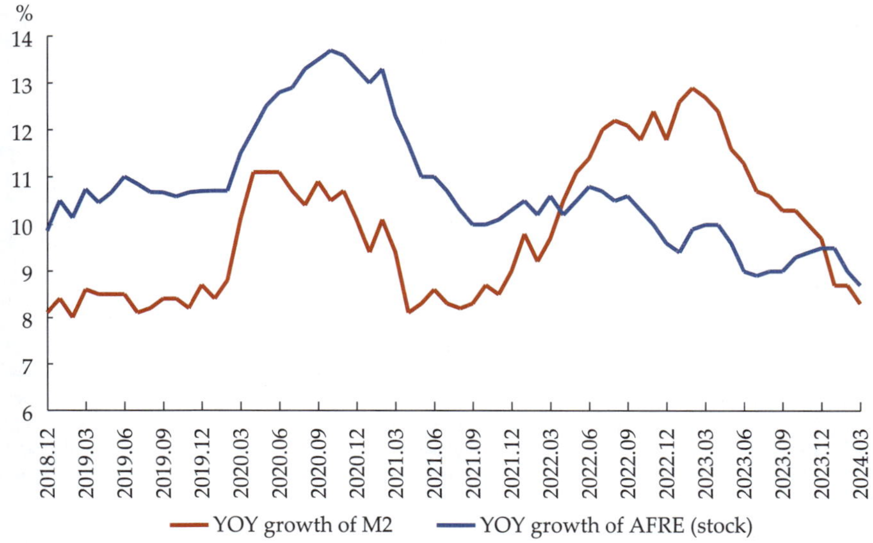

Figure 2 YOY Growth of Outstanding Broad Money (M2) and the AFRE(Stock)

(Source: The People's Bank of China)

characterized by the following features: first, RMB loans maintained reasonable growth. In Q1 2024, RMB loans issued by financial institutions to the real economy increased by RMB 9.1 trillion, which was RMB 1.6 trillion less as compared with the increase in Q1 2023 and accounted for 70.5 percent of the AFRE increment during the same period. Second, government bond financing remained at a moderate level. In Q1 2024, the net financing amount of government bonds was RMB 1.4 trillion, RMB 470.8 billion less than that in Q1 2023. However, it was broadly flat with the corresponding quarterly average from 2020-2023. Direct financing of enterprises grew by a larger margin year on year. In Q1 2024, the net financing amount of corporate bonds increased by RMB 255.1 billion year on year, and domestic equity financing by non-financial enterprises decreased by RMB 138.6 billion year on year. Third, there was an uptick in off-balance-sheet financing. In Q1 2024, increments of new trust loans and undiscounted bankers' acceptances were RMB 202.4 billion and RMB 81.4 billion more as compared with Q1 2023, respectively, while

Table 7 Aggregate Financing to the Real Economy in Q1 2024

Item	End-March 2024		Q1 2024	
	Stock (RMB 1 trillion)	YOY growth (%)	Flow (RMB 100 million)	YOY change (RMB 100 million)
The AFRE	390.32	8.7	129,288	−16,145
Of which: RMB loans	244.59	9.2	91,094	−15,890
Foreign currency loans (RMB equivalent)	1.81	−3.6	1,523	917
Entrusted loans	11.17	−1.3	−995	−1,676
Trust loans	4.1	9.6	1,983	2,024
Undiscounted bankers' acceptances	3.03	−3.1	5,500	814
Corporate bonds	31.83	1.3	11,207	2,551
Government bonds	71.15	14.7	13,584	−4,708
Domestic equity financing by non-financial enterprises	11.51	6	763	−1,386
Other financing	10.88	3.8	1,447	679
Of which: Asset-backed securities of depository institutions	1.26	−34.1	−1,001	−239
Loans written off	8.86	15.1	2,549	634

Sources: The People's Bank of China, National Financial Regulatory Administration, China Securities Regulatory Commission, China Central Depository & Clearing Co., Ltd., National Association of Financial Market Institutional Investors, etc.

Notes: ① The AFRE (stock) refers to outstanding funds provided by the financial system to the real economy at the end of a period. The AFRE (flow) refers to the volume of funds provided by the financial system to the real economy within a certain period of time.

② Since January 2023, the PBOC has included three types of non-depository financial institutions in the banking industry, namely, consumer finance companies, wealth management companies, and financial asset investment companies, into the scope of the financial statistics. Therefore, adjustments will be made to the data on "RMB loans issued by the real economy" and "loans written off" in the scale of social financing.

③ YOY statistics in the table are on a comparable basis.

entrusted loans decreased by a larger margin of RMB 167.6 billion year on year. Fourth, loans were written off at a relatively rapid pace. In Q1 2024, the increment of written-off loans stood at RMB 254.9 billion, up RMB 63.4 billion year on year.

IV. The RMB exchange rate remained basically stable

Since the beginning of 2024, cross-border capital flows have been stable and orderly, supply and demand in the foreign exchange market has been basically in equilibrium, and RMB exchange rate expectations have been generally stable. The U.S. Dollar Index has surged, international geopolitical uncertainties have heightened, and commodity prices have witnessed great volatility, weighing down on non-US currencies. In contrast, the RMB exchange rate has performed steadily among the world's major currencies, remaining basically stable at an adaptive and equilibrium level. In Q1 2024, based on market supply and demand, the RMB exchange rate appreciated against a basket of currencies. At end-March 2024, the China Foreign Exchange Trade System (CFETS) RMB Exchange Rate Index closed at 99.78, appreciating 2.4 percent from end-2023. According to calculations by the Bank for International Settlements (BIS), from 2005, when the reform of the RMB exchange-rate formation regime began, to end-March 2024, the nominal effective exchange rate (NEER) and the real effective exchange rate (REER) of the RMB appreciated 42.9 percent and 37.1 percent, respectively. At end-March 2024, the central parity of the RMB against the US dollar was 7.0950, depreciating 0.2 percent from end-2023 while appreciating 16.7 percent in total since the beginning of the reform of the exchange-rate formation regime in 2005.

Cross-border RMB businesses have maintained growth, with receipts and payments basically reaching a balance. In Q1 2024, cross-border RMB settlements increased

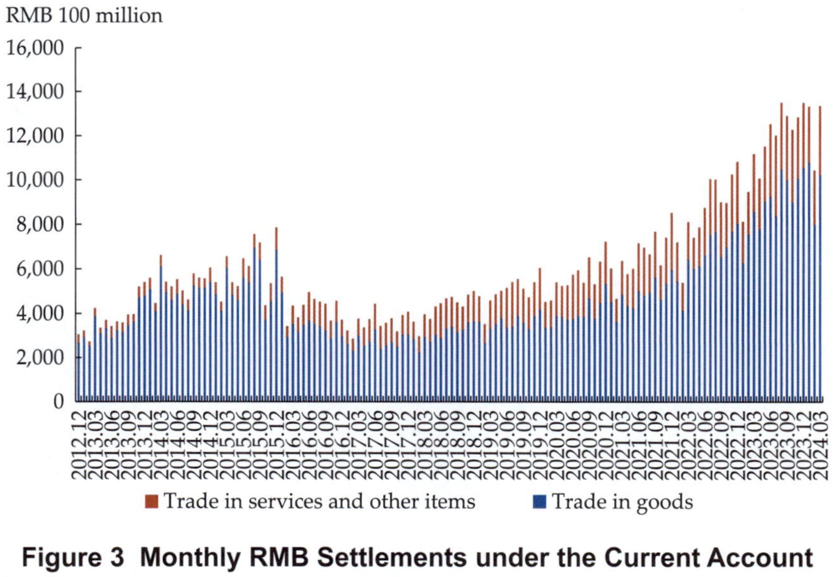

Figure 3 Monthly RMB Settlements under the Current Account

(Source: The People's Bank of China)

28 percent year on year to RMB 14.6 trillion. Specifically, cross-border RMB receipts and payments registered RMB 7.1 trillion and RMB 7.5 trillion, respectively. Cross-border RMB settlements under the current account increased 28 percent year on year to RMB 3.7 trillion. In particular, RMB settlements under trade in goods registered RMB 2.9 trillion and RMB settlements under trade in services and under other current items registered RMB 819.8 billion. Cross-border RMB settlements under the capital account grew by 28 percent year on year to RMB 10.9 trillion.

Part 2 Monetary Policy Operations

In Q1 2024, with resolute implementation of the decisions and arrangements of the CPC Central Committee and the State Council, the PBOC pursued a sound monetary policy in a flexible, appropriate, targeted, and effective manner, with a view to keeping liquidity adequate at a reasonable level. It guided reasonable growth and a balanced provision of credit, promoted a slight decline of the overall stable social financing costs, and channeled more financial resources into major strategies, key areas, and weak links. These efforts helped economic development get off to a good start.

I. Conducting open market operations in a flexible manner

Stabilizing liquidity supply for the Spring Festival in a forward-looking manner. In Q1, the factors affecting the liquidity in the banking system were complex, especially the large disruption brought about by the Spring Festival. The PBOC accurately anticipated these liquidity conditions. On the basis of the employment of instruments, such as the required reserve ratio (RRR) cuts and the medium-term lending facility (MLF) to inject medium and long-term liquidity into the banking system, it flexibly and accurately made marginal adjustments to the liquidity in the banking system via reverse repos. Before the Spring Festival, the PBOC timely conducted 14-day reverse repos in tandem with 7-day reverse repos in a flexible manner, injecting a total of RMB 1.4 trillion in liquidity for the Spring Festival to maintain stable liquidity before the holiday. After the Spring Festival, given the cash withdrawals and other factors, the PBOC adjusted the scale of reverse repos in a timely manner to maintain a balance between supply of and demand for market funds.

Keeping quarter-end liquidity adequate at a reasonable level. The PBOC paid close attention to the liquidity conditions at end-Q1, especially the influence that the implementation of the revised *Administrative Measures for Commercial Bank Capital* exerts on financial institutions' liquidity management and transactions in the money market at quarter-end. Liquidity analysis and market monitoring were strengthened, and the intensity and pace of open market operations (OMOs) were flexibly managed. The PBOC ramped up reverse repo operations in a timely manner at quarter-end to keep liquidity adequate at a reasonable level. In Q1, the weighted average 7-day repo rate between deposit institutions in the interbank market (DR007) moved stably around the open market operation rate, averaging 1.87 percent, a drop of 16 basis points year on year, and without any obvious fluctuations at quarter-end.

In addition, the PBOC continued to conduct central bank bills swap (CBS) operations on a monthly basis to improve the liquidity of bank-issued perpetual bonds in the secondary market. Meanwhile, the PBOC has been issuing central bank bills in Hong Kong on a regular basis and has been scaling up the issuance of some types of central bank bills based on the demands of global investors. In Q1, the PBOC issued 3 batches of central bank bills in Hong Kong, worth a total of RMB 70 billion, including 3-month central bank bills totaling RMB 30 billion, 6-month central bank bills totaling RMB 25 billion, and one-year central bank bills totaling RMB 15 billion. In particular, the PBOC issued an additional RMB 10 billion of 6-month central bank bills. These measures played a positive role in increasing the supply of high-quality RMB assets in Hong Kong's offshore market and in promoting the healthy development of the offshore RMB market and the bond market.

II. Conducting standing lending facility (SLF) operations and medium-term lending facility (MLF) operations

Properly managing the intensity of MLF operations. MLF operations were conducted in a timely and appropriate manner to ensure a reasonable supply of medium and long-term liquidity. In Q1, the PBOC conducted a total of RMB 1.9 trillion of MLF operations, with a term of one year and an interest rate of 2.5 percent. At end-March, outstanding MLFs totaled RMB 7.2 trillion, an increase of RMB 123 billion from the beginning of this year.

Conducting SLF operations in a timely manner. SLF operations provided locally incorporated financial institutions with a sufficient amount of short-term liquidity support as needed so that market expectations were stabilized and the stability of liquidity in the banking system was strengthened. In Q1, the PBOC conducted a total of RMB 6.2 billion in SLF operations. At end-March, outstanding SLFs registered RMB 3.4 billion. SLF rates have effectively played the role of the upper limit in the interest rate corridor, thus maintaining the smooth operation of the money market. At end-March, the overnight, 7-day, and 1-month SLF rates stood at 2.65 percent, 2.80 percent, and 3.15 percent, respectively.

III. Lowering the RRR for financial institutions

Lowering the RRR for financial institutions by 0.5 percentage points in a forward-looking way. On February 5, to ensure money supply before the Spring Festival and to provide long-term, stable, and low-cost funding to the banking system, the PBOC reduced the RRR for financial institutions by 0.5 percentage points, freeing up over RMB 1 trillion in medium and long-term liquidity. This move was conducive to signaling intensified macro-policy adjustments to boost confidence, optimizing the structure of the PBOC's supply of liquidity to the banking system, and reducing fund costs in the banking system by nearly RMB 10 billion per year. After this RRR cut, the weighted average RRR for financial institutions fell to 7 percent.

IV. Further improving the macro-prudential system and the management framework

Giving full play to the guiding role of the macro-prudential assessment (MPA). The

PBOC guided financial institutions to place emphasis on a balanced supply of credit and to bring down as appropriate the surging issuance of loans in Q1. Moreover, it guided a slowdown in the pace of credit supply in the direction of the historical average in order to leave room for the supply of loans in the remaining three quarters of the year. The PBOC also took measures to cope with the problem of leaving funds idle or circulating outside the real economy and to enhance the ability to provide sustainable support for the real economy. The PBOC maintained credit support for inclusive MSB loans and medium and long-term financing to the manufacturing sector and it channeled more credit resources into key areas and weak links.

Refining the regulatory framework for systemically important financial institutions. Institutional construction moved forward steadily. The PBOC is studying and formulating additional regulations for systematically important issuers (SIIs). Monitoring and analysis were enhanced. It closely tracked changes in the operations of systemically important banks (SIBs). It supervised implementation of additional capital requirements and enhanced the risk resistance ability of SIBs. The PBOC reviewed the recovery plans and resolution plan proposals of SIBs in order to enhance their risk response capabilities. It will continuously shore up additional supervision of systemically important financial institutions and leverage the combined efforts of macro-prudential management and micro-prudential supervision so as to consolidate the foundation for stability in the financial system.

V. Giving full play to the role of monetary policies to optimize the structure

Maintaining strong support for inclusive finance. Central bank lending for rural development and for MSBs, as well as central bank discounts, were utilized to guide locally incorporated financial institutions to expand their credit supply for agriculture-related businesses, MSBs, and private enterprises. Central bank lending for poverty alleviation was rolled over in accordance with current regulations so as to consolidate the achievements in poverty alleviation and support for rural revitalization. The PBOC promoted coordinated regional development by continuously guiding locally incorporated financial institutions in ten provinces to effectively use central bank lending and other policy instruments. At end-March, outstanding central bank lending in support of rural development, in support of MSBs, and in support of poverty alleviation posted RMB 665 billion, RMB 1.7 trillion, and RMB 117.2 billion, respectively, and outstanding central bank discounts registered RMB 599.1 billion.

Continuously promoting the better development of green finance. The PBOC continued to implement and expand the coverage of the carbon emission reduction facility (CERF). Some locally incorporated and foreign financial institutions were added to the eligible list. Special central bank lending for the clean and efficient use of coal ceased at the end of 2023, while the outstanding funds continued to serve their purposes. By the end of March, the outstanding amount of these two instruments registered RMB 514 billion and RMB 264.1 billion, respectively.

Further improving financial support for technology. The PBOC established a special central bank lending facility worth RMB 500 billion, with an interest rate of 1.75 percent, to support sci-tech innovation and technical transformation, The facility aimed to guide financial institutions to step up credit support for sci-tech-oriented small and medium-sized firms, during their early stage of development or during their growth stage, and for technical transformation and equipment renewal projects to help key sectors become more digitized, smart, advanced, and green. The new instrument, a policy continuation and improvement on previous central bank lending for sci-tech innovation and special central bank lending for equipment upgrading and renovation, promoted sci-tech innovation and a new round of large-scale equipment renewals. At end-March, the outstanding amount of central bank lending for sci-tech innovation and special central bank lending for equipment upgrading and renovation registered RMB 154.8 billion and RMB 156.7 billion, respectively.

Advancing development of old-age finance at a solid pace. Special central bank lending for inclusive elderly care services will last until the end of 2024, from a pilot to a nationwide rollout, and it will extend its support to the operation of public welfare and inclusive elderly care institutions, the construction of at-home and the community-based elderly care system, and the manufacturing of products for the elderly included in the catalogue. At end-March, the outstanding amount of the instrument posted RMB 1.8 billion.

Supporting the stable and healthy development of the real estate market. The PBOC continued to implement the guaranteed residential building delivery loan program and the loan support scheme for rental housing. At end-March, the outstanding amount in the guaranteed residential building delivery loan program and the loan support scheme for rental housing registered RMB 8.6 billion and RMB 2 billion, respectively. The pledged supplementary lending (PSL) facility was utilized effectively to support policy-backed and development-oriented financial institutions to grant loans for the development of affordable housing, the renovation of urban villages, and the construction of public infrastructure for both normal and emergency uses. At end-March, the outstanding amount of the PSL posted RMB 3.4 trillion.

VI. Enhancing the quality and effectiveness of credit policies

Improving the quality and effectiveness of financial services for private enterprises and MSBs. The PBOC promoted implementation of the *Notice on Strengthening Financial Support Measures to Boost the Development and Growth of the Private Economy*. Financial institutions are guided to formulate detailed implementation rules to further increase the input of financial resources and gradually raise the proportion of loans to private enterprises by improving internal policy arrangements, strengthening the use of technology, and broadening the sources of credit funds. The PBOC continued with the project to enhance financial services for micro, small, and medium-sized enterprises, and with the establishment of a long-term mechanism for boosting the confidence, willingness, capacity, and professionalism of financial institutions to issue loans. At end-March, outstanding loans to the private economy witnessed a year-on-year increase of 10.7 percent, with its proportion in all loans rising by 0.4 percentage points compared to the previous year. Outstanding inclusive MSB loans and the number of supported MSBs increased by 20.3 percent and 7.5 percent year on year, respectively. The weighted average interest rate on newly issued inclusive MSB loans in March posted 4.36 percent.

Continuously promoting financial support for all-round rural revitalization. Targeting the goal of building up China's strength in agriculture, the supply of financial resources to key areas, such as food security, the facility cultivation system, and rural industries, shall increase. The PBOC guided financial institutions to optimize resource allocations by strengthening the integration of agro-related credit information, expanding the use of digital management tools, and enriching the supply of financial products, thus better serving the diversified financing needs of rural revitalization. Commercial banks are encouraged to issue special financial bonds for agriculture, rural areas, and farmers, and qualified enterprises are supported in the issuance of rural revitalization bills so as to broaden the direct financing channels in agro-related sectors. At end-March, outstanding agro-related loans registered a year-on-year increase of 13.5 percent, reaching RMB 60.2 trillion.

Strengthening financial support for sci-tech innovation in a sustained manner. The PBOC enhanced credit support for sci-tech enterprises and continuously improved the capacity, intensity, and level of financial support for sci-tech innovation. It implemented the *Action Plan for Stepping Up Support for the Financing of Sci-tech Enterprises*, formulating an all-round and multi-dimensional service system of technology finance. The PBOC guided financial institutions to allocate more credit resources to sci-tech innovation and to improve professionalism by establishing a specialized organization structure, risk control regimes, product systems, and assessment mechanisms. Banks are incentivized to strengthen medium and long-term credit support for small and medium-sized high-tech companies as well as for the digital transformation of the manufacturing industry, etc. At end-March, outstanding medium and long-term loans to the high-tech manufacturing sector grew by 27.3 percent year on year to RMB 2.9 trillion. Outstanding loans granted to sci-tech small and medium enterprises and to "specialized, sophisticated, distinctive, and innovative" enterprises recorded RMB 2.7 trillion and RMB 4.1 trillion, respectively, a year-on-year increase of 20.4 percent and 17.9 percent, respectively. The growth rate of loans issued to the above areas significantly outpaced the growth of all loans.

Consistently delivering old-age finance services. Focusing on the senior economy, the PBOC encouraged financial institutions to optimize their organization system, make innovations in financial products and services, and grant more credit to the elderly care industry so as to upgrade financial services for the sector. By the end of March 2024, outstanding loans issued to the pension sector by seven banks, namely, China Development Bank, Agricultural Development Bank of China, Industrial and Commercial Bank of China, Agricultural Bank of China, Bank of China, China Construction Bank, and Bank of Communications, amounted to a total of more than RMB 100 billion.

Giving full play to the leading role of green finance. The PBOC guided financial institutions to attach equal importance to both green development and the transition from traditional energy. Targeted support was provided in areas such as clean energy, coal supply for power generation, and clean and efficient use of coal in power generation, ensuring that energy security is adequately resourced. With the increased green credit supply, green loans experienced rapid growth. At end-March, outstanding green loans posted RMB 33.8 trillion, a year-on-year increase of 35.1 percent and 25.9 percentage points higher than the growth of all loans. The PBOC promoted the high-quality development of the green bond market and further broadened the sources of green funds for financial institutions. At end-March, outstanding green bonds in China registered over RMB 1.9 trillion, of which outstanding green financial bonds registered RMB 870 billion, accounting for more than 40 percent of the total stock of green bonds and providing stable funding sources for financial institutions to issue green credit.

VII. Improving the formation and transmission mechanism of the market-based interest rate

Deepening the market-based interest rate reform. The benefits of the LPR reform have been unleashed continuously to maintain the stability of actual loan interest rates with a slight decline. On January 25, the PBOC cut the interest rate on central bank lending for rural development, the interest rate on central bank lending for MSBs, and the central bank discount rate, each by 0.25 percentage points. In February, it guided the over-five-year LPR to drop by 0.25 percentage points. Loans rates declined more substantially through the market-based interest rate transmission mechanism. In March, the weighted average interest rate on corporate loans registered 3.73 percent, falling by 0.22 percentage points year on year and reaching a historically low level. The role of the interest rate self-regulatory mechanism was given full play to regulate competition in the deposit market. In April, the Self-Regulatory Pricing Mechanism for Market Interest Rates issued the *Initiative on Prohibiting High Interest Rate Deposit Collection through Manual Compensation and Maintaining Competition Order in the Deposit Market*, which explicitly requires that banks not promise to or pay to clients complementary interest that would exceed the ceiling of the authorized deposit rate. The *Initiative* safeguards reasonable competition in the market, thus reinforcing the effects of deposit rate adjustments and stabilizing the costs to banks on the liability side.

The PBOC adopted city-specific measures to adjust the floor of first-home mortgage rates. The PBOC gave play to the dynamic adjustment mechanism for newly issued first-home mortgage rates and guided the rates to move downward. By the end of March, of 343 cities at or above the prefectural level across the country, 75 cities had adjusted the first-home interest rate floor and 64 cities had removed the floor. In March, the interest rate on newly issued individual mortgage loans registered 3.69 percent, a year-on-year decrease of 0.45 percentage points.

VIII. Deepening the market-based reform of the RMB exchange rate

The PBOC continued to improve the managed floating exchange-rate regime based on market supply and demand with reference to a basket of currencies. It ensured that the market plays a decisive role in determining the exchange rate and in giving play to the role of the exchange rate as an auto stabilizer and as a shock absorber for macroeconomic management and for the balance of payments. The PBOC took comprehensive measures and strengthened expectation guidance to balance supply with demand in the foreign exchange market and to prevent risks of an exchange rate overshooting. As a result, the RMB exchange rate remained basically stable at an adaptive and equilibrium level. In Q1 2024, the highest and lowest RMB central parities against the US dollar were 7.0770 and 7.1174, respectively. During the 59 trading days, the RMB appreciated on 30 days and depreciated on 29 days. The biggest intraday appreciation and depreciation was 0.1 percent (64 bps) and 0.3 percent (232 bps), respectively. The RMB witnessed both appreciations and depreciations against the major international currencies, with two-way fluctuations. As of end-March, the central parities of the RMB against the US dollar, the euro, the pound sterling, and the Japanese yen had depreciated 0.2 percent and had appreciated

Table 8 The Trading Volume of the RMB Against Other Currencies in the Interbank Foreign Exchange Spot Market in Q1 2024

Unit: RMB100 million

Currency	USD	EUR	JPY	HKD	GBP	AUD
Trading volume	137,366.73	1,846.19	1,034.79	200.95	83.94	212.20
Currency	NZD	SGD	CHF	CAD	MOP	MYR
Trading volume	59.42	240.13	28.79	138.24	19.83	9.16
Currency	RUB	ZAR	KRW	AED	SAR	HUF
Trading volume	18.35	8.25	13.15	8.82	9.03	0.20
Currency	PLN	DKK	SEK	NOK	TRY	MXN
Trading volume	2.48	3.27	11.43	3.18	0.35	4.71
Currency	THB	IDR	KHR	KZT	MNT	VND
Trading volume	62.07	4.93	0	0	0	0

Source: China Foreign Exchange Trade System.

2.4 percent, 0.5 percent, 6.5 percent from end-2023, respectively. From the beginning of the reform of the RMB exchange-rate formation regime in 2005 to end-March 2024, the RMB appreciated by a cumulative 16.7 percent, 30.5 percent, 60.1 percent, and 54.9 percent, respectively, against the US dollar, the euro, the pound sterling, and the Japanese yen. Direct RMB trading was rather buoyant in the interbank foreign exchange market with stable liquidity so that the exchange costs for enterprises were reduced and bilateral trade and investment was promoted.

IX. Forestalling and defusing financial risks

Strengthening the monitoring and assessment of systemic risks. The PBOC continued to strengthen its framework for monitoring and assessing systemic financial risks and to improve risk monitoring in the banking sector, securities sector, insurance sector, and financial markets. It conducted regular ratings of financial institutions, optimized the working mechanism of such ratings, and continued to improve the rating indicators and the rating system. For institutions at levels 1-7 within the safe boundary, risk monitoring and early warning will continue to be carried out on a regular basis. For high-risk banks at levels 8-10, the PBOC will distinguish previously identified institutions from newly identified institutions. For the former, multiple measures will be taken to reduce the number through coordinated efforts by all parties. For the latter, an early correction mechanism with hard constraints will be established from pilots to a broader rollout.

Reinforcing the financial safety net. Adhering to the principle of "ex-ante prevention of excessive accumulation of financial risks, interim and ex-post resolution of risks in a quick and efficient manner," the PBOC took the initiative to forestall and defuse financial risks and it guided financial institutions to heighten corporate governance and risk management. It enhanced financial regulation so that macro-prudential management, micro-prudential management, and conduct supervision serve their purposes and collaborate with each other to create a synergy. It ensured disposal resource supplies and took advantage of its role as lender of last resort to banks. It accelerated development of the legal system for financial stability and promoted new legislation for the Financial Stability Law.

X. Improving the capability to serve cross-border trade, investment, and financing

Improving and expanding high-level opening-up trials. To implement the major decisions and arrangements of the CPC Central Committee and the State Council to support Fujian Province in building a demonstration zone for integrated Cross-Strait development, the PBOC issued a package of high-level opening-up policies for cross-border trade and investment in parts of Fujian. This move will further facilitate the business entities' settlement.

Continuously streamlining mobile payments for overseas visitors. The PBOC has further facilitated mobile payment services for overseas visitors to China and has helped them enjoy a hassle-free payment environment. Payment institutions were encouraged to cooperate with banks to launch services that allow foreign users to link their international credit cards to payment platforms, providing tailored services for foreign visitors by hierarchical identification. It has also clarified the management requirements and principles for online services in the acquisition of international bank cards to provide convenience for foreign visitors who use bank cards for online shopping.

Deepening international monetary and financial cooperation. The PBOC continued to steadily advance its progress in bilateral currency swap arrangements, improved the currency swap framework, and gave play to the role of currency swaps in supporting development of the offshore RMB market and facilitating trade and investment. With a focus on neighboring countries and countries along the Belt and Road, the PBOC strengthened currency settlement cooperation with its counterparts and fostered a better environment for overseas use of the RMB. As of end-March, based on the bilateral currency swap agreements between the PBOC and overseas monetary authorities, overseas monetary authorities had drawn RMB 115.4 billion and the PBOC had drawn foreign currencies equivalent to USD 246 million. These operations have played an active role in promoting bilateral trade and investment.

Box 3 Continuously Facilitating Payment Services for Overseas Visitors to China

To thoroughly implement the decisions and arrangements made by the Communist Party of China (CPC) Central Committee and the State Council as well as the requirements stipulated in the Opinions of the General Office of the State Council on Further Optimizing Payment Services and Enhancing Payment Convenience (hereinafter referred to as the Opinions), the PBOC, taking the optimization of payment services as a key task, has promoted cross-departmental collaboration, accelerated improvements in a sound policy system, and put in place a multidimensional work pattern that coordinates efforts among the relevant agencies at various levels and focuses on key tasks. It has also adopted a mix of policies to optimize payment services and taken effective measures to eliminate the blockages in payment services so as to continuously enhance payment convenience for overseas visitors to China.

First, building the policy framework and strengthening collaborative efforts. The PBOC took the lead among fifteen ministries in drafting the Opinions. It has issued documents in collaboration with the Ministry of Commerce, the Ministry of Culture and Tourism, and other ministries respectively, in a bid to refine policy measures and to introduce supporting implementation rules. A "1+N" policy system that is based on the Opinions and complemented by joint documents has thus taken shape, which is aimed at promoting payment services in commerce, tourism, transport, and other relevant areas. Moreover, the PBOC has guided its branches to strengthen communications and collaboration with local governments and to establish concrete work plans based on local conditions. Work plans have been issued in Beijing, Guangzhou, Shenzhen, Chengdu, Dalian, and other cities.

Second, focusing on key cities and key institutions. Seventeen cities, including Beijing, Shanghai, Guangzhou, Shenzhen, and Chengdu, and twenty-one institutions were listed as key cities and key institutions, respectively, based on a holistic consideration of various aspects, including the number of overseas visitors, the number of popular tourist attractions in the region as well as the volume of payments made by overseas individuals. The key cities and key institutions were required to formulate specific work plans breaking down key tasks with clear timetables and roadmaps, and they were expected to achieve significant results in the near future. The PBOC held meetings in multiple key cities, such as Beijing and Shanghai, to advance optimization of payment services. Local governments, relevant authorities, and related industries were encouraged to work closely and to step up efforts to improve payment services.

Third, targeting key tasks and removing payment blockages. In terms of mobile payments, Alipay and Tencent were guided to improve their mobile payment services that allow overseas bank cards to be bound to Alipay or Wechat as well as payments with overseas e-wallets in China, enriching applicable business scenarios and lifting the transaction quotas so as to facilitate overseas visitors' use of mobile payments in China. In terms of bank card acceptance, facilities were upgraded at key merchants and in key venues, such as airports, hotels, and scenic spots, in support of overseas bank card acceptance, thus improving the environment for accepting overseas bank cards. In terms of foreign currency exchange, cash exchange services can be accessed through various channels, such as bank outlets, foreign currency exchange facilities, and ATMs. Foreign currency exchange services have been improved, with a growing number of currencies that can be exchanged through various channels. In terms of cash, commercial banks distributed a large number of "Change Wallets" that contain cash in different denominations, including banknotes of 1 yuan, 5 yuan, and 10 yuan. The PBOC stepped up efforts to ensure cash supply and launched special rectification campaigns against cash rejection. In terms of account services, commercial banks and payment institutions were urged to continuously improve their account services by streamlining account opening procedures, implementing account management based on classification and grading, and upgrading supporting services for account opening, including multilingual services, consultations, and settlement of complaints.

Fourth, strengthening policy interpretation and publicity. The PBOC responded to social concerns in a timely manner through various channels and made efforts to help overseas visitors to China learn more about relevant policies. A special column on "Optimizing Payment Services and Enhancing Payment Convenience" was introduced on the English website of the PBOC, which is aimed at publicizing the experiences, practices, and achievements made in various regions and institutions in terms of payment facilitation. Guides to payment services were published in multiple languages (including Chinese and English) in various regions, with more than 14 million hits on overseas platforms. Progress in the implementation of payment facilitation policies and typical cases were reported in a continuous and extensive manner by means of short videos and graph illustrations. According to incomplete statistics, the reading volume of relevant reports exceeded 15 million on mass media, including Xinhua News Agency, CCTV, China News Agency, and China Daily.

With joint efforts made by various parties, significant results have been achieved in optimizing payment services. First, the convenience of mobile payments witnessed further improvement. According to statistics, in Q1 2024 inbound visitors made over 39 million mobile payment transactions with a total volume of RMB 5.6 billion, resulting in a year-on-year increase of over 11 times. Specifically, the number and volume of mobile payment transactions grew by 64 percent and 67 percent in March, respectively, compared to February. Second, bank card acceptance was continuously expanded. At end-March 2024, the acceptance coverage ratio for overseas bank cards at key merchants in key cities was 20 percentage points higher compared with end-February 2024. Third, cash use was significantly facilitated. Overseas bank cards are accepted by all the ATMs for RMB cash withdrawals from large banks, including Industrial and Commercial Bank of China, Agricultural Bank of China, Bank of China, China Construction Bank, and Bank of Communications. Foreign exchange services are provided in over 60,000 bank outlets and nearly 2,300 foreign exchange facilities, and 2.62 million "Change Wallets" have been distributed to various market entities. Fourth, account services were continuously upgraded. As of end-March 2024, a total of 22.79 million bank accounts had been opened for overseas visitors to China (including residents of Hong Kong, Macau, and Taiwan), representing a growth of 810,000 accounts compared to the beginning of the year.

Going forward, the PBOC will continue to implement the decisions and arrangements of the CPC Central Committee and the State Council, work closely with the relevant departments and local governments in accordance with established plans and goals, and fully leverage the multidimensional work pattern that focuses on key cities, institutions, and tasks, in a bid to improve payment services on an on-going basis and further facilitate payments.

Part 3 Financial Market Conditions

In Q1 2024, the performance of the financial market was generally stable. Money market interest rates slightly rebounded, with active market transactions. The issuance rates of government bonds and enterprise bonds slipped back, and bond issuances increased. The trading volume on the stock market increased, while fund-raising decreased year on year.

I. Financial market overview

1. Money market interest rates rebounded, with active market transactions

Money market interest rates rebounded. In March 2024, the monthly weighted average interest rate for interbank lending was 1.88 percent, and the monthly weighted average interest rate for pledged repos posted 1.91 percent, 10 basis points, and 1 basis point higher than those in December 2023, respectively. The average monthly weighted interest rate for government-backed bond pledged repos between depository institutions posted 1.76 percent, 15 basis points lower than the monthly weighted average interest rate for pledged repos. At end-March, the overnight Shibor posted 1.72 percent, down 3 basis points from end-2023, while the 7-day Shibor stood at 1.97 percent, up 10 basis points from end-2023.

Repos transactions on the money market were active. In Q1 2024, the cumulative volume of bond repos trading on the interbank market registered RMB 418.7 trillion, representing an average daily turnover of RMB 6.9 trillion and an increase of 18.6 percent year on year. The cumulative volume of trading for interbank lending registered RMB 26.3 trillion, representing an average daily turnover of RMB 431.3 billion and a decrease of 20.2 percent year on year. In terms of the maturity structure, overnight repos accounted for 85.5 percent of the total turnover in bond repos, down 0.9 percentage points year on year, and overnight lending constituted 85.4 percent of the total turnover in interbank lending, down 4.6 percentage points year on year. The volume of bond repos trading on the exchange markets increased 4.3 percent year on year to RMB 118 trillion.

Interbank Certificates of Deposits (CDs) and negotiable CD businesses operated in an orderly manner. In Q1 2024, about 6,818 interbank CDs were issued on the interbank market, raising RMB 7.4 trillion. The total volume of trading on the secondary market registered RMB 60.9 trillion. At end-March, outstanding interbank CDs reached RMB 16.1 trillion. The weighted average interest rate of 3-month interbank CDs was 2.26 percent, 2 basis points lower than that of the 3-month Shibor. About 28,000 negotiable CDs were issued by financial institutions throughout the year, raising RMB 5.6 trillion, an increase of RMB 36.4 billion year on year.

Interest rate swap transactions remained

Table 9 Fund Flows Among Financial Institutions in Q1 2024

Unit: RMB 100 million

Type of institution	Repos		Interbank lending	
	Q1 2024	Q1 2023	Q1 2024	Q1 2023
Chinese-funded large banks[①]	−2,071,865	−1,420,541	−118,656	−109,762
Chinese-funded medium-sized banks[②]	−205,865	−298,799	20,364	−20,546
Chinese-funded small-sized banks[③]	206,702	91,660	11,287	19,852
Securities institutions[④]	609,115	461,284	75,807	90,221
Insurance institutions[⑤]	85,343	46,201	730	254
Foreign-funded banks	11,978	14,474	−3,730	−2,510
Other financial institutions and vehicles[⑥]	1,364,593	1,105,721	14,197	22,492

Source: China Foreign Exchange Trade System.

Notes: ① Chinese-funded large banks include Industrial and Commercial Bank of China, Agricultural Bank of China, Bank of China, China Construction Bank, China Development Bank, Bank of Communications, and Postal Savings Bank of China.

② Chinese-funded medium-sized banks refer to policy banks, China Merchants Bank, and eight other joint-equity commercial banks, Bank of Beijing, Bank of Shanghai, and Bank of Jiangsu.

③ Chinese-funded small-sized banks refer to the Hengfeng Bank, China Zheshang Bank, China Bohai Bank, other city commercial banks, rural commercial banks, rural cooperative banks, private banks, and village and township banks.

④ Securities institutions include securities firms, fund management companies, and futures companies.

⑤ Insurance institutions include insurance firms and corporate annuities.

⑥ Other financial institutions and vehicles include urban credit cooperatives, rural credit cooperatives, finance companies, trust and investment companies, financial leasing companies, asset management companies, social security funds, mutual funds, wealth management products, trust plans, and other investment vehicles. Some of these financial institutions and vehicles do not participate in the interbank lending market.

⑦ A negative sign indicates net lending and a positive sign indicates net borrowing.

Table 10 Interest Rate Swap Transactions in Q1 2024

Time	Transactions	Notional principal (RMB 100 million)
Q1 2024	81,050	78,331
Q1 2023	83,587	80,077

Source: China Foreign Exchange Trade System.

stable. In Q1 2024, the RMB interest rate swap market witnessed 81,000 transactions, decreasing 3.0 percent year on year, with the volume of the notional principal totaling RMB 7.8 trillion, a decrease of 2.2 percent year on year. In terms of the maturity structure, contracts with maturities of up to one year traded most briskly, and the volume of the notional principal posted RMB5.5 trillion, accounting for 69.8 percent of the principal of all maturities. The 7-day fixing repo rate (FR) and the Shibor served as the main reference rates for the floating leg of the RMB interest rate swaps, accounting for 94.6 percent and 4.5 percent, respectively, of the total notional principal of the interest rate swaps. In Q1, interest rate swaps anchored to the loan prime rate (LPR) witnessed 219 transactions, with RMB 39.22 billion of the notional principal.

The interest rate options business developed at a steady pace. In Q1 2024, a total of 121 interest rate options transactions were concluded, totaling RMB 25.94 billion.

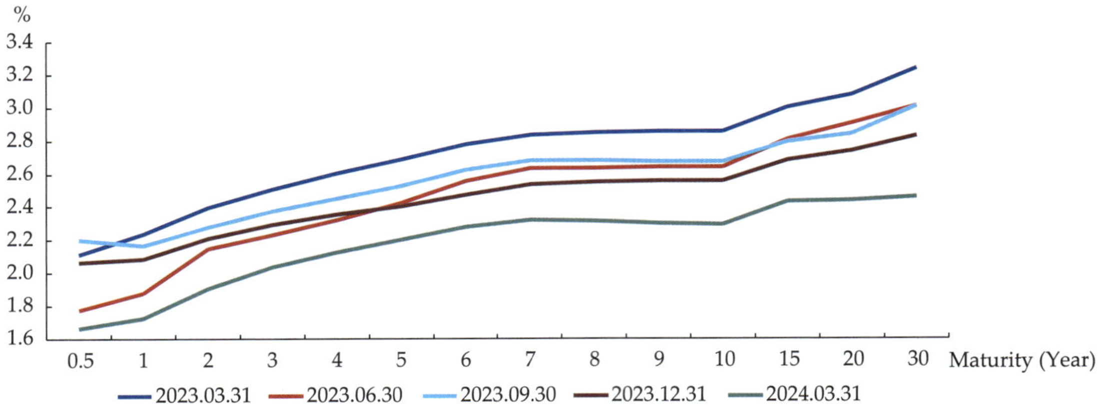

Figure 4 Yield Curves of Government Bonds in the Interbank Market

(Source: China Central Depository & Clearing Co., Ltd)

Specifically, 4 were interest rate swap transactions, amounting to RMB 1.8 billion and 117 were interest rate cap/floor transactions, amounting to RMB 24.14 billion.

2. The bond issuance rates fell, while the issuance volume increased year on year

Bond issuance rates fell. In March 2024, the yield on 10-year government bonds issued by the Ministry of Finance was 2.31 percent, 28 basis points lower than the rate in December 2023; the average rate of 1-year short-term financing bills issued by AAA-rated enterprises was 2.35 percent, down 74 basis points from December 2023.

The yields on government bonds marked a downward trend with slightly widened term spreads. At end-March, the yields on 1-year, 3-year, 5-year, 7-year, and 10-year government bonds decreased by 36 basis points, 26 basis points, 20 basis points, 22 basis points, and 27 basis points, to 1.72 percent, 2.03 percent, 2.20 percent, 2.32 percent, and 2.29 percent from end-2023, respectively; and the term spread on 1-year and 10-year government bonds was 57 basis points, which widened by 9 basis points from end-2023.

Box 4 How to View Current Long-term Government Bond Yields

Long-term government bond yields are essential parts of the government bond yield curve that serves as the pricing benchmark for the financial market. The financial market has always been highly attentive to long-end yields. In Q1 2024, long-term government bond yields exhibited a downward trend. From the beginning of 2024 to the end of Q1, the 10-year government bond yield dropped from 2.56 percent to 2.29 percent, and the 30-year government bond yield decreased from 2.84 percent to 2.46 percent, down 27 and 38 bps, respectively. The long-term government bond yields mainly reflect expectations of long-term economic growth and inflation. Meanwhile, factors such as a shortage of safe assets may also disrupt long-end yields.

From a macroeconomic perspective, China's fundamental trend of long-term economic growth and improvement remains unchanged. With a solid economic base, numerous economic advantages, strong economic resilience, and huge development potentials, Chinese economy will maintain a reasonable growth rate for a relatively long period into the future. Currently, as the COVID-19 prevention and control measures have entered a new stage and previous macroeconomic policies have gradually taken effect, the overall trend of economic recovery has been continuously consolidated. In 2023, China achieved an economic growth rate of 5.2 percent. In Q1 2024, China continued to maintain a relatively high growth rate of 5.3 percent, kicking off a good start. Economic indicators including the PMI, investments, and exports, as well as social expectations, have still been improving. All these factors will support the long-term government bond yields in remaining generally within a reasonable range that is in line with long-term expectations for economic growth.

From a microeconomic perspective, the shortage of safe assets in the financial market has also influenced the long-term government bond yields. In Q1 2024, demand for asset allocation from financial institutions, such as banks and insurance companies, started to surge intensively, based on the consideration of "an earlier asset purchase leads to an earlier profit". Meanwhile, investors' demand for risk-free assets was also climbing, with corresponding investment demand in the bond market increasing. At end-March, the asset under management (AUM) of open-end mutual bond funds stood at RMB 5.7 trillion, up 36.3 percent from the same period of last year. Notably, some financial institutions were seeking to increase returns from bond investments by extending the duration, which increased the demand for long-term bonds. In Q1 2024, the trading volume of bonds with a maturity of between 20 years to 30 years in the interbank bond market registered RMB 8.9 trillion, five times more than that in the same period of last year. In particular, the trading volume of rural financial institutions took up 24.8 percent of the total trading volume in the interbank bond market, 10.5 percentage points higher than that in the same period of last year.

Since late April, the long-term government bond yields have started to increase. As of end-April, 30-year government bond yield has rebounded to over 2.5 percent, indicating a marginal improvement in the supply-demand relationship in the bond market. Theoretically, the fixed-rate long-term bonds have a long duration, which are relatively sensitive to interest rate fluctuations. Market investors pay more attention to the interest rate risks on long-term bond investments and avoid losses from overly short-sighted investment behaviors by upholding a prudent and rational investment principle.

Overall, China's long-term government bond

yields have been effective in reflecting market expectations and macroeconomic conditions. In recent years, the relatively high intensity of counter-cyclical adjustments from monetary policy has been continuously providing a sound liquidity environment for the smooth operation of the bond market. In 2024, the intensity of the proactive fiscal policy is relatively large, and the scale of planned government bonds issuance is also significant, with an accelerating pace of issuance. The balance between supply and demand in the bond market is expected to be further improved, with a better match between the long-term government bond yields and the upward trend for future economic growth.

Bond issuances increased year on year. The cumulative value of bonds issued in Q1 grew by 5.4 percent year on year to RMB 17.3 trillion, RMB 888.9 billion more than that in the same period of last year mainly due to the large increase in government bonds, interbank certificates of deposits and non-financial enterprise debt-financing instruments. At end-March, outstanding bonds amounted to RMB 160.8 trillion, representing an increase of 9.0 percent year on year.

The trading volume of spot bonds maintained rapid growth. In Q1, the value of cash bonds traded on the bond market reached RMB 106.9 trillion, registering an increase of 42.9 percent year on year. Specifically, the value of cash bonds traded on the interbank market was RMB 96.9 trillion, representing an increase of 46.6 percent year on year. The value of cash bond transactions on the stock exchanges totaled RMB 10.1 trillion, an increase of 15.3 percent year on year.

3. Bill financing was generally stable with a slight decrease, and interest rates in the bill market were basically stable

The balance of bill acceptance went down. In Q1, commercial drafts issued by enterprises totaled RMB 7.8 trillion, increasing by 32.7 percent year on year. At end-March, outstanding commercial drafts stood at RMB 16.4 trillion, decreasing by 1.9 percent year on year. At end-March, outstanding commercial draft acceptances decreased by RMB 778.1 billion compared to end-2023. Of the outstanding bankers' acceptances, 72.7 percent were issued by micro, small, and medium-sized enterprises (MSMEs).

The bill financing business was generally steady and smooth. In Q1, total discounts by financial institutions amounted to RMB 13.5 trillion, increasing by 25 percent year on year. At end-March, the balance of bill financing was RMB 11.6 trillion, down 1.5 percent year on year. The balance accounted for 4.7 percent of the total outstanding loans, down 0.5 percentage points year on year. In Q1, the interest rates for bill financing were basically stable.

4. The total turnover in the stock market increased, and the amount of raised funds decreased year on year

The Shanghai Stock Exchange Composite Index and the Shenzhen Stock Exchange Component Index diverged. At end-March, the Shanghai Stock Exchange Composite Index closed at 3,041 points, up 2.2 percent

Table 11 Bond Issuances in Q1 2024

Unit: RMB 100 million

Type of bond	Issuance	YOY change
Government securities	24,488	2,987
Local government bonds	14,869	-4,278
Central bank bills	0	0
Financial bonds①	95,098	8,059
Of which: Financial bonds issued by the CDB and policy financial bonds	12,538	-6,082
Interbank certificates of deposits	73,451	13,265
Corporate credit bonds②	37,469	1,727
Of which: Debt-financing instruments of non-financial enterprises	25,863	2,180
Enterprise bonds	247	-1,047
Corporate bonds	8,635	765
Bonds issued by international institutions	590	394
Total	172,514	8,889

Sources: The People's Bank of China, China Securities Regulatory Commission (CSRC), and China Central Depository & Clearing Co., Ltd. Updated with the latest data from the providers.

Notes: ① Including financial bonds issued by the CDB, policy financial bonds, bonds issued by commercial banks (including ordinary bonds, subordinated bonds, and hybrid bonds), bonds issued by securities firms, and interbank certificates of deposit.

② Including debt-financing instruments issued by non-financial enterprises, enterprise bonds, corporate bonds, convertible bonds, bonds with detachable warrants, privately offered SME bonds, and asset-backed securities on the Shanghai Stock Exchange and the Shenzhen Stock Exchange issued by non-financial enterprises.

from end-2023. The Shenzhen Stock Exchange Component Index closed at 9,401 points, down 1.3 percent from end-2023. The total turnover in the stock market increased, with the amount of raised funds decreasing year on year. In Q1, the combined turnover on the Shanghai Stock Exchange and the Shenzhen Stock Exchange reached RMB 51.5 trillion, and the average daily turnover was RMB 887.7 billion, up 0.8 percent year on year. In Q1, cumulative funds amounting to RMB 78.0 billion were raised through the Shanghai Stock Exchange and the Shenzhen Stock Exchange, a decrease of 70.3 percent year on year.

5. Premium income increased year on year and the growth of assets accelerated

In Q1 2024, total premium income in the insurance sector amounted to RMB 2.2 trillion, up 10.7 percent year on year and an acceleration of 1.6 percentage points compared to that recorded in 2023. Claim and benefit payments totaled RMB 735.2 billion, representing a year-on-year increase of 49.1 percent. Specifically, total property insurance claims and benefit payments increased by 11.0 percent year on year and total life insurance claims and benefit payments increased by 74.6 percent year on year.

The growth of assets in the insurance sector accelerated. At end-March 2024, total assets in the insurance sector increased by 15.8 percent year on year to RMB 32.9 trillion, an acceleration of 5.4 percentage points from end-2023. Specifically, bank deposits increased by 10.7 percent and investment-

Table 12 Asset Allocations in the Insurance Sector at End-March, 2024

Item	Balance (RMB 100 million)		As a share of total assets (%)	
	End-March 2024	End-March 2023	End-March 2024	End-March 2023
Total assets	328,591	283,664	100.0	100.0
Of which: Bank deposits	31,502	28,450	9.6	10.0
Investments	267,879	231,756	81.5	81.7

Source: National Administration of Financial Regulation.

linked assets increased by 15.6 percent year on year.

6. The turnover of spot foreign exchange transactions fell back, while that of swap foreign exchange transactions went up

In Q1, the cumulative turnover of spot RMB/foreign exchange transactions registered USD 2.0 trillion, a decrease of 13.3 percent year on year. The cumulative turnover of swap RMB/foreign exchange transactions totaled USD 5.6 trillion, an increase of 13.5 percent year on year. Specifically, cumulative overnight RMB/USD swap transactions posted USD 3.8 trillion, accounting for 67.6 percent of the total swap turnover. The turnover of RMB/foreign exchange forward transactions totaled USD 52.3 billion, increasing by 155.3 percent year on year. The turnover of foreign currency pair transactions totaled USD 641.3 billion, increasing by 43.2 percent year on year. In particular, the USD/JPY pair registered the largest trading volume, accounting for 45.1 percent of the total market share.

7. Gold prices went up and gold trading was active

At end-March, international gold prices closed at USD 2,214.35 per ounce, representing an increase of 6.5 percent from end-2023. The Au99.99 on the Shanghai Gold Exchange closed at RMB 527.54 per gram, increasing by 10.0 percent from end-2023. In Q1, the volume of gold traded on the Shanghai Gold Exchange was 15 000 tons, an increase of 32.3 percent year on year. The turnover reached RMB 7.5 trillion, up 54.7 percent year on year.

II. Development of institutional arrangements in the financial markets

1. Institutional arrangements in the bond market

RMB-denominated bond was promoted as widely accepted eligible collateral in the offshore market. On January 24, 2024, the PBOC, in cooperation with the HKMA, announced that RMB-denominated bonds under the Northbound Bond Connect were included in the list of eligible collateral for the Renminbi Liquidity Facility of the HKMA. This was the first time the collateral function of domestic bonds was acknowledged in the offshore market. The move was conducive to promoting the willingness of overseas institutions to hold such bonds, further enhancing the attractiveness of China's bond market, and serving as a cornerstone for domestic bonds to become globally accepted eligible collateral. It also helped promoting RMB internationalization in a stable and prudent manner, consolidating Hong Kong's position as an international financial center, and enabling better development of Hong Kong.

The OTC business in the interbank bond market was regulated towards normative development. In February, the PBOC released the *Notice on Matters Concerning OTC Business in the Interbank Bond Market*, further clarifying the requirements for the types of business, means of trade, and opening of investors' accounts. The Notice facilitated the participation of individuals and other institutional investors in bond investment, expanded channels for people to increase property income, improved financing structure, and enabled a more efficient bond market.

2. Reforms and institutional arrangements in the securities market

The institutional arrangements in the capital market were improved. On March 15, the CSRC released the *Opinions on Tightening Scrutiny over IPOs and Improving the Quality of Listed Companies from the Source (Trial)*, the *Opinions on Strengthening the Supervision of Listed Companies (Trial)*, the *Opinions on Strengthening the Supervision of Securities Companies and Mutual Funds and Expediting the Establishment of First-Class Investment Banks and Investment Institutions (Trial)*, and the *Opinions on Implementing Strict Standards for Political Integrity, Capacity Development and Disciplined Conduct and Comprehensively Enhancing Self-Improvement in the CSRC System (Trial)*. With respect to strengthening regulation, preventing risks and promoting high-quality development, the four Opinions implemented the requirement that supervision must be "sharp and thorny" with defined boundaries, highlighted "strengthening the foundation" and "strict supervision and management", so as to promote the development of the capital market with Chinese characteristics.

3. Institutional arrangements in the insurance market

The classified supervision on personal insurance companies was strengthened. In March, the NFRA released the *Measures for Supervisory Rating of Personal Insurance Companies*. The Measures established a comprehensive risk assessment system with multidimensional evaluation to determine the comprehensive risk levels of insurance companies, so as to enhance the capability of risk identification and early warning, and enable early risk prevention. By classifying risks into 1-5 levels and S level with scientific assessments, the NFRA conducted classified supervision based on different levels and linked the rating results to onsite inspections and early corrections.

The institutional arrangements for catastrophe insurance were improved. In March, the NFRA and the MOF released the *Notice on Expanding the Coverage of Catastrophe Insurance for Urban and Rural Residents and Further Improving the Catastrophe Insurance System*. The Notice expanded the catastrophe insurance liability to cover such natural disasters as typhoon, floods, rainstorms, mudslides, and landslides. It also increased the basic amount insured from RMB 50,000 per household for urban residents and RMB 20,000 per household for rural residents to RMB 100,000 per household for urban residents and RMB 40,000 per household for rural residents, respectively. In addition, the Notice supported the development of commercial catastrophe insurance to meet the differentiated risk coverage demands of various regions.

Part 4 Macroeconomic Overview

I. Global economic and financial developments

The global economy continued to recover, but growth further diverged. As inflationary pressures in the advanced economies eased in general, inflation may fall at a slower-than-expected pace down the road. Rising geopolitical risks and falling demand may also weigh on global trade and investment. Given the uncertain timing for rate cuts in the U.S., the euro area, and other major advanced economies, potential financial risks still merit attention.

1. Economic performance and financial markets in the major economies

Economic recovery diverged. The economic performance in the U.S. was broadly stable. The GDP grew by 2.5 percent in 2023, higher than the 1.9 percent in 2022. In March, the Manufacturing Purchasing Managers' Index (PMI) of the Institute for Supply Management (ISM) came in at 50.3, back to the expansion territory for the first time since November 2022. The economic growth in Europe was sluggish. The GDP in the euro area grew by 0.4 percent in 2023, way below the 3.4 percent in 2022. In March, the manufacturing PMI in the euro area dropped to 46.1, staying below 50 for 21 consecutive months. In the U.K., the GDP grew by merely 0.1 percent, pointing to a notable slowdown in economic growth. Compared with the first half of 2023, the Japanese economy decelerated considerably in the second half-year, with the GDP up by 1.9 percent in 2023. It remains to be seen whether Japan can maintain the momentum of economic recovery.

Inflation rebounded in the U.S., but continued to fall in Europe. In the U.S., the consumer price index (CPI) rebounded for two months in a row. It went up by 3.5 percent year on year in March 2024, up by 0.3 percentage points compared with February. The core CPI remained the same as in February. The Harmonized Index of Consumer Prices (HICP) in the euro area rose by 2.4 percent year on year in March, falling further from the 2.6 percent in the prior month. In the U.K., the CPI continued to fall. It was up by 3.2 percent year on year in March, compared with the 3.4 percent in February.

Labor market moved closer to balance. In March 2024, the U.S. unemployment rate dropped from 3.9 percent in February to 3.8 percent. The labor force participation rate went up by 0.2 percentage points from February to 62.7 percent, but was still 0.6 percentage points lower than the pre-COVID level. Nonfarm payrolls increased by 303,000, compared with 275,000 in February. Average hourly earnings for nonfarm payrolls rose by 4.1 percent year on year, slightly slower than the 4.3 percent in February. The number of job openings decreased by 320,000 from the previous month to 8.49 million in March, the lowest in three years.

Global financial markets performed well. Global equity markets increased. This year, the S&P 500, the EURO STOXX 50, and the Nikkei 225 have jumped by 10.2 percent, 12.4 percent, and 20.6 percent, respectively, as of end-March. Central banks in the major economies pausing rate hikes and investors' upbeat expectations for a soft landing have fueled global equity markets. Bond yields went up. Given the strong U.S. economic data and inflation coming down at a slower-than-expected pace since 2024, markets have been pushing back their forecasts of the first cut by the U.S. Federal Reserve (Fed). This gradually pushed up the yields on government bonds. As of end-March, the yield on the 10-year U.S. Treasury closed up by 32 bps from end-2023 at 4.2 percent, while the yield on the 10-year German and U.K. government bonds closed at 2.31 percent and 3.95 percent, respectively, up by 29 bps and 33 bps compared with end-2023. The U.S. dollar index fluctuated upwards. The U.S. dollar continued to strengthen on the back of strong economic performance relative to other major advanced economies. The U.S. dollar index has fluctuated within the range of 100-105 since 2024. It closed at 104.51 at the end of March, up by 3.1 percent from end-2023. Commodity prices rebounded. The prices of crude oil,

Table 13 Macroeconomic and Financial Indicators in the Major Advanced Economies

Economy	Indicator	Q1 2023			Q2 2023			Q3 2023			Q4 2023			Q1 2024		
		Jan.	Feb.	Mar.	Apr.	May	Jun.	Jul.	Aug.	Sept.	Oct.	Nov.	Dec.	Jan.	Feb.	Mar.
United States	Real GDP growth (annualized quarterly rate, %)	2.2			2.1			4.9			3.4			1.6		
	Unemployment rate (%)	3.4	3.6	3.5	3.4	3.7	3.6	3.5	3.8	3.8	3.8	3.7	3.7	3.7	3.9	3.8
	CPI (YOY, %)	6.4	6.0	5.0	4.9	4.0	3.0	3.2	3.7	3.7	3.2	3.1	3.4	3.1	3.2	3.5
	DJ Industrial Average (end of the period)	34,086	32,657	33,274	34,098	32,908	34,408	35,560	34,722	33,508	33,053	35,951	37,690	38,150	38,996	39,807
Euro Area	Real GDP growth (YOY, %)	1.3			0.6			0.1			0.1			0.4		
	Unemployment rate (%)	6.7	6.6	6.6	6.5	6.5	6.5	6.6	6.5	6.6	6.6	6.5	6.5	6.5	6.5	6.5
	HICP (YOY, %)	8.6	8.5	6.9	7.0	6.1	5.5	5.3	5.2	4.3	2.9	2.4	2.9	2.8	2.6	2.4
	EURO STOXX 50 (end of the period)	4,163	4,238	4,315	4,359	4,218	4,399	4,471	4,297	4,175	4,061	4,382	4,522	4,648	4,878	5,083
United Kingdom	Real GDP growth (YOY, %)	0.3			0.2			0.2			−0.3			0.2		
	Unemployment rate (%)	3.8	3.9	4.0	3.9	4.0	4.2	4.3	4.2	4.1	4.0	3.9	3.8	4.0	4.2	
	CPI (YOY, %)	10.1	10.4	10.1	8.7	8.7	7.9	6.8	6.7	6.7	4.6	3.9	4.0	4.0	3.4	3.2
	FTSE 100 (end of the period)	7,772	7,876	7,632	7,871	7,446	7,532	7,699	7,439	7,608	7,322	7,454	7,733	7,631	7,630	7,953
Japan	Real GDP growth (annualized quarterly rate, %)	4.0			4.2			−3.2			0.4			—		
	Unemployment rate (%)	2.5	2.6	2.7	2.6	2.6	2.5	2.6	2.6	2.6	2.5	2.5	2.5	2.4	2.6	2.6
	CPI (YOY, %)	4.3	3.3	3.2	3.5	3.2	3.3	3.3	3.2	3.0	3.3	2.8	2.6	2.2	2.8	2.7
	NIKKEI 225 (end of the period)	27,327	27,446	28,041	28,856	30,888	33,189	33,172	32,619	31,858	30,859	33,487	33,464	36,287	39,166	40,369

Sources: Statistical Bureaus and Central Banks of the Relevant Economies.

copper, and aluminum recovered across the board, while gold prices hit a record high.

2. Monetary policies of the major economies

The Fed may postpone its rate cuts, while the Bank of Japan (BOJ) has ended its negative interest rate and yield curve control policy. The Fed kept the target range for the federal funds rate unchanged at 5.25-5.5 percent. The Fed Chair Powell said he continued to believe that the policy rate is likely at its peak for this tightening cycle after the Federal Open Market Committee met in March 2024. The European Central Bank (ECB) stood pat on rates, with the interest rate on its main refinancing operations, marginal lending facility, and deposit facility at 4.5 percent, 4.75 percent, and 4 percent, respectively. In the meantime, the ECB planned to reduce the pandemic emergency purchase programme (PEPP) portfolio by EUR 7.5 billion per month on average over the second half of 2024 and discontinue reinvestments under the PEPP at the end of 2024. The Bank of England (BOE) kept interest rates on hold at 5.25 percent since August 2023. The Bank of Japan (BOJ) ended its eight-year-long negative interest rate policy and increased its short-term policy rate to 0-0.1 percent. It also abandoned its yield curve control which had kept the long-term target rate at around zero percent. In addition, the BOJ decided to discontinue purchases of exchange-traded funds and Japan real estate investment trusts and to gradually reduce the amount of purchases of commercial paper and corporate bonds. In the first quarter (Q1) of 2024, the Bank of Canada, the Bank of Korea, the Reserve Bank of Australia, and the Reserve Bank of New Zealand all kept rates unchanged at high levels.

Monetary policies in the emerging market economies diverged. In Q1 2024, the central banks of India, Russia, Indonesia, Malaysia, and South Africa stood pat on rates. The central banks of Brazil, Chile, and Mexico cut rates by 100 bps, 100 bps, and 25 bps, respectively, while the central bank of Egypt raised rates by 800 bps.

3. Issues and trends that merit attention

The global economy still faces challenges. Due to high interest rates and elevated debt levels, the prospects for global economic recovery in 2024 remain uncertain. The global economy is projected to grow by 3.2 percent in 2024 according to the IMF, the same growth rate as 2023, but far below the average of 3.8 percent between 2000 and 2019. The 2024 global growth forecasts by the World Bank and the Organization for Economic Cooperation and Development are 2.4 percent and 3.1 percent, respectively.

Inflation may fall at a slower-than-expected pace. Inflation has already come down from the high of around 10 percent in 2022 to around 3 percent in the major advanced economies. As monetary tightening gradually bites, inflation is likely to fall further in the major economies, but the pace may slow down. On the one hand, the fall in inflation was mainly driven by lower goods prices. However, highly sensitive geopolitical tensions since the beginning of this year, supply chain disruptions, and rising shipping costs may become headwinds for the further decline in goods prices. On the other hand, the rate of wage growth remains high in the U.S. and Europe, and services inflation may be sticky.

Global trade and investment faces uncertainties. The growth of international trade and investment has slowed down substantially in recent years under the combined impact of unilateralism, geopolitics, the reconfiguration of industrial chains, and other factors. The average growth rate of global trade was about 2 percent between 2019 and 2023, the slowest five-year period since 1990. According to the statistics of United Nations Conference on Trade and Development (UNCTAD), global foreign direct investment dropped by 18 percent in 2023 after excluding a few European countries that levy a little or no tax on capital transfer. More than 70 countries and regions will hold general elections in 2024, including the U.S., India, and Brazil. Highly uncertain domestic and foreign policies may have implications for trade, investment, and industrial policies, further weighing on global trade and investment. In addition, global trade recovery may also be affected by slower consumption growth in the advanced economies and escalated trade frictions.

Global financial risks still merit attention. The Fed, the ECB, and the BOE have raised rates by 525 bps, 450 bps, and 515 bps respectively in current tightening cycle. With policy rates reaching historic highs, the above three central banks have paused rate hikes since the fourth quarter of 2023. While interest rates remain higher for longer, the pressures on commercial real estate may spread to the banking sector. In the meantime, central banks have raised rates at a faster pace this time around. Therefore, the shock of rising rates has not been fully felt, as most fixed-rate financial contracts signed in the era of low rates have not expired yet. The pressures from rising financing costs may become more prominent when fixed-rate contracts expire or market entities need to refinance on the market.

II. Macroeconomic developments in China

In Q1 2024, all regions and departments earnestly implemented the strategic arrangements of the CPC Central Committee and the State Council, increasing the intensity of macro adjustments, consolidating and enhancing the gradual recovery of economic development. China has seen positive factors increasing in economic operation. The endogenous drivers of the economy have continuously gained steam and social expectations have improved. High-quality development has been solidly promoted, featuring rapid growth, structural optimization, and improved quality and efficiency. The national economy got off to a good start. According to preliminary statistics, GDP in Q1 2024 grew by 5.3 percent year on year to RMB 29.6299 trillion on a comparable basis, up 1.6 percent quarter on quarter.

1. Consumption grew stably, investments witnessed steady growth, and imports and exports increased steadily

Residents' income continued to increase and

market sales grew steadily. In Q1, China's per capita disposable income posted RMB 11,539, increasing by 6.2 percent year on year both in nominal terms and real terms. The structure of income distribution has been continuously improved. The nominal and real growth rates of rural residents' per capita disposable income were 2.3 percentage points and 2.4 percentage points, higher than those of urban residents, respectively. In Q1, total retail sales of consumer goods grew by 4.7 percent year on year. Consumption of basic living items saw stable growth, with retail sales of enterprises (units) above the designated size in terms of grain/oil/food and beverage increasing by 9.6 percent and 6.5 percent year on year, respectively. Sales of upgraded products increased fairly rapidly, with retail sales of sports/entertainment products and communication equipment by enterprises (units) above the designated size increasing by 14.2 percent and 13.2 percent, respectively.

Fixed-asset investments witnessed steady growth, and investments in the high-tech sector grew rapidly. The total fixed-asset investments throughout China (those by rural households excluded) increased by 4.5 percent year on year to RMB 10.0042 trillion. In terms of sectors, investments in the manufacturing sector increased by 9.9 percent, 5.4 percentage points higher than the total investment growth. Investments in infrastructure increased by 6.5 percent. Investments in real estate development decreased by 9.5 percent year on year. Investments in the high-tech sector grew by 11.4 percent year on year, 6.9 percentage points higher than the total investment growth. Specifically, investments in the high-tech manufacturing sector and high-tech services sector grew by 10.8 percent and 12.7 percent year on year, respectively. In the high-tech manufacturing sector, investments in the aviation/spacecraft/instrument manufacturing industry, computer/office equipment manufacturing industry increased by 42.7 percent and 11.8 percent year on year, respectively. In the high-tech services sector, investments in the e-commerce service industry and the information service industry increased by 24.6 percent and 16.9 percent year on year, respectively.

Imports and exports increased steadily, with the trade structure continuously optimized. In Q1, imports and exports of goods increased by 5.0 percent year on year to RMB 10.1693 trillion. Specifically, exports grew by 4.9 percent year on year and imports grew by 5.0 percent year on year, with the trade surplus in goods posting RMB 1.3063 trillion. The trade structure continuously improved. Imports and exports of private enterprises increased by 10.7 percent, accounting for 54.3 percent of total imports and exports, an acceleration of 0.8 percentage points from 2023. Imports and exports with trading partners countries along the Belt and Road grew by 5.5 percent year on year, accounting for 47.4 percent of total imports and exports, an acceleration of 0.8 percentage points from 2023. Exports of mechanical and electrical products increased by 6.8 percent, accounting for 59.2 percent of total exports.

Foreign direct investment (FDI) was basically

stable and the quality of investments continued to improve. In Q1, actually utilized FDI decreased by 26.1 percent year on year to RMB 301.7 billion. The quality of investments continued to improve. Actually-utilized FDI in the high-tech manufacturing industries posted RMB 37.8 billion, and, an increase of 2.2 percentage points compared of the same period of Last year Actually-utilized FDI in accommodation/catering and construction sector increased by 84.7 percent and 17.5 percent year on year, respectively.

2. Agricultural production was generally stable, whereas industrial production and the service industry grew rapidly

In Q1, the value-added of the primary industry totaled RMB 1.1538 trillion, up 3.3 percent year on year. The value-added of the secondary industry totaled RMB 10.9846 trillion, up 6.0 percent year on year. The value-added of the tertiary industry totaled RMB 17.4915 trillion, up 5.0 percent year on year.

Agricultural production was generally stable and animal husbandry grew steadily. In Q1, the value-added of agriculture (farming) increased by 3.8 percent year on year. The sowing area of winter wheat was generally stable, and the wheat was growing well The preparations for spring ploughing were carried out in a smooth and orderly manner. In Q1, the output of pork, beef, lamb, and poultry grew by 1.4 percent year on year to 24.9 million tons. Specifically, the output of pork fell by 0.4 percent year on year. At end-March, the number of hogs in stock decreased by 5.2 percent year on year. In Q1, the number of hogs for slaughter decreased by 2.2 percent year on year.

The industrial production grew rapidly and the growth of high-tech manufacturing industry accelerated. In Q1, the value-added of Industrial Enterprises Above a Designated Size (IEDS) increased by 6.1 percent year on year. In terms of sectors, the value-added of the mining sector and that of the manufacturing sector increased by 1.6 percent and 6.7 percent year on year, respectively. The value-added of electricity, heat, gas, water production and the supply sector increased by 6.9 percent year on year. The value-added of the high-tech manufacturing sector increased by 7.5 percent, an acceleration of 2.6 percentage points from Q4 2023. In terms of enterprises, the value-added of state-owned enterprises and private enterprises increased by 5.2 percent and 5.4 percent year on year, respectively. In terms of products, the output of charging stations, 3D printing equipment, and electronic component products grew by 41.7 percent, 40.6 percent, and 39.5 percent year on year, respectively.

The service industry grew rapidly, with the modern service industry growing rapidly. In Q1, the value-added of the service industry grew by 5.0 percent year on year. Specifically, the value-added of electronic information transmission/software/information technology services, leasing/business service sector and transportation/storage/postal services grew by 13.7 percent, 10.8 percent and 7.3 percent year on year, respectively. In March, the Index of Service Production (ISP) increased by 5.0 percent year on year.

Specifically, the ISP of electronic information transmission/software/information technology services, leasing/business service sector, and accommodations/catering services increased by 12.7 percent, 8.2 percent and 6.2 percent year on year, respectively. From January to February, the revenue of enterprises above a designated size in the services industry registered a year-on-year increase of 12.0 percent, an acceleration of 3.7 percentage points from 2023. The Business Activities Index for the services industry reached 52.4 percent in March, an acceleration of 1.4 percentage points from February. The Expectation Index of Business Activities was 58.2 percent.

3. Consumer prices increased slightly, and the increase of core CPI accelerated moderately

Consumer prices remained generally stable. In Q1, the Consumer Prices Index (CPI) was on par with that in 2023, a deceleration of 0.2 percentage point year on year. The growth rate of the CPI in each month was –0.8 percent, 0.7 percent, and 0.1 percent, respectively. The abundant supply and the high base of the previous year have led to weaker trends in most food prices. The Spring Festival spanning January and February, along with holiday effects, intensified monthly fluctuations in the prices of pork and fresh vegetables. Food prices fell by 3.2 percent year on year, a deceleration of 0.8 percentage points from the previous quarter. The increase in international oil price accelerated the rise of energy prices, and the Spring Festival caused significant monthly fluctuations in the prices of traveling services. Non-food prices increased 0.7 percent year on year, an acceleration of 0.2 percentage points from the previous quarter. The core CPI, excluding food and energy, increased by 0.7 percent year on year, an acceleration of 0.1 percentage point from the previous quarter.

The decline in production prices has narrowed moderately. External factors drove the price rise in domestic petroleum and non-ferrous metal-related industries, but overall demand remained weak, leading to the weak trend of most industrial commodity prices. In Q1, the Producer Price Index (PPI) decreased by 2.7 percent year on year, a deceleration of 0.1 percentage point from the previous quarter. The decrease in each month was 2.5 percent, 2.7 percent, and 2.8 percent, respectively. The Purchasing Price Index of Raw Material (PPIRM) decreased by 3.4 percent year on year, a deceleration of 0.4 percentage points from the previous quarter. The Corporate Goods Price Index (CGPI), monitored by the PBOC, decreased by 2.2 percent year on year, 1.7 percentage points down from the same period of 2023.

4. Fiscal revenue decreased slightly and fiscal expenditures grew steadily

In Q1, revenue in the general public budget posted RMB 6.1 trillion, decreasing by 2.3 percent year on year. Specifically, revenue at the central level decreased by 6.5 percent year on year, and revenue at local levels increased by 1.0 percent year on year. National tax revenue amounted to RMB 4.9 trillion, decreasing 4.9 percent year on year. Specifically, the domestic valued-added tax and the personal income tax decreased by

7.1 percent and 4.5 percent year on year, respectively. Non-tax revenue posted RMB 1.2 trillion, increasing by 10.1 percent year on year.

In Q1, expenditures in the general public budget posted RMB 7.0 trillion, increasing by 2.9 percent year on year. Specifically, expenditures in the central level general public budget and in the local level general public budget increased by 10.5 percent and 1.9 percent year on year, respectively. In terms of the expenditure structure, expenditures related to social security and employment, agriculture, forestry and water conservancy, and housing security grew rapidly, increasing by 3.7 percent, 13.1 percent, and 7.8 percent, respectively.

5. The employment situation generally improved

The surveyed urban unemployment rate decreased slightly. In Q1, the surveyed urban unemployment rate averaged 5.2 percent, decreasing by 0.3 percentage point year on year. In March, the surveyed urban unemployment rate averaged 5.2 percent, decreasing by 0.1 percentage points both from last month and March 2023. The employment of migrant workers continued to improve. In Q1, unemployment for the rural registered labor force in urban areas averaged 4.7 percent, decreasing by 0.9 percentage points year on year. The number of migrant workers from rural areas posted 186 million, increasing by 2.2 percent year on year.

6. The balance of payments and the external debt

In 2023, China's current account surplus registered USD 253.0 billion, equivalent to 1.4 percent of the Gross Domestic Product (GDP) over the same period and remaining within a reasonable and balanced range. Specifically, trade in goods recorded a surplus of USD 593.9 billion. The results of China's continuous efforts to upgrade its industries and to diversify its international trade in goods have become increasingly evident. Trade in services recorded a deficit of USD 207.8 billion. Residents' cross-border tourism and overseas studies have resumed in an orderly manner but were still below the pre-pandemic level. The services for productive activities kept a vibrant momentum. There was an independent pattern of equilibrium between the deficit in the non-reserve financial account and the surplus in the current account. Specifically, inward foreign direct investments maintained a net inflow. The deficit in portfolio investments decreased significantly. At end-March 2024, outstanding foreign-currency reserve assets stood at USD 3.2 trillion, increasing by USD 7.7 billion from end-2023 and mainly influenced by factors such as changes in the exchange rates and global asset prices. As of end-2023, the position of China's gross external debt (denominated in both domestic and foreign currencies) posted USD 2.4 trillion. Specifically, the position of short-term external debt posted USD 1.4 trillion, accounting for 56 percent of the total external debt position.

7. Analysis by sector

7.1 The new energy power generation sector

Since the announcement of carbon peak and carbon neutrality goals in 2020, China has continuously pushed forward adjustments in the energy structure, reduced fossil energy consumption, and accelerated construction of a new energy system. The new energy sector has witnessed fast development and achieved remarkable results. First, the installed capacity of new energy has grown rapidly. At end-2023, the combined installed capacity of grid-connected wind power and solar power in China reached 1.05 billion kilowatts, a year-on-year increase of 38.6 percent and accounting for 36.0 percent of the total installed capacity. It is expected that by end-2024, the installed capacity of new energy power generation will reach 1.3 billion kilowatts, accounting for about 40 percent of the total installed capacity. Second, the efficiency of power generation and the power grid integration and consumption capacity have been steadily improved. The integration of new energy relies on the construction of a comprehensive supporting power grid. In recent years, China has continuously invested in the construction of the UHV system. By end-2023, 35 UHV projects had been completed, with a total line length of over 46,000 kilometers. In 2023, the utilization rates of wind and photovoltaic power throughout the year were both around 98 percent, and the utilization hours increased by 28 percent and 14 percent, respectively, compared with 2016. Third, continuous breakthroughs have been made in terms of core technologies. Currently, China's photovoltaic industry has achieved domestic production in all aspects of the entire industrial chain, significantly reducing the cost per kilowatt-hour. In 2023, the total export value of China's photovoltaic products, such as silicon wafers, cells, and modules, exceeded USD 48.4 billion.

As an important support for promoting green and low-carbon energy transformation, the finance sector has been providing a favorable financial environment for green and low-carbon areas, such as new energy power generation via multiple measures. First, green credit has maintained rapid growth. At end-2023, the outstanding balance of green loans in domestic and foreign currencies of financial institutions reached RMB 30.1 trillion, increasing 36.5 percent year on year, and the balance of carbon emission reduction facility created by the PBOC stood at RMB 541 billion, an increase of RMB 231.4 billion compared with the beginning of the year, which has continuously improved the funding supply capacity to the new energy sector. Second, the loan maturity is reasonably matched with investment needs. Carbon emissions reduction loans usually have a maturity of over 10 years, which can match the long operating cycle of clean energy construction projects such as large-scale wind and solar power bases, helping to improve the financing term structure of related enterprises. Third, the interest rate for funding has significantly declined. Data disclosed by listed companies in the clean energy sector shows that the interest costs in 2023 decreased by approximately 0.84 percent, compared with those in 2021.

Looking forward, the prospects for new energy development are still very broad, and further efforts need to be made to improve the effective utilization of new energy, promoting China's new energy system to reach a new level of high-quality development. First, deepening the reform of the power system. Focusing on optimizing the allocation of energy resources on a wider scale, China will continuously expand the scale of power market transactions through the accelerated construction of a unified nationwide power market system. The basic rules and regulations of the market will be unified, providing an institutional foundation for the remote consumption of clean energy. Second, enhancing the regulation capacity of the power system. China will improve the construction of energy infrastructure networks, enhance financial support for the construction and renovation of power grid enterprises, raise the level of intelligence for distribution networks, comprehensively enhance the regulation capacity and flexibility of the power system, and enhance the ability of the power system to integrate new energy. Third, focusing on energy technological innovation. China will make efforts to seek breakthroughs in terms of key and core technologies and strategically forward-looking major technologies, accelerate the realization of high-level technological self-reliance in new energy area, and further enhance the utilization of clean energy.

7.2 The high-tech manufacturing sector

The high-tech manufacturing sector is an important force in driving China's high-quality economic development and in enhancing global competitiveness, which has maintained rapid development in recent years. First, industrial investments have witnessed robust growth. In 2023, investments in the high-tech manufacturing sector grew by 9.9 percent year on year, 3.4 percentage points higher than that in the overall manufacturing sector, and the proportion of the high-tech sector in total manufacturing investment increased by 0.8 percentage points, compared with 2022. Second, the value-added of the industry has grown rapidly. In 2023, the value-added of high-tech manufacturing enterprises above designated size increased by 2.7 percent, and its proportion of the total value-added of industrial enterprises above designated size increased by 0.2 percentage points compared with 2022, indicating remarkable achievements in the transformation and upgrading of the manufacturing industry. Third, continuous breakthroughs have been made in the cutting-edge technologies. In 2023, China made a series of technological progress and breakthroughs in the high-tech manufacturing sector, such as the completion of the first commercial passenger flight of the domestically-manufactured large passenger aircraft C919, the birth of the world's first computing-in-memory memristor chip, and the industrial production of the self-developed submarine seismic exploration and acquisition equipment named "Haimai".

In recent years, the financial sector has continuously increased its support for the development of the high-tech manufacturing sector. Documents such as the *Guiding Opinions on Financial Support for the Construction of a Manufacturing Powerhouse*, the *Notice on Further Enhancing Financial Services for the High-Quality Development of the Manufacturing Industry*, and the *Notice on Deepening Financial Services for the Manufacturing Industry and Assisting in Promoting the New-type Industrialization* have been issued and implemented, guiding financial institutions to increase credit supply to the manufacturing industry, especially the high-tech manufacturing sector. In April 2024, the PBOC has established central bank lending for sci-tech innovation and technological transformation, guiding financial institutions to support "first-time loan borrowers" from the technology-based SMEs and technological transformation and equipment update projects in key areas. Commercial banks are also continuously innovating financial products and services to better suit the characteristics of the high-tech manufacturing sector. By end-March 2024, loans to the high-tech manufacturing sector from financial institutions had increased by 27.3 percent year on year, significantly higher than the 9.6 percent growth rate of all loans.

Looking forward, the high-tech manufacturing sector, as an important driving force for China's economic transformation and development, will continue to advance towards high-quality development. First, China is actively promoting a new type of industrialization and deeply implementing major technological transformation and upgrading projects and large-scale equipment renewal projects in the manufacturing sector, and investment in high-tech manufacturing is expected to continuously maintain rapid growth. Second, driven by continuous technological innovation and growing global demand for high-tech products, the market size of the high-tech manufacturing sector will also be further expanded. Third, facing an increasingly complicated competitive international environment, the high-tech manufacturing sector will pay more attention to enhancing its capability of independent innovation and the self-reliance of the industrial chain.

Part 5 Monetary Policy Outlook

I. China's macroeconomic and financial outlook

China saw its economic recovery further taking hold and gaining momentum in the first quarter of 2024, with its GDP rising 5.3 percent year on year, thus establishing a good foundation in its bid to achieve the full-year growth target.

There are many favorable conditions for a sustained recovery of the Chinese economy. First, the government has continued ramping up efforts to stabilize growth. Given the 3 percent fiscal deficit ratio set for this year and the planned issuance of RMB 1 trillion in ultra-long-term special treasury bonds, there is ample room for the central government to effectively use leverage, which will help bolster the construction of major projects and boost employment. Second, people's willingness to consume is picking up at a faster pace. With the holiday economy continuing to unleash its vitality, domestic tourist expenditures during the Qingming Festival holiday increased 12.7 percent over the same period of 2019. In addition, there is a sizable market in consumer upgrades of automobiles and home appliances. According to the findings of the Urban Depositor Survey conducted by the PBOC, the share of people who preferred more consumption rose 1.5 percentage points, as compared with the low level recorded last year. Third, economic activity in the private sector is improving. Growth of private investment returned to positive territory in the first quarter of the year, while the Caixin Manufacturing PMI, mainly an indicator of the business performance of small and medium-sized private enterprises, has remained in the expansion zone for five consecutive months. As shown in the PBOC's *Entrepreneur Survey Report*, the Business Climate Index has also remained in the expansion zone for two consecutive quarters. Moreover, the macro policy measures introduced earlier are still working to further consolidate and add steam to the economic recovery.

China's economic development is still confronting some challenges. Globally, as geopolitical conflicts and great power rivalries are intensifying, the complexity, severity, and uncertainties in the external environment have risen significantly. Meanwhile, economic globalization is in question. The high inflation with strong stickiness in the developed economies is leading to delayed timing of their interest rate cuts and calls for attention to the possible repercussions. Domestically, effective demand is still insufficient; enterprises are under strain; a host of potential risks are present in key fields; and domestic economic circulation is not smooth enough. That said, we should not only face up to the difficulties but also strengthen confidence and belief in ourselves. In light of the solid foundation, ample advantages, strong resilience, and huge potential of the Chinese economy, the basic trend of economic recovery and long-term improvement has not changed. The favorable conditions outweigh the unfavorable ones, with the current economic performance basically characterized by a good start for the year and a trend toward recovery. It is important to follow the general principle of seeking progress while maintaining stability and promoting stability through progress in order to advance high-quality development with solid efforts and to solve the problems in the process of development.

Prices are expected to continue to show a mild rebound. What lies fundamentally behind the current low prices is not inadequate money supply but rather a lack of demand in the real economy and a supply-demand imbalance. On the back of the improving economic data in the first quarter of the year, price indicators have rebounded notably, with year-on-year CPI growth turning positive and expected to continue a mild rebound throughout the year. Meanwhile, the decline in the PPI will be smaller. From a medium- to long-term perspective, as China is undergoing a critical period of economic transformation and industrial upgrading, supply and demand are poised to improve continually, monetary conditions will be appropriate, and people's expectations will remain stable. Therefore, there is a solid basis for prices to remain basically stable.

II. Monetary policy for the next stage

Under the guidance of Xi Jinping Thought on Socialism with Chinese Characteristics for a New Era, the PBOC will fully implement the spirit of the 20th National Congress of the CPC, the Central Economic Work Conference, the Central Financial Work Conference, and the National Two Sessions. It will adhere to the general principle of seeking progress while maintaining stability, and it will apply the new development philosophy fully, faithfully, and comprehensively. Firmly following the path of financial development with Chinese characteristics, the PBOC will speed up efforts to build China into a financial powerhouse, develop a modern central banking system, and work hard to promote high-quality development. Maintaining prudence of monetary policies and enhancing consistency in the macroeconomic policy orientation, the PBOC will strengthen counter-cyclical and inter-temporal adjustments, and it will enhance support for the real economy in a bid to consolidate and reinforce the upward economic recovery trend.

Prudent monetary policies will be flexible, moderate, precise, and effective. Based on a rational understanding of the relationship between the two largest financing markets, namely, the bond market and the credit market, the PBOC will guide reasonable growth and a balanced provision of credit. By doing so, it will keep liquidity adequate at a reasonable level and keep aggregate financing and money supply stay in step with projected economic growth and CPI increase. Maintaining price stability and promoting moderate price recovery will be an important consideration for the implementation of monetary policy. The PBOC will enhance policy coordination to keep prices at a reasonable level. By continuing to deepen the market-oriented interest rate reform and giving play to the role of the LPR reform and the mechanism for market-oriented deposit rate adjustments, it will promote the costs for business financing and for consumer credit to remain stable with a downward trend. Implementing policies in a targeted, appropriate, and flexible way, the PBOC will provide effective support for key areas and weak links, such as inclusive finance, sci-tech innovation, and green development. It will smooth the transmission mechanism of monetary policy and avoid accumulation and idle transfer of funds. Pursuing a managed floating exchange rate regime based on market supply and demand with reference to a basket of currencies, the PBOC will let the market play a decisive role in the formation of the exchange rate. It will take a holistic approach in policy implementation and it will stabilize expectations. It will firmly correct pro-cyclical activities so as to prevent market expectations from becoming unanimously one-sided and self-reinforced, and it will firmly prevent risks arising from exchange rate overshooting so as to keep the RMB exchange rate basically stable at an adaptive and equilibrium level. The PBOC will continue its efforts to effectively prevent and resolve risks in key areas, thereby firmly defending the bottom line whereby no systemic financial risks will occur.

First, the PBOC will maintain reasonable growth in financing and monetary aggregates. It will appropriately manage the relationship between the two largest financing markets, i.e., the bond market and the credit market, to support the accelerated development of direct financing. Further steps will be taken to develop the corporate credit bond and financial bond markets. Keeping a close watch on the monetary policy shifts of the major central banks abroad, the PBOC will continue to strengthen monitoring and analysis of financial market movements as well as liquidity supply and demand in the banking system. It will conduct open market operations (OMOs) in a flexible and effective manner while using a mix of monetary policy tools, thereby keeping liquidity in the banking system adequate at a reasonable level and maintaining the stable movement of money market rates. The PBOC will support efforts by financial institutions to maintain a commensurate supply of money and credit based on market principles and the rule of law to meet effective financing needs arising from the high-quality development of the real economy. It will offer guidance on reasonable loan growth and balanced loan supply to make the growth of loans more stable and sustainable, working to keep aggregate financing and money supply stay in step with projected economic growth and CPI increase. Meanwhile, the PBOC will ramp up efforts to mobilize existing financial resources. It will pay close attention to the funds left idle or circulating outside the real economy and improve the efficiency of fund utilization to provide better support for high-quality economic development.

Second, the PBOC will give full play to the guiding role of monetary and credit policies. Carrying out policies in a targeted, appropriate, and flexible manner, the PBOC will keep central bank lending and discount policies stable, make effective use of the inclusive lending facility for micro and small businesses (MSBs), and duly implement the different types of special central bank lending facilities still in effect. Additionally, it will push for implementation of the central bank lending facility for sci-tech innovation and technological transformation. Continued efforts will be made to provide financial support for the development and growth of the private economy and to smooth the credit, bond, and equity financing channels for private enterprises. Moreover, the PBOC will assess the effectiveness of implementation of the credit policies for private enterprises and MSBs. It will also assess financial institutions' performance in serving the needs of rural revitalization and channel more financial resources into private enterprises, MSBs, rural revitalization, and other key fields. The PBOC will work effectively to implement the *Action Plan for Stepping up Financing Support for Sci-tech Enterprises* and it will conduct a special campaign to enhance the ability to provide sci-tech financial services. It will promote upgrading of age-friendly financial services and make old-age finance more inclusive. It will also coordinate financial support for green development and for the transformation of traditional energy industries while further pushing ahead with the high-quality development of the green bond market. The PBOC will adopt city-specific measures to implement differentiated housing credit policies in a targeted manner, providing better support for people's rigid demands for housing and their needs to improve living conditions. It will meet the reasonable financing needs of property enterprises regardless of their ownership types, and it will coordinate research on policy measures aimed at reducing the housing inventory and optimizing newly built housing, thereby promoting the stable and sound development of the real estate market. In addition, the PBOC will intensify financial support for the development of affordable housing, the renovation of urban villages, and the construction of public infrastructure for both normal and emergency use so as to accelerate the establishment of a new development model for the real estate sector.

Third, the PBOC will properly manage internal and external equilibria regarding the interest rate and the exchange rate. Continuing to advance the market-oriented interest rate reform, the PBOC will smooth the channels for monetary policy transmission. It will improve the market-oriented interest rate formation and transmission mechanism to bring into play the guiding role of the central bank policy rates. It will implement the mechanism for market-oriented deposit rate adjustments, guard against the behaviors of offering high interest rates to attract deposits, maintain a level playing field in the market, and put efforts into stabilizing bank liability costs. At the same time, the PBOC will tap into the LPR reform and enhance self-regulatory coordination and management in the industry. Urging financial institutions to adhere to risk-based pricing and to straighten out the relationship between loan rates and market rates, such as bond yields, it will stabilize and bring down overall social financing costs. The PBOC will take steady steps to deepen the market-oriented exchange rate reform and to improve the managed floating exchange rate regime based on market supply and demand with reference to a basket of currencies. Letting the market play a decisive role in the formation of exchange rates, it will give play to the role of the exchange rate as an automatic stabilizer for the macro economy and the balance of payments. Furthermore, it will strengthen expectation management, duly conduct monitoring and analysis of cross-border capital flows, and uphold bottom-line thinking to firmly prevent the risks of exchange rate overshooting. Additionally, it will prevent the formation and self-reinforcement of one-sided, unanimous expectations to keep the RMB exchange rate basically stable at an adaptive and equilibrium level. Meanwhile, the PBOC will strengthen management of the foreign exchange market. Guiding both enterprises and financial institutions to be risk-neutral, it will offer guidance to financial institutions on providing services of exchange rate risk hedging for micro, small, and medium-sized enterprises with authentic needs based on a risk-neutral concept, thereby maintaining the stable and sound development of the foreign exchange market.

Fourth, the PBOC will make continued efforts to deepen the financial reforms and opening-up. It will improve the legal system for the bond market and consolidate the legal basis for corporate credit bonds. It will put in place a mechanism linking up market-makers and OMO primary dealers, and it will improve management of the businesses, such as bond underwriting, valuation, and market-making, in order to enhance the pricing function and robustness of the bond market. While promoting the expansion and well-regulated development of the over-the-counter bond business, it will work to improve the efficiency and convenience of services provided by financial infrastructures. At the same time, the PBOC will strengthen macro-prudential management of the money market. Adhering to market principles and the rule of law, it will continue to adopt a zero-tolerance approach and step up efforts to crack down on illegal and irregular conduct in the bond market. It will remain firmly committed to advancing the opening-up of the bond market. Moreover, the PBOC will take prudent and solid steps to advance the internationalization of the RMB. It will further expand use of the RMB in cross-border trade and investment, deepen international monetary cooperation, and develop offshore RMB markets. It will further liberalize and facilitate cross-border trade and investment by carrying out pilot programs on high-standard opening-up in the field and it will steadily move ahead with the convertibility of the RMB under the capital account.

Fifth, the PBOC will work proactively and prudently to forestall and defuse financial risks. Further steps will be taken to improve the macro-prudential policy framework as well as the capacity for systemic risk monitoring, assessment, and early warning and to enrich the macro-prudential policy tools. Continuing to improve the regulatory framework for systemically important financial institutions, the PBOC will consolidate additional regulation of systemically important banks and work on the drafting of rules for additional regulation of systemically important insurance companies. With macro-prudential management and micro-prudential regulation joining efforts effectively, it will cement the foundation for stability of the financial system. Moreover, the PBOC will advance steadily and step by step the resolution of risks in key regions, key institutions, and key fields while pushing ahead with reforms to defuse their risks. It will wrap up the ongoing risk resolutions in a prudent and orderly manner. Furthermore, it will continue with the pilot program pressing for early rectification with hard constraints. The PBOC will also reinforce the financial stability guarantee system. It will improve the accountability mechanism for risk resolution that matches power with responsibility and ensures compatibility between incentives and constraints. At the same time, a scientific and reasonable mechanism will be set up for cost sharing in the resolution of financial risks. The PBOC will further bring into play the core functions of deposit insurance and take solid measures to conduct differentiated premium rate management, risk monitoring and early warnings, on-site inspections, early rectification, and risk resolution. It will continue to improve the system of laws and regulations for financial stability and work with the relevant authorities to advance the process for the launch of the *Law on Financial Stability*.

附录一　2024年第一季度中国货币政策大事记

1月15日，中期借贷便利（MLF）到期7 790亿元，人民银行开展中期借贷便利操作，操作金额为9 950亿元，利率为2.5%，与前次持平。

1月22日，人民银行授权全国银行间同业拆借中心公布贷款市场报价利率（LPR），1年期LPR为3.45%，5年期以上LPR为4.20%，均与前次持平。

1月24日，人民银行与香港金管局合作，将“债券通”项下的人民币国债、政策性金融债券纳入香港金管局人民币流动资金安排合资格抵押品。

1月25日，人民银行决定下调支农再贷款、支小再贷款、再贴现利率0.25个百分点。调整后，3个月、6个月和1年期支农再贷款、支小再贷款利率分别为1.45%、1.65%和1.75%，再贴现利率为1.75%。

2月5日，人民银行下调金融机构存款准备金率0.5个百分点（不含已执行5%存款准备金率的金融机构）。

2月8日，人民银行发布《2023年第四季度中国货币政策执行报告》。

2月18日，中期借贷便利（MLF）到期4 990亿元，人民银行开展中期借贷便利操作，操作金额为5 000亿元，利率为2.5%，与前次持平。

2月20日，人民银行授权全国银行间同业拆借中心公布贷款市场报价利率（LPR），1年期LPR为3.45%，5年期以上LPR为3.95%，分别与前次持平和下降0.25个百分点。

2月29日，人民银行发布《关于银行间债券市场柜台业务有关事项的通知》，进一步明确柜台债券业务品种、交易方式和投资者开户等方面的要求，便利居民和其他机构投资者参与债券投资，拓展居民财产性收入渠道，优化融资结构，提升债券市场运行效率。

3月15日，中期借贷便利（MLF）到期4 810亿元，人民银行开展中期借贷便利操作，操作金额为3 870亿元，利率为2.5%，与前次持平。

3月20日，人民银行授权全国银行间同业拆借中心公布贷款市场报价利率（LPR），1年期LPR为3.45%，5年期以上LPR为3.95%，均与前次持平。

3月29日，人民银行货币政策委员会召开2024年第一季度例会。

Appendix 1 Highlights of Monetary Policies in Q1 2024

On January 15, with RMB 779 billion worth of medium-term lending facility (MLF) expired, the People's Bank of China (PBOC) conducted MLF operations in the amount of RMB 995 billion, with an interest rate of 2.5 percent, unchanged from the previous operations.

On January 22, with the authorization of the PBOC, the National Interbank Funding Center (NIFC) announced the Loan Prime Rate (LPR) as follows: the one-year and the over-five-year LPR would be 3.45 percent and 4.20 percent, respectively, unchanged from the previous announcement.

On January 24, with the joint efforts of the PBOC and the Hong Kong Monetary Authority (HKMA), RMB government bonds and policy financial bonds under the Northbound Bond Connect were included in the list of eligible collateral for its Renminbi Liquidity Arrangement (RMBLA).

On January 25, the PBOC cut the interest rate on central bank lending for rural development, the interest rate on central bank lending for micro and small businesses (MSBs), and the central bank discount rate by 0.25 percentage points. After the cuts, the three-month, six-month, and one-year interest rates on central bank lending for rural development and MSBs registered at 1.45 percent, 1.65 percent, and 1.75 percent, respectively, and the central bank discount rate registered at 1.75 percent.

On February 5, the PBOC cut the required reserve ratio (RRR) for financial institutions by 0.5 percentage points (excluding those that had already implemented a RRR of 5 percent).

On February 8, the PBOC released *China Monetary Policy Report (Q4 2023).*

On February 18, with the expiration of RMB 499 billion of MLF, the PBOC conducted MLF operations in the amount of RMB 500 billion, with an interest rate of 2.5 percent, unchanged from previous operations.

On February 20, with the authorization of the PBOC, the NIFC announced the LPR as follows: the one-year LPR would be 3.45 percent, unchanged from the previous announcement, and the over-five-year LPR would be 3.95 percent, down 25 basis points from the previous announcement.

On February 29, to further clarify the requirements for over-the-counter (OTC) bond business varieties, trading methods, and investor account opening, facilitate the participation of residents and other institutional investors in bond investments, expand the channels for people to increase property income, optimize the structure of the financial system, and enhance the operational efficiency of the bond market, the PBOC issued the *Notice on Matters Concerning OTC Business in the Interbank Bond Market.*

On March 15, with the expiration of RMB 481 billion of MLF, the PBOC conducted MLF operations in the amount of RMB 387 billion, with an interest rate of 2.5 percent, unchanged from the previous operations.

On March 20, with the authorization of the PBOC, the NIFC announced the LPR as follows: the one-year and the over-five-year LPR would be 3.45 percent and 3.95 percent, respectively, unchanged from the previous announcement.

On March 29, the PBOC Monetary Policy Committee held its first quarterly meeting of 2024.

附录二　2024年第一季度主要经济体中央银行货币政策

一、美联储

美联储释放降息信号。2024年第一季度，美联储维持联邦基金利率目标区间在5.25%～5.5%不变。3月议息会议后，美联储主席鲍威尔表示政策利率很可能处于本轮紧缩周期的峰值。同时，第一季度美联储按计划减持国债和抵押贷款支持证券（MBS）规模，缩表速度保持在每月上限600亿美元国债、350亿美元MBS，未来还会放缓缩表速度。截至3月末，美联储资产规模达7.5万亿美元，较2022年3月峰值下降近16.5%。

二、欧央行

欧央行政策利率保持不变。第一季度，欧央行维持主要再融资操作（MRO）利率、边际贷款便利（MLF）利率、存款便利利率（DFR）分别为4.5%、4.75%和4%不变，并计划从2024年下半年起降低抗疫紧急购债计划（PEPP）下的资产规模，平均每月减持75亿欧元，2024年底停止到期证券本金再投资。此外，欧央行宣布对实施货币政策的操作框架进行修改，将缩窄主要再融资操作利率与存款便利利率的利差，并保持边际贷款利率与主要再融资利率的利差不变。

三、日本银行

日本银行结束负利率政策。3月19日，日本银行宣布将短期利率目标上调至0～0.1%，结束了长达8年的负利率政策，这也是自2007年2月以来日本银行的首次加息。同时，日本银行取消引导长期利率目标在0附近的收益率曲线控制（YCC）政策，但将继续以与之前大致相同的金额购买国债。此外，日本银行停止购买交易所交易基金（ETF）和房地产投资信托基金（J-REITs），并将逐步减少对商业票据和公司债的购买。

四、英格兰银行

英格兰银行维持基准利率不变。第一季度，英格兰银行基准利率维持在5.25%水平不变，1月、3月议息会议上货币政策委员倾向于加息—不变—降息的比例分别为2—6—1、0—8—1，未来一段时间内利率水平或仍将维持高位。同时，英格兰银行按计划于2024年9月底前减持存量英镑政府债券，使资产购买规模逐步降至6 580亿英镑。截至3月末，英格兰银行持有英国政府债券和非金融投资级公司债券规模分别约为7 280亿英镑和1亿英镑。

Appendix 2 Monetary Policies of Major Economies in Q1 2024

I. The US Federal Reserve

The Federal Reserve has signaled rate cuts. In the first quarter of 2024, the Fed kept the target range for the federal funds rate unchanged at 5.25-5.5 percent. After the March FOMC meeting, Chair Jerome Powell indicated that the policy rate is likely to be at its peak for this tightening cycle. Meanwhile, the Fed reduced its holdings of Treasury securities and Mortgage-Backed Securities (MBS) as planned, with monthly reduction cap for Treasury securities and MBS kept at USD 60 billion and USD 35 billion, respectively. At end-March, the asset on Fed's balance sheet registered USD 7.5 trillion, shrinking 16.5 percent from its March 2022 peak.

II. The European Central Bank

The European Central Bank (ECB) kept its policy rates on hold. In the first quarter of 2024, the ECB left the interest rates on the main refinancing operations (MRO), the marginal lending facility (MLF) and the deposit facility rate (DFR) on hold at 4.5 percent, 4.75 percent and 4 percent, respectively. It planned to reduce the Pandemic Emergency Purchase Programme (PEPP) portfolio by EUR 7.5 billion per month on average starting from the second half of 2024, under which the ECB intended to discontinue reinvestment of principal payments of maturing securities at the end of this year. In addition, the ECB announced changes to the operational framework for implementing monetary policy. The spread between the rate on the MRO and the DFR will be reduced, while the spread between the rate on the MLF and that on the MRO will remain unchanged.

III. The Bank of Japan

The Bank of Japan (BOJ) ended its negative interest rate policy. On March 19, the BOJ announced to raise its short-term rate target to a range of 0 to 0.1 percent, marking an end to its negative interest rate policy that had lasted for eight years. This is also the first interest rate hike of the BOJ since February 2007. Meanwhile, the BOJ abandoned its yield curve control (YCC) policy, which was introduced to keep the long-term rate at around 0, yet it pledged to keep buying long-term government bonds at broadly the same amount as before. In addition, the BOJ would end purchases of exchange-traded funds (ETFs) and Japan Real Estate Investment Trusts (J-REITs), and gradually reduce its buying of commercial papers and corporate bonds.

IV. The Bank of England

The Bank of England (BOE) maintained its benchmark rate unchanged. In the first quarter, the BOE kept its bank rate at 5.25 percent. At the January and March meetings, the monetary policy committee voted by 2-6-1 and 0-8-1 respectively for raising-holding-cutting the bank rate. Indicating the interest rate may stay high for some time to come. In the meanwhile, the BOE decreases the stock of gilts as scheduled by September 2024, shrinking the size of asset purchases to GBP 658 billion. At the end of March, the stock of UK government bond and non-financial investment-grade corporate bond held by the BOE posted about GBP 728 billion and GBP 0.1 billion, respectively.

附录三　中国主要经济和金融指标
Appendix 3 China's Major Economic and Financial Indicators

一、经济发展与就业（Economic development and employment）

1.1　概览（Overview）

1978年以来中国经济增长与宏观经济政策

China's economic growth and macroeconomic policies since 1978

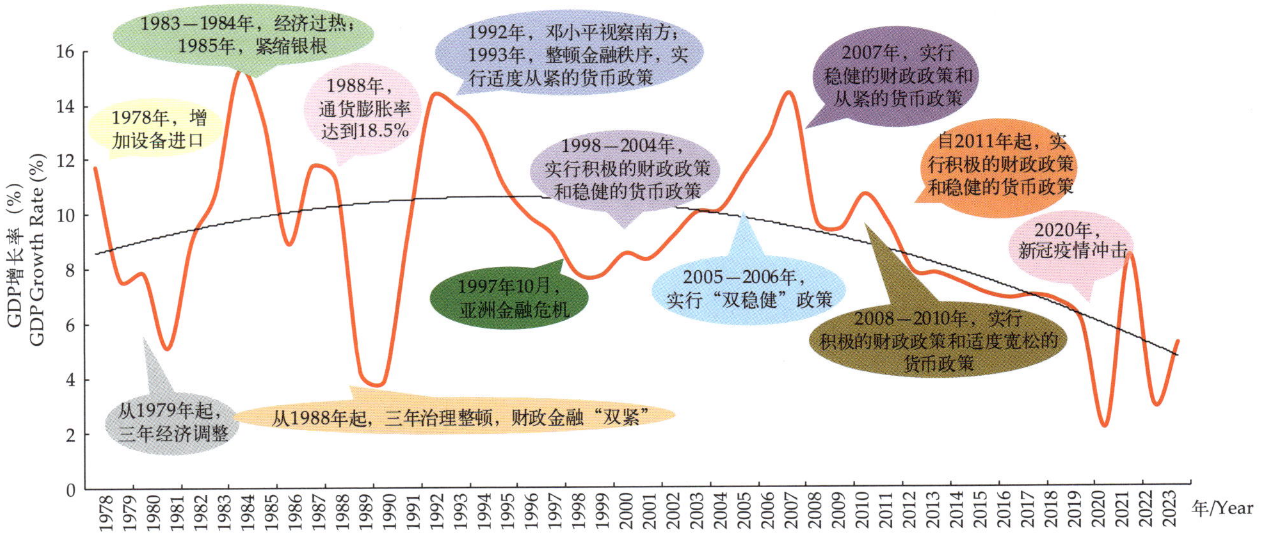

- Equipment import growth in 1978
- 3-year economic adjustment between 1979 and 1981
- Over-heated economy between 1983 and 1984, tight monetary policy in 1985
- Inflation of 18.5% in 1988
- 3-year rectification from 1988 to 1991, “double tightening”of fiscal and monetary policy
- Deng Xiaoping’s remarks on economic reform during his 1992 trip to South China, rectification of financial order and adoption of appropriately tight monetary policy in 1993
- Asian financial crisis in October 1997
- Proactive fiscal policy and sound monetary policy from 1998 to 2004
- "Double sound" fiscal and monetary policy in 2005 and 2006
- Sound fiscal policy and tight monetary policy in 2007
- Proactive financial policy and moderately loose monetary policy in 2008 to 2010
- Proactive financial policy and sound monetary policy since 2011
- COVID-19 pandemic shock in 2020

人均国内生产总值
Per capita GDP

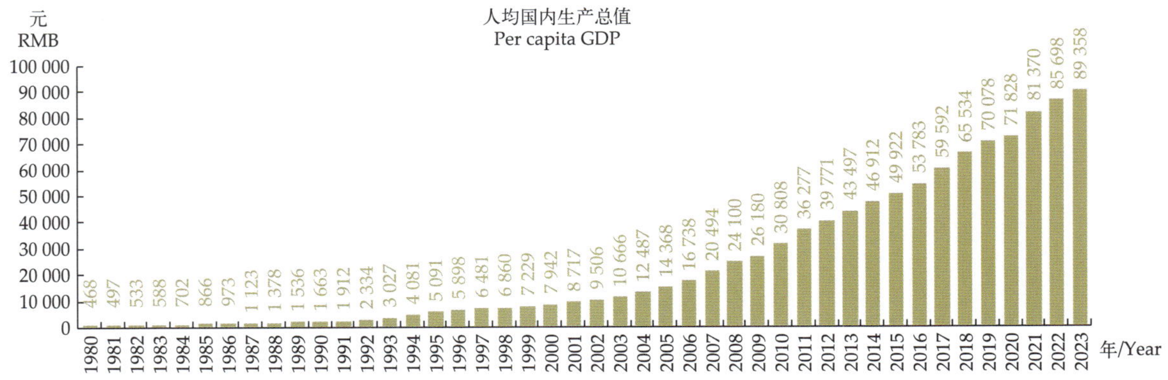

（图中数据根据国家统计局最新数据修订）
(Data are revised by National Bureau of Statistics of China)

1.2 国民经济核算（GDP）

1978年以来我国GDP及其增长率
GDP and its annual growth rate since 1978

年 Year	GDP（万亿元） GDP (RMB 1 trillion)	GDP 增长率 (%) GDP growth rate (%)
1978	0.4	11.7
1979	0.4	7.6
1980	0.5	7.8
1981	0.5	5.1
1982	0.5	9.0
1983	0.6	10.8
1984	0.7	15.2
1985	0.9	13.4
1986	1.0	8.9
1987	1.2	11.7
1988	1.5	11.2
1989	1.7	4.2
1990	1.9	3.9
1991	2.2	9.3
1992	2.7	14.2
1993	3.6	13.9
1994	4.9	13.0
1995	6.1	11.0
1996	7.2	9.9
1997	8.0	9.2
1998	8.5	7.8
1999	9.1	7.7
2000	10.0	8.5
2001	11.1	8.3
2002	12.2	9.1
2003	13.7	10.0
2004	16.2	10.1
2005	18.7	11.4
2006	21.9	12.7
2007	27.0	14.2
2008	31.9	9.7
2009	34.9	9.4
2010	41.2	10.6
2011	48.8	9.6
2012	53.9	7.9
2013	59.3	7.8
2014	64.4	7.4
2015	68.9	7.0
2016	74.6	6.9
2017	83.2	7.0
2018	91.9	6.8
2019	98.7	6.0
2020	101.4	2.2
2021	114.9	8.5
2022	120.5	3.0
2023	126.1	5.2

注：表中数据根据国家统计局最新数据修订。
Note: Data are revised by National Bureau of Statistics of China.

GDP及其增长率
GDP and its annual growth rate

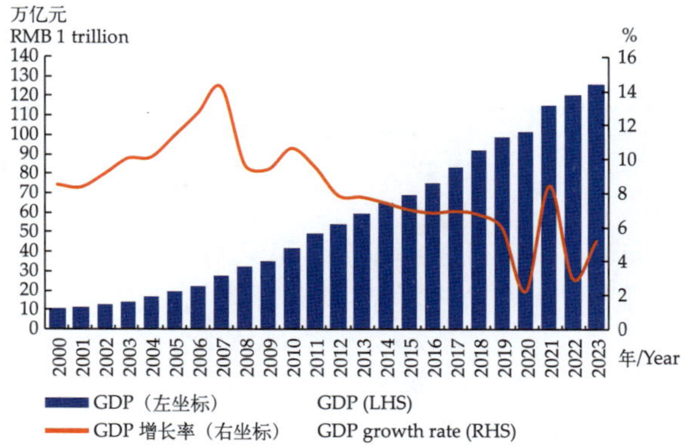

生产法现价GDP与支出法现价GDP及其增长率比较
Comparison between production-based GDP and expenditure-based GDP at current price

年 Year	(1) 生产法 GDP Production-based GDP		(2) 支出法 GDP Expenditure-based GDP		(1) − (2)	
	绝对量(亿元) Absolute value (RMB 100 million)	现价增速 (%) Growth rate at current price (%)	绝对量(亿元) Absolute value (RMB 100 million)	现价增速 (%) Growth rate at current price (%)	绝对量（亿元） Absolute value (RMB 100 million)	现价增速 (%) Growth rate at current price (%)
1991	22 006	16.6	21 997	16.0	8	0.60
1992	27 195	23.6	27 140	23.4	54	0.20
1993	35 673	31.2	35 576	31.1	97	0.10
1994	48 637	36.3	48 410	36.1	227	0.27
1995	61 340	26.1	61 050	26.1	290	0.01
1996	71 814	17.1	71 541	17.2	272	−0.11
1997	79 715	11.0	79 416	11.0	299	0.00
1998	85 196	6.9	84 791	6.8	405	0.11
1999	90 564	6.3	90 095	6.3	469	0.05
2000	100 280	10.7	99 799	10.8	481	−0.04
2001	110 863	10.6	110 388	10.6	475	−0.06
2002	121 717	9.8	121 327	9.9	391	−0.12
2003	137 422	12.9	137 147	13.0	275	−0.14
2004	161 840	17.8	161 356	17.7	485	0.12
2005	187 319	15.7	187 658	16.3	−339	−0.56
2006	219 438	17.1	219 598	17.0	−159	0.13
2007	270 092	23.1	270 499	23.2	−407	−0.10
2008	319 245	18.2	318 068	17.6	1 177	0.61
2009	348 518	9.2	347 650	9.3	867	−0.13
2010	412 119	18.2	408 505	17.5	3 614	0.74
2011	487 940	18.4	484 109	18.5	3 831	−0.11
2012	538 580	10.4	539 040	11.4	−460	−0.97
2013	592 963	10.1	596 344	10.6	−3 381	−0.53
2014	643 563	8.5	646 548	8.4	−2 985	0.11
2015	688 858	7.0	692 094	7.0	−3 235	0.00
2016	746 395	8.4	745 981	7.8	415	0.56
2017	832 036	11.5	828 983	11.1	3 053	0.34
2018	919 281	10.5	915 774	10.5	3 507	0.02
2019	986 515	7.3	990 708	8.2	−4 193	−0.87
2020	1 013 567	2.7	1 025 628	3.5	−12 061	−0.78
2021	1 149 237	13.4	1 145 283	11.7	3 954	1.72
2022	1 204 724	4.8	1 205 017	5.2	−293	−0.39
2023	1 260 582	4.6				

注：表中数据根据国家统计局最新数据修订。
Note: Data are revised by National Bureau of Statistics of China.

1.2.1 按生产法计算的国内生产总值（Production-based GDP）

按生产法计算的国内生产总值

Production-based gross domestic product

年 / 季度 Year/Quarter		国内生产总值 GDP		第一产业 Primary industry		第二产业 Secondary industry		第三产业 Tertiary industry	
		绝对值（亿元）Absolute value (RMB 100 million)	增长（%）Growth (%)	比重（%）Share (%)	增长（%）Growth (%)	比重（%）Share (%)	增长（%）Growth (%)	比重（%）Share (%)	增长（%）Growth (%)
2016	I	162,410	6.9	5.1	2.9	37.6	5.8	57.3	8.0
	I-II	343,818	6.9	6.1	3.0	39.1	6.0	54.8	7.9
	I-III	534,829	6.8	7.2	3.5	39.3	6.0	53.6	8.0
	I-IV	746,395	6.9	8.1	3.3	39.6	6.0	52.4	8.1
2017	I	181,868	7.0	4.5	3.0	38.1	6.1	57.4	8.0
	I-II	383,818	7.0	5.4	3.5	39.5	6.2	55.1	8.0
	I-III	596,607	7.0	6.6	3.7	39.6	6.0	53.9	8.2
	I-IV	832,036	7.0	7.5	4.0	39.9	5.9	52.7	8.3
2018	I	202,036	6.9	4.2	3.2	37.9	6.2	57.8	7.8
	I-II	425,998	6.9	5.1	3.3	39.4	6.1	55.6	7.9
	I-III	660,472	6.8	6.0	3.4	39.5	5.8	54.5	8.1
	I-IV	919,281	6.8	7.0	3.5	39.7	5.8	53.3	8.0
2019	I	217,168	6.3	4.0	2.7	37.1	5.3	58.9	7.2
	I-II	458,671	6.1	5.1	3.1	38.5	5.0	56.5	7.2
	I-III	709,717	6.0	6.1	2.9	38.5	4.8	55.5	7.3
	I-IV	986,515	6.0	7.1	3.1	38.6	4.9	54.3	7.2
2020	I	205,245	-6.9	5.0	-3.1	35.3	-9.7	59.7	-5.4
	I-II	453,593	-1.7	5.8	1.0	37.5	-2.0	56.8	-1.7
	I-III	717,948	0.6	6.7	2.5	37.6	0.8	55.7	0.3
	I-IV	1,013,567	2.2	7.7	3.1	37.8	2.5	54.5	2.0
2021	I	249,200	18.7	4.6	8.1	37.1	24.9	58.3	15.9
	I-II	532,049	13.0	5.4	7.8	38.9	15.3	55.7	12.1
	I-III	823,338	10.1	6.3	7.5	38.9	11.1	54.8	9.8
	I-IV	1,149,237	8.5	7.2	7.1	39.3	8.7	53.5	8.5
2022	I	270,345	4.8	4.0	6.1	38.6	4.7	57.4	4.7
	I-II	562,791	2.5	5.2	5.1	39.9	2.1	54.9	2.5
	I-III	870,733	3.0	6.3	4.3	39.5	2.8	54.2	3.0
	I-IV	1,204,724	3.0	7.3	4.2	39.3	2.6	53.4	3.0
2023	I	284,423	4.5	4.1	3.7	37.3	3.3	58.6	5.4
	I-II	592,716	5.5	5.1	3.7	38.4	4.3	56.5	6.4
	I-III	912,692	5.2	6.2	4.0	38.2	4.4	55.6	6.0
	I-IV	1,260,582	5.2	7.1	4.1	38.3	4.7	54.6	5.8
2024	I	296,300	5.3	3.9	3.3	37.1	6.0	59.0	5.0

注：1. 表中绝对数按当年价格计算，“比上年同期增长”按不变价格计算。
2. 表中数据根据国家统计局最新数据修订。

Notes: 1. Absolute figures in this table are calculated at current prices, and the year-on-year growth rates are calculated at constant prices.
2. Data are revised by National Bureau of Statistics of China.

GDP季度累计增长率

Quarterly accumulated GDP growth rate

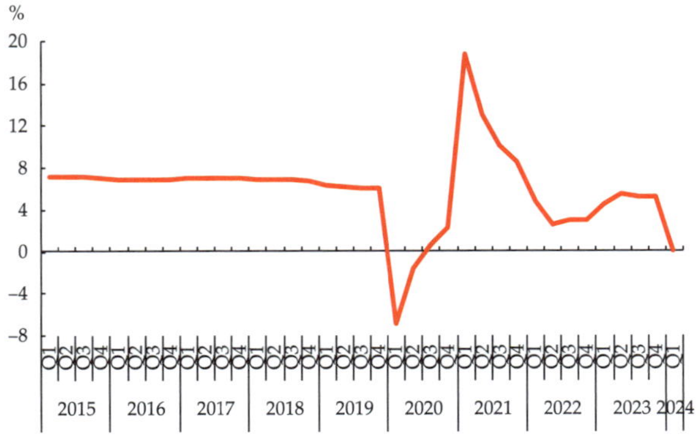

季度GDP三次产业所占的比重与增长率变化

Shares of industries in GDP and their growth rates on a quarterly basis

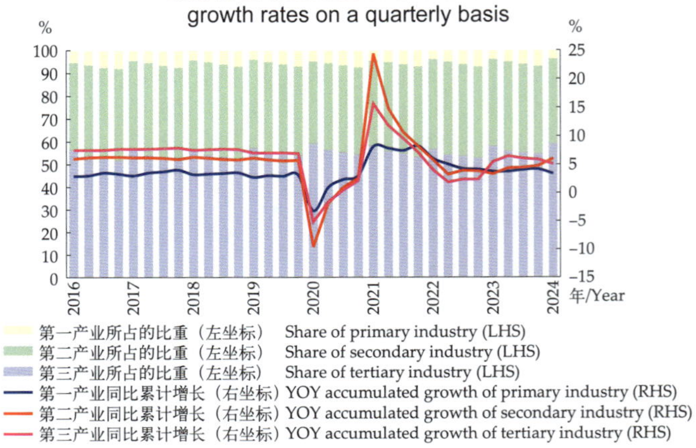

工业增加值当月同比增长率
Monthly growth rate (YOY) of value added of industry

单位：% Unit: %

年 / 月 Year/Month		工业增加值 Value added of industry	采矿业 Mining	制造业 Manufacturing	电力、热力、燃气及水生产和供应业 Electricity, gas & water production and supply	国有及国有控股企业 State-owned and state-holding enterprises	股份制企业 Joint-stock enterprises	外商及港澳台投资企业 Enterprises with foreign, Hong Kong, Macao, and Taiwan investment	私营企业 Private enterprises
2022	1	—	—	—	—	—	—	—	—
	2	—	—	—	—	—	—	—	—
	3	5.0	12.2	4.4	4.6	3.3	6.9	-1.1	6.0
	4	-2.9	9.5	-4.6	1.5	-2.9	0.5	-16.1	-1.1
	5	0.7	7.0	0.1	0.2	0.7	2.3	-5.4	1.1
	6	3.9	8.7	3.4	3.3	3.1	4.0	3.6	3.0
	7	3.8	8.1	2.7	9.5	5.4	4.4	1.9	1.5
	8	4.2	5.3	3.1	13.6	5.6	4.1	4.0	1.1
	9	6.3	7.2	6.4	2.9	4.9	6.6	5.4	4.4
	10	5.0	4.0	5.2	4.0	4.4	5.9	2.0	3.1
	11	2.2	5.9	2.0	-1.5	2.2	4.0	-3.7	1.6
	12	1.3	4.9	0.2	7.0	1.9	3.5	-7.5	0.5
2023	1	—	—	—	—	—	—	—	—
	2	—	—	—	—	—	—	—	—
	3	3.9	0.9	4.2	5.2	4.4	4.4	1.4	2.0
	4	5.6	0.0	6.5	4.8	6.6	4.4	11.8	1.6
	5	3.5	-1.2	4.1	4.8	4.4	3.5	4.2	0.7
	6	4.4	1.5	4.8	4.9	5.4	5.9	-1.4	3.2
	7	3.7	1.3	3.9	4.1	3.4	5.0	-1.8	2.5
	8	4.5	2.3	5.4	0.2	5.2	5.7	0.8	3.4
	9	4.5	1.5	5.0	3.5	5.9	5.6	0.4	3.3
	10	4.6	2.9	5.1	1.5	4.9	5.6	0.9	3.9
	11	6.6	3.9	6.7	9.9	7.3	7.2	4.4	5.2
	12	6.8	4.7	7.1	7.3	7.3	7.2	6.9	5.4
2024	1	—	—	—	—	—	—	—	—
	2	—	—	—	—	—	—	—	—
	3	4.5	0.2	5.1	4.9	4.1	5.1	2.6	3.7

工业增加值累计同比增长率
Accumulative growth rate (YOY) of value added of industry

单位：% Unit: %

年 / 月 Year/Month		工业增加值 Value added of industry	采矿业 Mining	制造业 Manufacturing	电力、热力、燃气及水生产和供应业 Electricity, gas & water production and supply	国有及国有控股企业 State-owned and state-holding enterprises	股份制企业 Joint-stock enterprises	外商及港澳台投资企业 Enterprises with foreign, Hong Kong, Macao, and Taiwan investment	私营企业 Private enterprises
2022	1~2	7.5	9.8	7.3	6.8	5.9	8.4	4.2	8.7
	1~3	6.5	10.7	6.2	6.1	5.0	7.8	2.1	7.6
	1~4	4.0	10.4	3.2	5.0	3.1	5.8	-2.8	5.1
	1~5	3.3	9.6	2.6	4.1	2.6	5.0	-3.4	4.2
	1~6	3.4	9.5	2.8	3.9	2.7	4.8	-2.1	4.0
	1~7	3.5	9.3	2.7	4.8	3.1	4.7	-1.5	3.6
	1~8	3.6	8.7	2.7	6.0	3.4	4.6	-0.8	3.3
	1~9	3.9	8.5	3.2	5.6	3.6	4.9	-0.1	3.4
	1~10	4.0	7.9	3.4	5.5	3.7	5.0	0.1	3.4
	1~11	3.8	7.6	3.3	4.8	3.5	4.9	-0.3	3.2
	1~12	3.6	7.3	3.0	5.0	3.3	4.8	-1.0	2.9
2023	1~2	2.4	4.7	2.1	2.4	2.7	4.3	-5.2	2.0
	1~3	3.0	3.2	2.9	3.3	3.3	4.3	-2.7	2.0
	1~4	3.6	2.4	3.9	3.7	4.1	4.3	0.6	1.9
	1~5	3.6	1.7	4.0	3.9	4.2	4.1	1.3	1.6
	1~6	3.8	1.7	4.2	4.1	4.4	4.4	0.8	1.9
	1~7	3.8	1.7	4.2	4.1	4.3	4.5	0.4	2.0
	1~8	3.9	1.7	4.3	3.5	4.4	4.7	0.5	2.2
	1~9	4.0	1.7	4.4	3.5	4.6	4.8	0.5	2.3
	1~10	4.1	1.8	4.5	3.3	4.6	4.9	0.5	2.5
	1~11	4.3	2.1	4.7	3.9	4.8	5.1	0.9	2.8
	1~12	4.6	2.3	5.0	4.3	5.0	5.3	1.4	3.1
2024	1~2	7.0	2.3	7.7	7.9	5.8	7.3	6.2	6.5
	1~3	6.1	1.6	6.7	6.9	5.2	6.5	4.8	5.4

注：本表中"比上年同期增长"按可比价格计算。
Notes: The year-on-year changes in this table are calculated at comparable prices.

工业增加值及工业企业利润
Growth rate of industrial value added and profits of industrial companies

单位：% Unit: %

年 / 月 Year/Month		当月工业增加值同比增长 YOY growth of monthly industrial value added	工业增加值月度累计同比增长 YOY growth of monthly accumulated industrial value added	工业企业利润累计同比增长 YOY growth of monthly profits of industrial companies
2022	1	—	—	—
	2	—	7.5	5.0
	3	5.0	6.5	8.5
	4	-2.9	4.0	3.5
	5	0.7	3.3	1.0
	6	3.9	3.4	1.0
	7	3.8	3.5	-1.1
	8	4.2	3.6	-2.1
	9	6.3	3.9	-2.3
	10	5.0	4.0	-3.0
	11	2.2	3.8	-3.6
	12	1.3	3.6	-4.0
2023	1	—	—	—
	2	—	2.4	-22.9
	3	3.9	3.0	-21.4
	4	5.6	3.6	-20.6
	5	3.5	3.6	-18.8
	6	4.4	3.8	-16.8
	7	3.7	3.8	-15.5
	8	4.5	3.9	-11.7
	9	4.5	4.0	-9.0
	10	4.6	4.1	-7.8
	11	6.6	4.3	-4.4
	12	6.8	4.6	-2.3
2024	1	—	—	—
	2	—	7.0	10.2
	3	4.5	6.1	4.3

注：由于春节错位因素，1月不公布当月工业增加值同比增速，公布的2月数据为1—2月的合计数。
Note: The year-on-year growth rate of the added value of industries in January is not released, and the data released in February is the total from January to February.

工业增加值及工业企业利润
Growth rate of industrial value added and profits of industrial companies

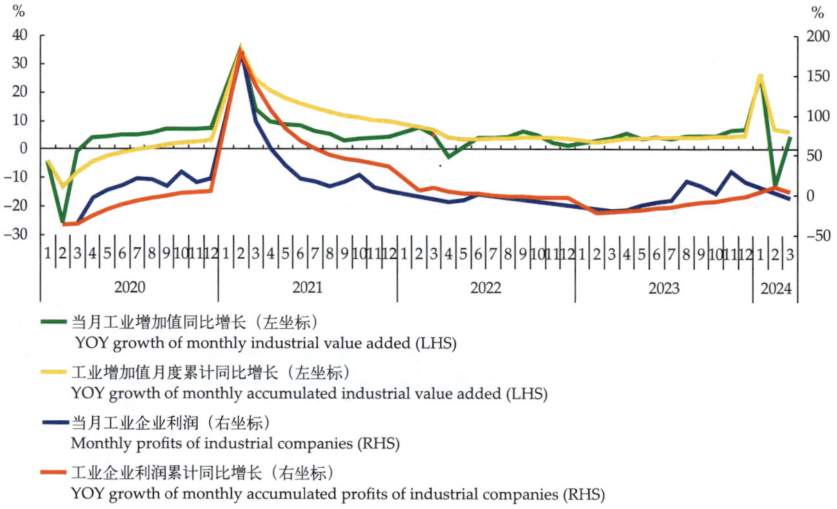

1.2.2 按支出法计算的国内生产总值（Expenditure-based GDP）

按支出法计算的国内生产总值及其构成
Expenditure-based GDP and its composition

年 Year	按支出法计算的国内生产总值 Expenditure-based GDP	最终消费 Final consumption	居民消费 Household consumption	城镇居民 Urban	农村居民 Rural	政府消费 Government consumption	资本形成总额 Total capital formation	固定资本形成 Fixed capital formation	存货增加 Increased inventory	货物和服务净出口 Net exports of goods and services
绝对值（亿元） Absolute value (RMB 100 million)										
2004	161 356	89 394	65 725	46 492	19 233	23 670	67 726	63 975	3 751	4 236
2005	187 658	101 873	74 154	53 242	20 912	27 719	75 576	73 852	1 724	10 209
2006	219 598	115 364	82 842	60 203	22 640	32 522	87 579	84 979	2 600	16 655
2007	270 499	137 737	98 231	72 643	25 589	39 506	109 339	102 345	6 995	23 423
2008	318 068	158 899	112 655	84 414	28 241	46 245	134 942	124 701	10 241	24 227
2009	347 650	174 539	123 122	93 198	29 924	51 417	158 075	152 691	5 383	15 037
2010	408 505	201 581	141 465	108 938	32 527	60 116	191 867	181 041	10 826	15 057
2011	484 109	244 747	170 391	131 555	38 836	74 357	227 673	214 017	13 656	11 688
2012	539 040	275 444	190 585	148 273	42 312	84 859	248 960	238 321	10 639	14 636
2013	596 344	306 664	212 477	165 890	46 588	94 186	275 129	263 980	11 149	14 552
2014	646 548	338 031	236 238	184 739	51 500	101 793	294 906	282 242	12 664	13 611
2015	692 094	371 921	260 202	203 780	56 423	111 718	297 827	289 970	7 856	22 346
2016	745 981	410 806	288 668	226 960	61 708	122 138	318 198	310 145	8 054	16 976
2017	828 983	456 518	320 690	252 083	68 606	135 829	357 886	348 300	9 586	14 578
2018	915 774	506 135	354 124	277 365	76 759	152 011	402 585	393 848	8 737	7 054
2019	990 708	552 632	387 188	305 131	82 057	165 444	426 679	422 451	4 227	11 398
2020	1 025 628	560 811	387 186	304 086	83 099	173 625	439 550	430 625	8 925	25 267
2021	1 145 283	619 688	438 015	345 085	92 931	181 673	495 784	482 119	13 665	29 810
2022	1 205 017	641 633	447 910	351 294	96 616	193 723	523 890	507 958	15 933	39 494
2023	1 258 647	701 361	493 247			208 113	530 440	521 112	9 327	26 847
构成（%） Composition (%)										
2004	100	55.4	40.7	28.8	11.9	14.7	42.0	39.6	2.3	2.6
2005	100	54.3	39.5	28.4	11.1	14.8	40.3	39.4	0.9	5.4
2006	100	52.5	37.7	27.4	10.3	14.8	39.9	38.7	1.2	7.6
2007	100	50.9	36.3	26.9	9.5	14.6	40.4	37.8	2.6	8.7
2008	100	50.0	35.4	26.5	8.9	14.5	42.4	39.2	3.2	7.6
2009	100	50.2	35.4	26.8	8.6	14.8	45.5	43.9	1.5	4.3
2010	100	49.3	34.6	26.7	8.0	14.7	47.0	44.3	2.7	3.7
2011	100	50.6	35.2	27.2	8.0	15.4	47.0	44.2	2.8	2.4
2012	100	51.1	35.4	27.5	7.8	15.7	46.2	44.2	2.0	2.7
2013	100	51.4	35.6	27.8	7.8	15.8	46.1	44.3	1.9	2.4
2014	100	52.3	36.5	28.6	8.0	15.7	45.6	43.7	2.0	2.1
2015	100	53.7	37.6	29.4	8.2	16.1	43.0	41.9	1.1	3.2
2016	100	55.1	38.7	30.4	8.3	16.4	42.7	41.6	1.1	2.3
2017	100	55.1	38.7	30.4	8.3	16.4	43.2	42.0	1.2	1.8
2018	100	55.3	38.7	30.3	8.4	16.6	44.0	43.0	1.0	0.8
2019	100	55.8	39.1	30.8	8.3	16.7	43.1	42.6	0.4	1.2
2020	100	54.7	37.8	29.6	8.1	16.9	42.9	42.0	0.9	2.5
2021	100	54.1	38.2	30.1	8.1	15.9	43.3	42.1	1.2	2.6
2022	100	53.2	37.2	29.2	8.0	16.1	43.5	42.2	1.3	3.3
2023	100	55.7	39.2	0.0	0.0	16.5	42.1	41.4	0.7	2.1

注：表中数据根据国家统计局最新数据修订。
Note: Data are revised by National Bureau of Statistics of China.

按支出法计算的国内生产总值构成变化
Changes in the composition of GDP (based on expenditures)

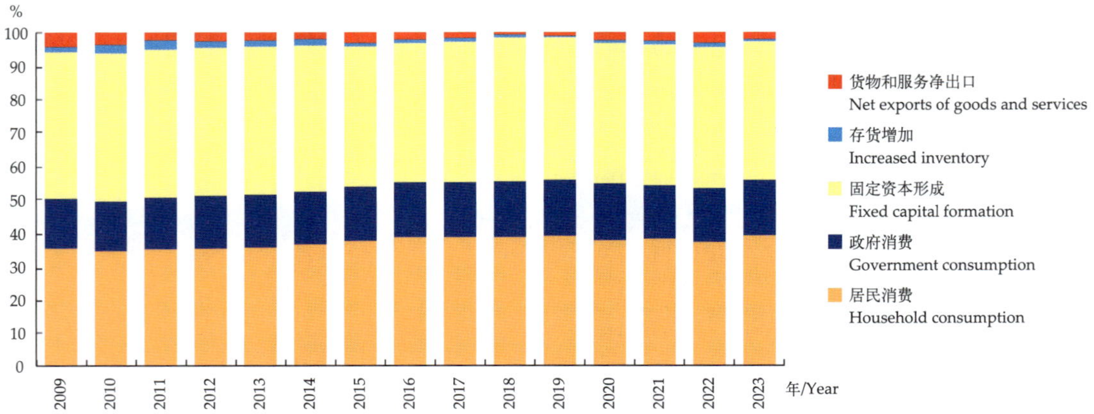

投资率和消费率
Investment ratio and consumption ratio

单位：%　Unit: %

年 Year	资本形成率（投资率） Capital formation ratio (investment ratio)	最终消费率（消费率） Final consumption ratio (consumption ratio)
1986	37.7	64.8
1987	37.3	62.7
1988	39.0	62.0
1989	37.1	64.0
1990	34.0	63.3
1991	35.3	61.9
1992	39.2	59.8
1993	43.4	58.5
1994	40.2	58.5
1995	39.0	59.3
1996	37.7	60.3
1997	35.7	59.9
1998	35.0	60.7
1999	34.3	62.9
2000	33.7	63.9
2001	35.7	62.2
2002	36.3	61.2
2003	39.7	58.1
2004	42.0	55.4
2005	40.3	54.3
2006	39.9	52.5
2007	40.4	50.9
2008	42.4	50.0
2009	45.5	50.2
2010	47.0	49.4
2011	47.0	50.6
2012	46.2	51.1
2013	46.1	51.4
2014	45.6	52.3
2015	43.0	53.7
2016	42.7	55.1
2017	43.2	55.1
2018	44.0	55.3
2019	43.1	55.8
2020	42.9	54.7
2021	43.3	54.1
2022	43.5	53.2

注：表中数据根据国家统计局最新数据修订。
Note: Data are revised by National Bureau of Statistics of China.

投资率和消费率
Investment ratio and consumption ratio

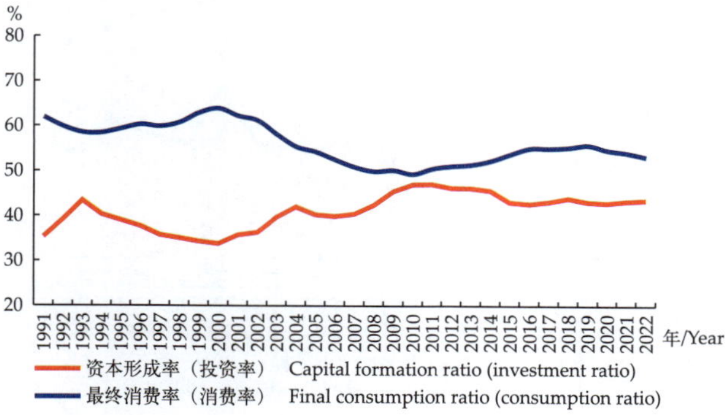

主要经济指标环比增速
MOM growth rates of main economic indicators

单位：%　Unit: %

年 / 季度 Year/ Quarter	国内生产总值 Gross domestic product	年 / 月 Year/ Month	规模以上工业增加值 Value added of industry	固定资产投资完成额 Completed investment in fixed assets	社会消费品零售总额 Retail sales of consumer goods
2022		2022 1	0.22	0.84	0.06
		2	0.38	0.62	0.49
I	0.4	3	0.51	1.89	-0.11
		4	0.16	-1.37	-0.02
		5	0.62	0.72	-0.05
II	-2.1	6	0.91	0.75	2.56
		7	0.35	0.59	1.82
		8	0.24	-0.50	-0.75
III	4.0	9	0.80	0.35	0.28
		10	0.18	-0.09	-0.58
		11	-0.24	-1.98	-0.27
IV	0.8	12	0.10	0.10	-0.15
2023		2023 1	0.64	0.90	0.72
		2	0.41	0.81	1.43
I	1.8	3	0.64	-0.37	1.02
		4	-0.32	-1.00	1.07
		5	0.77	1.01	0.16
II	0.5	6	0.76	-0.15	0.01
		7	0.13	-0.03	-0.05
		8	0.61	0.45	0.78
III	1.8	9	0.41	0.27	0.49
		10	0.42	0.29	0.52
		11	0.87	0.46	0.01
IV	1.2	12	0.41	0.35	0.14
2024		2024 1	0.93	0.16	0.03
		2	0.40	0.62	0.01
I	1.6	3	-0.08	0.14	0.26

社会消费品零售总额与最终消费增长率的比较

Comparison of growth rate at current prices between retail sales of consumer goods and final consumption expenditure

年 Year	社会消费品零售总额（万亿元）Retail sales of consumer goods (RMB 1 trillion)	最终消费（万亿元）Final consumption (RMB 1 trillion)	社会消费品零售总额现价增长率（%）Growth rate at current prices of retail sales of consumer goods (%)	最终消费现价增长率（%）Growth rate at current prices of final consumption expenditure (%)
1991	0.94	1.36	13.4	13.4
1992	1.10	1.62	16.8	19.2
1993	1.43	2.08	29.8	28.2
1994	1.86	2.83	30.5	35.9
1995	2.36	3.62	26.8	28.0
1996	2.84	4.31	20.1	19.0
1997	3.13	4.75	10.2	10.3
1998	3.34	5.15	6.8	8.3
1999	3.56	5.67	6.8	10.0
2000	3.42	6.37	9.7	12.5
2001	3.76	6.87	10.1	7.7
2002	4.09	7.42	8.8	8.1
2003	4.58	7.97	9.1	7.4
2004	5.40	8.94	13.3	12.1
2005	6.72	10.19	12.9	14.0
2006	7.64	11.54	13.7	13.2
2007	8.92	13.77	16.8	19.4
2008	10.85	15.89	21.6	15.4
2009	12.53	17.45	15.9	9.8
2010	15.46	20.16	18.8	15.5
2011	18.12	24.47	18.5	21.4
2012	20.72	27.54	14.5	12.5
2013	23.44	30.67	13.1	11.3
2014	26.24	33.80	12.0	10.2
2015	30.09	37.19	10.7	10.0
2016	33.23	41.08	10.4	10.5
2017	36.63	45.65	10.2	11.1
2018	38.10	50.61	9.0	10.9
2019	41.16	55.26	8.0	9.2
2020	39.20	56.08	−3.9	1.5
2021	44.08	61.97	12.5	10.5
2022	43.97	64.16	−0.2	3.5
2023	47.15	—	7.2	—

注：表中数据根据国家统计局最新数据修订。
Note: Data are revised by National Bureau of Statistics of China.

社会消费品零售总额

Retail sales of consumer goods

年 / 月 Year/Month	当月社会消费品零售总额（亿元）Monthly retail sales of consumer goods (RMB 100 million)	当月同比增长率（%）Monthly growth rate (YOY)(%)	社会消费品零售总额累计（亿元）Accumulative retail sales of consumer goods (RMB 100 million)	累计同比增长率（%）Accumulative growth rate (YOY)(%)
2022.01	—	—	—	—
2022.02	—	—	74,426	6.7
2022.03	34,233	-3.5	108,659	3.3
2022.04	29,483	-11.1	138,142	-0.2
2022.05	33,547	-6.7	171,689	-1.5
2022.06	38,743	3.1	210,432	-0.7
2022.07	35,870	2.7	246,302	-0.2
2022.08	36,258	5.4	282,560	0.5
2022.09	37,745	2.5	320,305	0.7
2022.10	40,271	-0.5	360,575	0.6
2022.11	38,615	-5.9	399,190	-0.1
2022.12	40,542	-1.8	439,733	-0.2
2023.01	—	—	—	—
2023.02	—	—	77,067	3.5
2023.03	37,855	10.6	114,922	5.8
2023.04	34,911	18.4	149,833	8.5
2023.05	37,803	12.7	187,636	9.3
2023.06	39,951	3.1	227,588	8.2
2023.07	36,761	2.5	264,348	7.3
2023.08	37,933	4.6	302,281	7.0
2023.09	39,826	5.5	342,107	6.8
2023.10	43,333	7.6	385,440	6.9
2023.11	42,505	10.1	427,945	7.2
2023.12	43,550	7.4	471,495	7.2
2024.01	—	—	—	—
2024.02	—	—	81,307	5.5
2024.03	39,020	3.1	120,327	4.7

注：为消除春节日期不固定因素带来的影响，增强数据的可比性，按照国家统计制度，历年1~2月数据一起调查、一起发布。
Note: In order to eliminate the impact of the different date of "Spring Festival" of each year, and enhance the comparability of data, in accordance with the national statistical system,the data in January and February was investigated and released together.

社会消费品零售总额及最终消费增长趋势

Growth trend of retail sales of consumer goods and final consumption expenditure

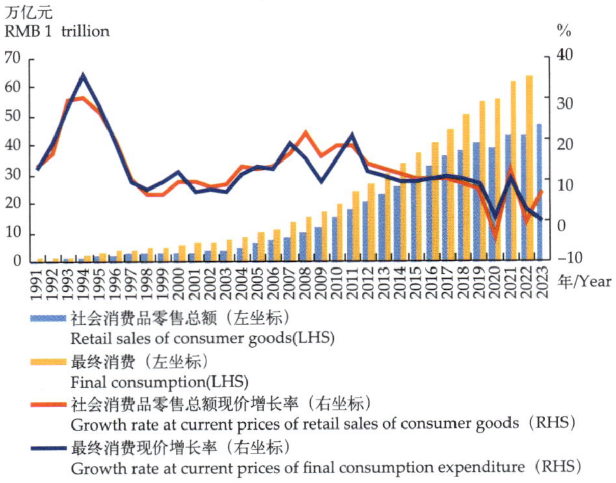

当月社会消费品零售总额及其增长率

Monthly retail sales and growth rates of consumer goods

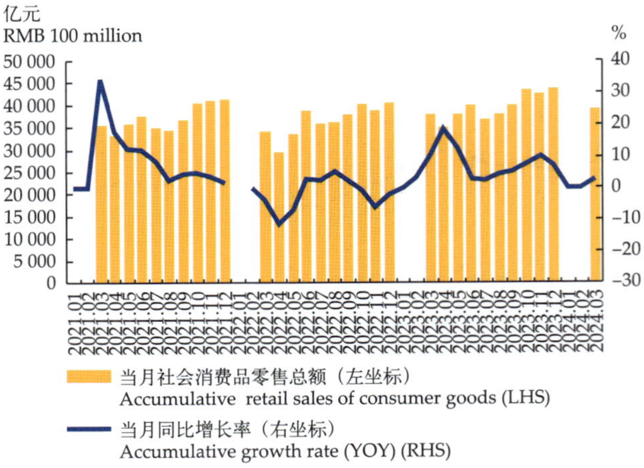

固定资产投资完成额和固定资本形成总额的比较
Comparision of completed fixed-asset investment and gross capital formation

年 Year	全社会固定资产投资完成额（万亿元）Total completed fixed-asset investment (RMB 1 trillion)	固定资本形成总额（万亿元）Gross capital formation (RMB 1 trillion)	全社会固定资产投资现价增长率(%) Growth rate of total fixed-asset investment at current prices (%)	固定资本形成总额现价增长率(%) Growth rate of gross capital formation at current prices (%)
2000	3.29	3.37	10.3	9.0
2001	3.72	3.94	13.0	17.0
2002	4.35	4.40	16.9	11.7
2003	5.38	5.44	23.8	23.7
2004	6.62	6.77	23.0	24.4
2005	8.10	7.56	22.3	11.6
2006	9.76	8.76	20.5	15.9
2007	11.83	10.93	21.3	24.8
2008	14.46	13.49	22.2	23.4
2009	18.18	15.81	25.7	17.1
2010	21.88	19.19	20.4	21.4
2011	22.36	22.77	20.1	18.7
2012	26.38	24.90	18.0	9.3
2013	30.83	27.51	16.9	10.5
2014	34.97	29.49	13.5	7.2
2015	37.99	29.78	8.6	1.0
2016	40.64	31.82	7.0	6.8
2017	43.15	35.79	6.2	12.5
2018	45.70	40.26	5.9	12.5
2019	48.04	42.67	5.1	6.0
2020	49.32	43.96	2.7	3.0
2021	51.71	49.58	4.9	12.8
2022	54.24	51.98	4.9	4.8
2023	50.97	—	2.8	—

注：表中数据根据国家统计局最新数据修订。
Note: Data are revised by National Bureau of Statistics of China.

固定资产投资完成额及增长率
Completed investment in fixed assets and growth rate

年 / 月 Year/Month		投资完成额（万亿元）Investment completed (RMB 1 trillion)	增长率 (%) Growth rate (%)
2022	1~2	5.1	12.2
	1~3	10.5	9.3
	1~4	15.4	6.8
	1~5	20.6	6.2
	1~6	27.1	6.1
	1~7	32.0	5.7
	1~8	36.7	5.8
	1~9	42.1	5.9
	1~10	47.2	5.8
	1~11	52.0	5.3
	1~12	57.2	5.1
2023	1~2	5.4	5.5
	1~3	10.7	5.1
	1~4	14.8	4.7
	1~5	18.9	4.0
	1~6	24.3	3.8
	1~7	28.6	3.4
	1~8	32.7	3.2
	1~9	37.5	3.1
	1~10	41.9	2.9
	1~11	46.1	2.9
	1~12	50.3	3.0
2024	1~2	5.1	4.2
	1~3	10.0	4.5

注：自2011年起，投资项目统计起点标准由原来的50万元调整为500万元，"固定资产投资（不含农户）"等于原口径的城镇固定资产投资加上农村企事业组织项目投资。
Note: Since 2011, investment indicators are calculated using new threshold criteria of RMB 5 million instead of RMB 500 thousand in the past. "Investment in fixed assets (excluding rural households)" equals to "investment in fixed assets in urban area" under the old criteria plus "investment of rural enterprises and institutions".

固定资产投资完成额和固定资本形成总额及其增长率
Completed fixed-asset investment and gross capital formation and growth rate

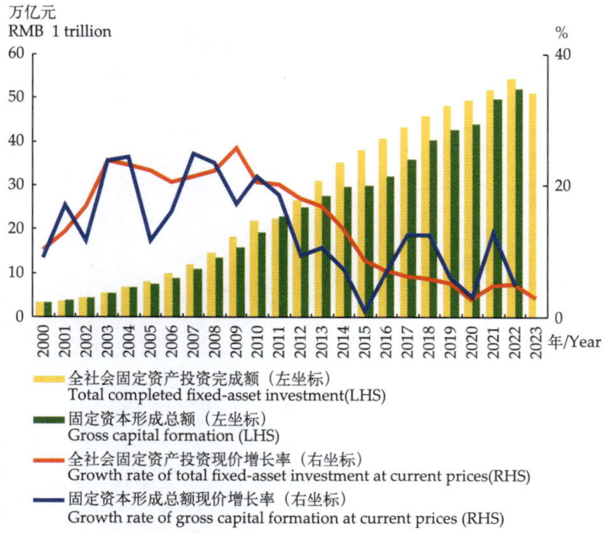

固定资产投资完成额及增长率
Completed investment in fixed assets and growth rate

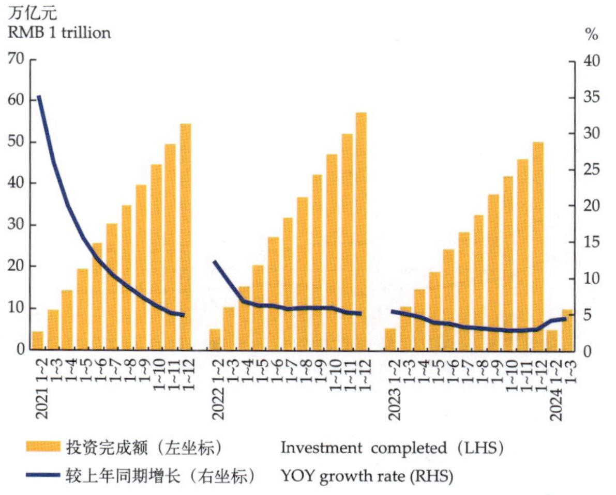

固定资产投资完成额累计同比
Accumulated growth rates of completed investment in fixed assets

单位：% Unit: %

年 / 月 Year/ Month	固定资产投资完成额累计同比 Accumulated growth rate of fixed-asset investment	制造业投资累计同比 Accumulated growth rate of investment in manufacturing industry	房地产投资累计同比 Accumulated growth rate of investment in real estate industry	基础设施建设投资累计同比 Accumulated growth rate of infrastructure investment
2022-02	12.2	20.9	4.7	8.6
2022-03	9.3	15.6	1.8	10.5
2022-04	6.8	12.2	−1.9	8.3
2022-05	6.2	10.6	−3.2	8.2
2022-06	6.1	10.4	−4.2	9.3
2022-07	5.7	9.9	−5.2	9.6
2022-08	5.8	10.0	−6.2	10.4
2022-09	5.9	10.1	−6.6	11.2
2022-10	5.8	9.7	−7.3	11.4
2022-11	5.3	9.3	−8.3	11.7
2022-12	5.1	9.1	−8.4	11.5
2023-02	5.5	8.1	−5.1	12.2
2023-03	5.1	7.0	−5.1	10.8
2023-04	4.7	6.4	−5.3	9.8
2023-05	4.0	6.0	−6.0	9.5
2023-06	3.8	6.0	−6.7	10.2
2023-07	3.4	5.7	−7.1	9.4
2023-08	3.2	5.9	−7.5	9.0
2023-09	3.1	6.2	−7.8	8.6
2023-10	2.9	6.2	−7.8	8.3
2023-11	2.9	6.3	−8.0	8.0
2023-12	3.0	6.5	−8.1	8.2
2024-02	4.2	9.4	−7.5	9.0
2024-03	4.5	9.9	−7.9	8.8

房地产开发投资及商品房销售
Real estate development investment completed and sales of commercial buildings

单位：亿元、万平方米
Unit: RMB 100 million, 10,000 square meters

年 / 月 Year/ Month	房地产开发投资完成额 Real estate development investment completed		商品房销售额 Accumulated sales volume of commercial buildings		商品房销售面积 Area sold of commercial buildings	
	绝对值 Absolute value	增长率 (%) Growth rate (%)	绝对值 Absolute value	同比增长 (%) YOY growth (%)	绝对值 Absolute value	同比增长 (%) YOY growth (%)
2022 1~2	14 499	3.7	15 459	−19.3	15 703	−9.6
1~3	27 765	0.7	29 655	−22.7	31 046	−13.8
1~4	39 154	−2.7	37 789	−29.5	39 768	−20.9
1~5	52 134	−4.0	48 337	−31.5	50 738	−23.6
1~6	68 314	−5.4	66 072	−28.9	68 923	−22.2
1~7	79 462	−6.4	75 763	−28.8	78 178	−23.1
1~8	90 809	−7.4	85 870	−27.9	87 890	−23.0
1~9	103 559	−8.0	99 380	−26.3	101 422	−22.2
1~10	113 945	−8.8	108 832	−26.1	111 179	−22.3
1~11	123 863	−9.8	118 648	−26.6	121 250	−23.3
1~12	132 895	−10.0	133 308	−26.7	135 837	−24.3
2023 1~2	13 669	−5.7	15 449	−0.1	15 133	−3.6
1~3	25 974	−5.8	30 545	4.1	29 946	−1.8
1~4	35 514	−6.2	39 750	8.8	37 636	−0.4
1~5	45 701	−7.2	49 787	8.4	46 440	−0.9
1~6	58 550	−7.9	63 092	1.1	59 515	−5.3
1~7	67 717	−8.5	70 450	−1.5	66 563	−6.5
1~8	76 900	−8.8	78 158	−3.2	73 949	−7.1
1~9	87 269	−9.1	89 070	−4.6	84 806	−7.5
1~10	95 922	−9.3	97 161	−4.9	92 579	−7.8
1~11	104 045	−9.4	105 318	−5.2	100 509	−8.0
1~12	110 913	−9.6	116 622	−6.5	111 735	−8.5
2024 1~2	11 842	−9.0	10 566	−29.3	11 369	−20.5
1~3	22 082	−9.5	21 355	−27.6	22 668	−19.4

固定资产投资完成额累计同比
Accumulated growth rates of completed investment in fixed assets

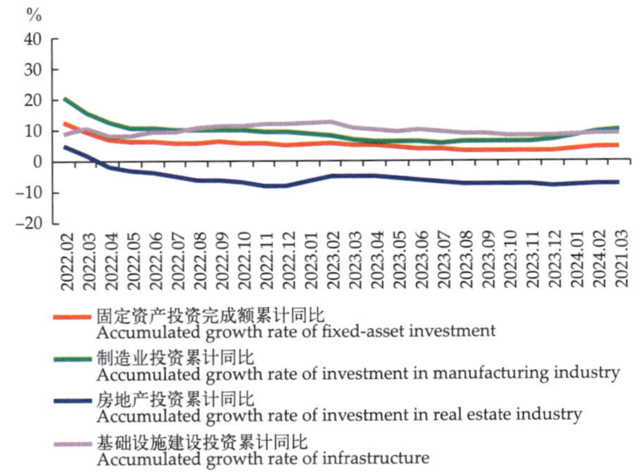

房地产开发投资及商品房销售
Real estate development investment completed and sales of commercial buildings

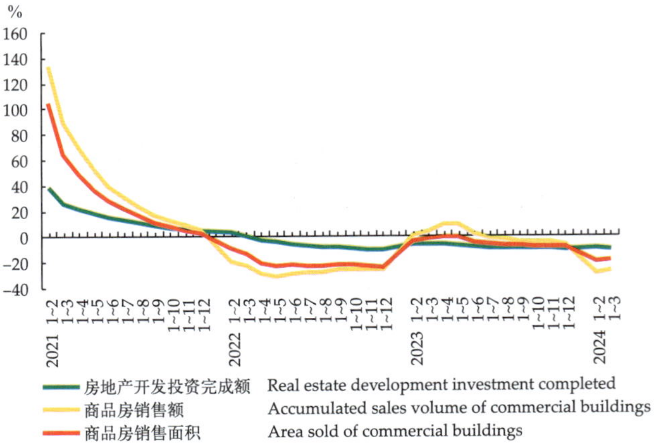

商品房建筑情况
Construction of commercial buildings

单位：亿平方米
Unit: 100 million square meters

年 / 月 Year/Month	新开工面积 Area newly constructed	同比增长 (%) YOY growth (%)	施工面积 Area under construction	同比增长 (%) YOY growth (%)	竣工面积 Area completed	同比增长 (%) YOY growth (%)
2022 1~2	1.5	-12.2	78.5	1.8	1.2	-9.8
1~3	3.0	-17.5	80.6	1.0	1.7	-11.5
1~4	4.0	-26.3	81.9	0.0	2.0	-11.9
1~5	5.2	-30.6	83.2	-1.0	2.3	-15.3
1~6	6.6	-34.4	84.9	-2.8	2.9	-21.5
1~7	7.6	-36.1	85.9	-3.7	3.2	-23.3
1~8	8.5	-37.2	86.9	-4.5	3.7	-21.1
1~9	9.5	-38.0	87.9	-5.3	4.1	-19.9
1~10	10.4	-37.8	88.9	-5.7	4.7	-18.7
1~11	11.2	-38.9	89.7	-6.5	5.6	-19.0
1~12	12.1	-39.4	90.5	-7.2	8.6	-15.0
2023 1~2	1.4	-9.4	75.0	-4.4	1.3	8.0
1~3	2.4	-19.2	76.5	-5.2	1.9	14.7
1~4	3.1	-21.2	77.1	-5.6	2.4	18.8
1~5	4.0	-22.6	78.0	-6.2	2.8	19.6
1~6	5.0	-24.3	79.2	-6.6	3.4	19.0
1~7	5.7	-24.5	80.0	-6.8	3.8	20.5
1~8	6.4	-24.4	80.6	-7.1	4.4	19.2
1~9	7.2	-23.4	81.6	-7.1	4.9	19.8
1~10	7.9	-23.2	82.3	-7.3	5.5	19.0
1~11	8.7	-21.2	83.1	-7.2	6.5	17.9
1~12	9.5	-20.4	83.8	-7.2	10.0	17.0
2024 1~2	0.9	-29.7	66.7	-11.0	1.0	-20.2
1~3	1.7	-27.8	67.9	-11.1	1.5	-20.7

70个大中城市新建商品住宅价格指数当月同比
YOY growth rate of sales price of newly constructed commercial residential buildings in 70 large and medium-sized cities

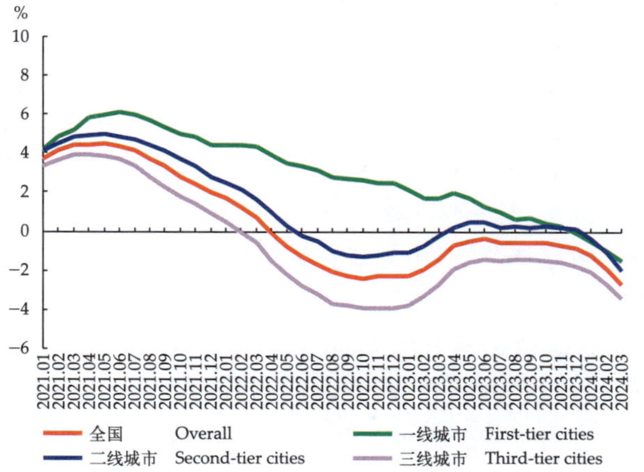

70个大中城市二手住宅价格指数当月同比
YOY growth rate of sales price of second-handed residential buildings in 70 large and medium-sized cities

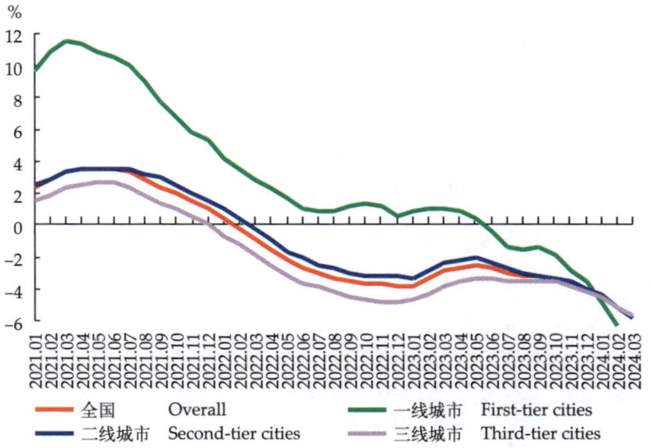

商品房建筑情况
Construction of commercial buildings

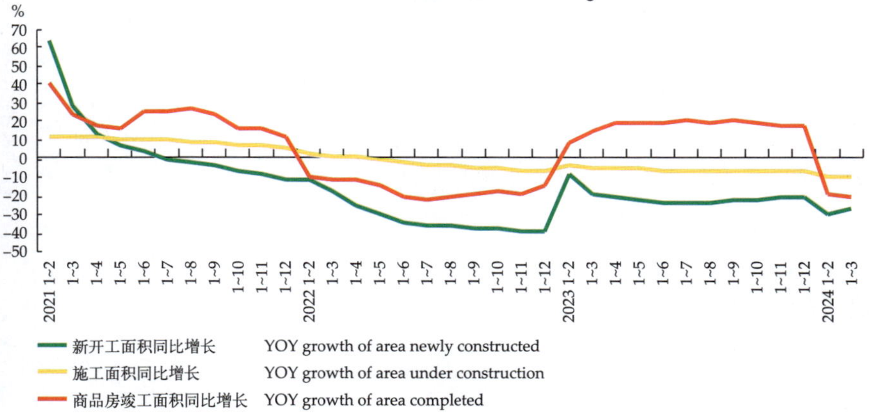

1.2.3 进出口与直接投资（Imports, exports and direct investments）

据世界贸易组织统计，2023年，中国货物贸易出口总值为3.36万亿美元，占世界货物贸易出口总值22.28万亿美元的15.1%，比上年上升0.7个百分点，在全球货物贸易出口排名第一。2022年，中国货物贸易进口总值为2.72万亿美元，占世界货物贸易进口总值25.62万亿美元的10.6%，比上年下降1.3个百分点，在全球货物贸易进口中排名第二，位于美国之后。

According to WTO statistics, in 2023, China's export volume of goods totaled USD 3.36 trillion, accounting for 15.1 percent of the world total of USD 22.28 trillion, 0.7 percentage points lower than that in 2021. China's goods export ranked first in the world. China's import volume of goods reached USD 2.72 trillion, accounting for 10.6 percent of the world total of USD 25.62 trillion, 1.3 percentage points lower than that in 2021. China ranked second in the world after the U.S. in terms of goods imports.

我国出口总值、贸易总额与GDP之比
Total exports and total trade volume over GDP

我国贸易总额及其增长趋势
Total trade volume and growth rate

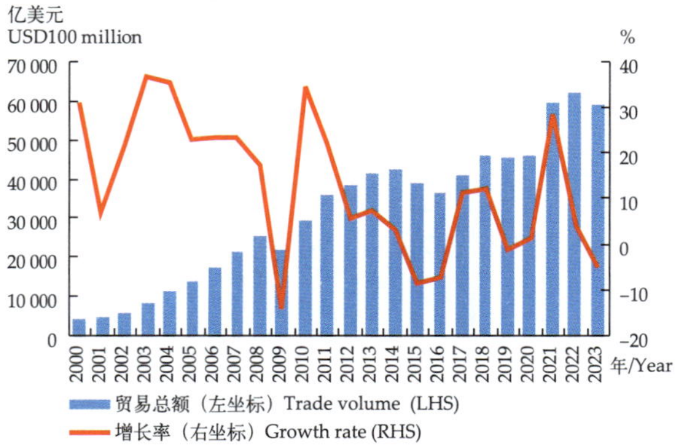

2022年世界货物贸易出口前十位排名
Top ten economies in the world in terms of goods exported in 2022

排名 Rank	经济体 Economy		出口（10亿美元） Exports (USD 1 billion)	比重（%） Share (%)
1	**中　国**	**China**	**3 594**	**14.4**
2	美　国	U.S.	2 065	8.3
3	德　国	Germany	1 655	6.6
4	荷　兰	Netherlands	966	3.9
5	日　本	Japan	747	3.0
6	韩　国	Korea	684	2.7
7	意大利	Italy	657	2.6
8	比利时	Belgium	633	2.5
9	法　国	France	618	2.5
10	中国香港	HK SAR of China	610	2.4
—	**世　界**	**World total**	**24 905**	**100.0**

2022年世界货物贸易进口前十位排名
Top ten economies in the world in terms of goods imported in 2022

排名 Rank	经济体 Economy		进口 (10 亿美元) Imports (USD 1 billion)	比重（%） Share (%)
1	美　国	U.S.	3 376	13.2
2	**中　国**	**China**	**2 716**	**10.6**
3	德　国	Germany	1 571	6.1
4	荷　兰	Netherlands	899	3.5
5	日　本	Japan	897	3.5
6	英　国	U.K.	824	3.2
7	法　国	France	818	3.2
8	韩　国	Korea	731	2.9
9	印　度	India	723	2.8
10	意大利	Italy	689	2.7
—	**世　界**	**World total**	**25 621**	**100.0**

我国年度进出口额及其增长率
Annual imports & exports and growth rates

年 Year	进出口 Imports & Exports 总额（亿美元）Total value (USD 100 million)	进出口 Imports & Exports 增长率（%）Growth rate (%)	出口 Exports 总额（亿美元）Total value (USD 100 million)	出口 Exports 增长率（%）Growth rate (%)	进口 Imports 总额（亿美元）Total value (USD 100 million)	进口 Imports 增长率（%）Growth rate (%)	进出口差额（亿美元）Trade balance (USD 100 million)
2000	4 743	31.5	2 492	27.8	2 251	35.8	241
2001	5 097	7.5	2 661	6.8	2 436	8.2	225
2002	6 208	21.8	3 256	22.4	2 952	21.2	304
2003	8 510	37.1	4 382	34.6	4 128	39.8	255
2004	11 546	35.7	5 933	35.4	5 612	36.0	321
2005	14 219	23.2	7 620	28.4	6 600	17.6	1 020
2006	17 604	23.8	9 690	27.2	7 915	19.9	1 775
2007	21 762	23.6	12 201	25.9	9 561	20.8	2 639
2008	25 633	17.8	14 307	17.3	11 326	18.5	2 981
2009	22 075	−13.9	12 016	−16.0	10 059	−11.2	1 957
2010	29 740	34.7	15 778	31.3	13 962	38.8	1 815
2011	36 419	22.5	18 984	20.3	17 435	24.9	1 549
2012	38 671	6.2	20 487	7.9	18 184	4.3	2 303
2013	41 590	7.5	22 090	7.8	19 500	7.2	2 590
2014	43 015	3.4	23 423	6.0	19 592	0.4	3 831
2015	39 530	−8.0	22 735	−2.9	16 796	−14.1	5 939
2016	36 856	−6.8	20 976	−7.7	15 879	−5.5	5 097
2017	41 071	11.4	22 633	7.9	18 438	16.1	4 196
2018	46 224	12.5	24 867	9.9	21 357	15.8	3 509
2019	45 779	−1.0	24 995	0.5	20 784	−2.7	4 211
2020	46 559	1.7	25 900	3.6	20 660	−0.6	5 240
2021	59 954	28.8	33 160	28.0	26 794	29.7	6 366
2022	62 509	4.3	35 444	6.9	27 065	1.0	8 379
2023	59 360	−5.0	33 790	−4.7	25 569	−5.5	8 221

注：表中数据根据海关总署最新数据修订。
Note: Data are revised by General Administration of Customs of the People's Republic of China.

当月进出口总值及其增长率
Total monthly imports, exports, and growth rates

年 / 月 Year/Month	出口总值（亿美元）Total exports (USD 100 million)	进口总值（亿美元）Total imports (USD 100 million)	出口同比增长率（%）Growth rate of exports (YOY)(%)	进口同比增长率（%）Growth rate of imports (YOY) (%)	当月差额（亿美元）Monthly trade balance (USD 100 million)
2022.01	3 233	2 440	22.7	20.8	793
2022.02	2 148	1 886	5.1	11.4	262
2022.03	2 729	2 300	13.4	0.5	429
2022.04	2 690	2 227	2.2	0.0	463
2022.05	3 039	2 278	15.5	3.4	761
2022.06	3 234	2 301	15.4	−0.3	933
2022.07	3 275	2 292	16.4	1.2	982
2022.08	3 104	2 334	5.9	−0.6	770
2022.09	3 182	2 361	4.5	−0.5	822
2022.10	2 936	2 119	−1.8	−1.3	817
2022.11	2 906	2 248	−10.4	−11.1	658
2022.12	2 969	2 279	−12.6	−7.5	690
2023.01	2 844	1 925	−12.0	−21.1	919
2023.02	2 086	1 966	−2.9	4.2	120
2023.03	3 024	2 254	10.8	−2.0	771
2023.04	2 881	2 030	7.1	−8.8	850
2023.05	2 809	2 158	−7.6	−5.3	652
2023.06	2 834	2 138	−12.4	−7.1	696
2023.07	2 808	2 014	−14.3	−12.1	794
2023.08	2 838	2 166	−8.6	−7.2	672
2023.09	2 965	2 213	−6.8	−6.3	751
2023.10	2 742	2 183	−6.6	3.0	559
2023.11	2 926	2 236	0.7	−0.5	691
2023.12	3 033	2 285	2.2	0.3	747
2024.01	3 075	2 221	8.1	15.4	853
2024.02	2 200	1 806	5.5	−8.1	394
2024.03	2 797	2 211	−7.5	−1.9	586

当月进出口增长率及贸易差额
Total monthly imports, exports and growth rates

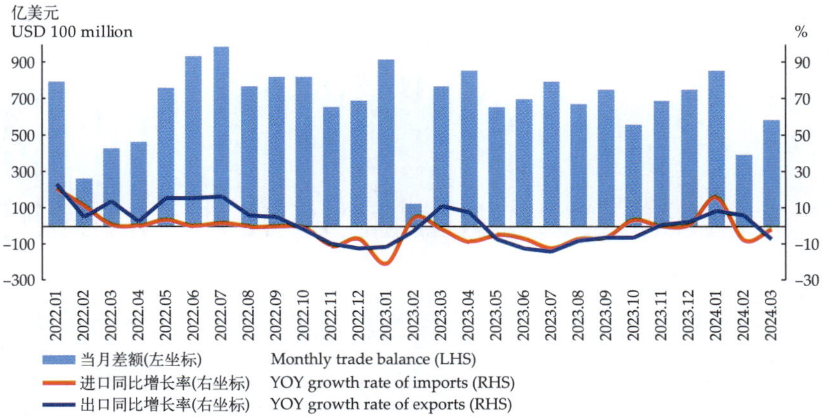

中国对其他经济体出口金额累计同比

Accumulated growth rate of value of China's exports to other economies

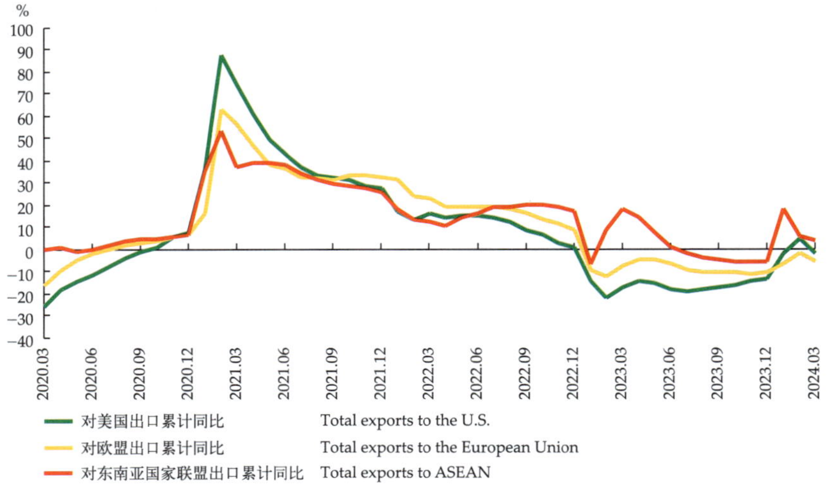

中国从其他经济体进口金额累计同比

Accumulated growth rate of value of China's imports from other economies

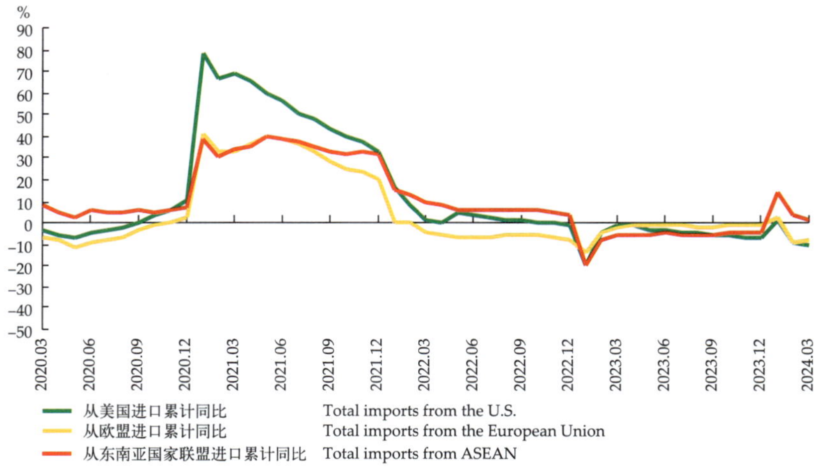

中国对其他经济体贸易差额

China's trade balance with other economies

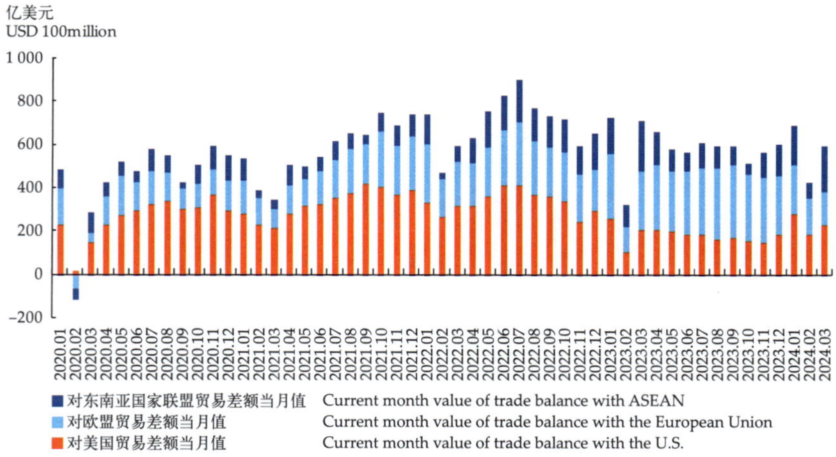

实际利用外商直接投资及其增长趋势
Actual utilized foreign direct investment and growth rate

年 Year	年度数（亿美元） Absolute value (USD 100 million)	同比增速（%） Growth rate（%）
2009	940.6	-13.2
2010	1 147.3	22.0
2011	1 239.9	8.1
2012	1 210.7	-2.4
2013	1 239.1	2.3
2014	1 285.0	3.7
2015	1 355.8	5.5
2016	1 337.1	-1.4
2017	1 363.2	2.0
2018	1 383.1	1.5
2019	1 412.2	2.1
2020	1 493.4	5.7
2021	1 809.6	21.2
2022	1 891.3	4.5
2023	1 633.0	-13.7

非金融类对外直接投资及其增长趋势
Non-financial outbound direct investment and growth rate

年 Year	年度数（亿美元） Absolute value (USD 100 million)	同比增速（%） Growth rate（%）
2009	438.0	6.5
2010	590.0	36.3
2011	600.7	1.8
2012	772.2	28.6
2013	901.7	16.8
2014	1 028.9	14.1
2015	1 180.2	14.7
2016	1 701.1	44.1
2017	1 200.8	-29.4
2018	1 205.0	0.3
2019	1 106.0	-8.2
2020	1 101.5	-0.4
2021	1 136.4	3.2
2022	1 168.5	2.8
2023	1 301.3	11.4

实际利用外商直接投资及其增长趋势
Actual utilized foreign direct investment and growth rate

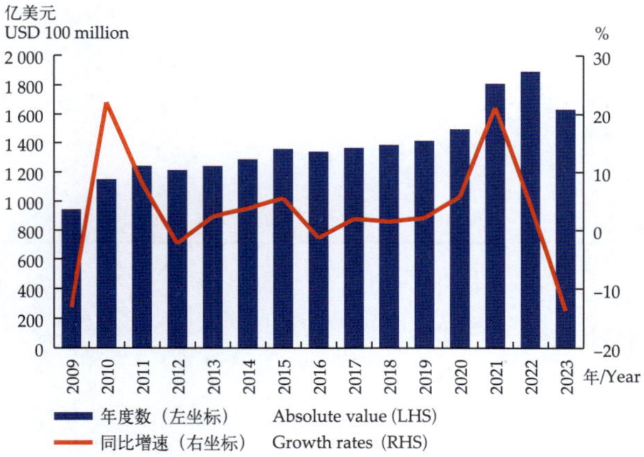

非金融类对外直接投资及其增长趋势
Non-financial outbound direct investment and growth rate

1.3 价格（Price）

主要价格指数
Main price indices

单位：% Unit: %

年 / 月 Year/Month		居民消费价格指数 Consumer price indices			工业生产者出厂价格指数 Producer price index for manufactured goods		进出口同比价格指数 Import-export price index (YOY)	
		月环比 MOM	当月同比 YOY	累计同比 Accumulated YOY	当月同比 YOY	累计同比 Accumulated YOY	出口 Exports	进口 Imports
2022	1	0.4	0.9	0.9	9.1	9.1	9.5	15.8
	2	0.6	0.9	0.9	8.8	8.9	11.7	11.9
	3	0.0	1.5	1.1	8.3	8.7	11.1	13.1
	4	0.4	2.1	1.4	8.0	8.5	8.9	17.1
	5	−0.2	2.1	1.5	6.4	8.1	9.6	12.7
	6	0.0	2.5	1.7	6.1	7.7	15.7	14.3
	7	0.5	2.7	1.8	4.2	7.2	14.3	15.6
	8	−0.1	2.5	1.9	2.3	6.6	12.7	10.5
	9	0.3	2.8	2.0	0.9	5.9	13.1	8.2
	10	0.1	2.1	2.0	−1.3	5.2	15.3	10.9
	11	−0.2	1.6	2.0	−1.3	4.6	13.2	6.4
	12	0.0	1.8	2.0	−0.7	4.1	13.1	7.1
2023	1	0.8	2.1	2.1	−0.8	−0.8	11.9	4.1
	2	−0.5	1.0	1.5	−1.4	−1.1	6.6	0.8
	3	−0.3	0.7	1.3	−2.5	−1.6	7.0	−0.4
	4	−0.1	0.1	1.0	−3.6	−2.1	5.3	−5.0
	5	−0.2	0.2	0.8	−4.6	−2.6	−0.5	−4.5
	6	−0.2	0.0	0.7	−5.4	−3.1	−6.7	−8.5
	7	0.2	−0.3	0.5	−4.4	−3.2	−5.5	−9.1
	8	0.3	0.1	0.5	−3.0	−3.2	−8.6	−6.5
	9	0.2	0.0	0.4	−2.5	−3.1	−7.9	−3.0
	10	−0.1	−0.2	0.4	−2.6	−3.1	−9.7	−2.7
	11	−0.5	−0.5	0.3	−3.0	−3.1	−9.2	0.0
	12	0.1	−0.3	0.2	−2.7	−3.0	−8.4	−2.0
2024	1	0.3	−0.8	−0.8	−2.5	−2.5	−8.8	−1.4
	2	1.0	0.7	0.0	−2.7	−2.6	−7.5	2.9
	3	−1.0	0.1	0.0	−2.8	−2.7	−2.6	2.7

CPI、PPI与进出口价格指数
CPI, PPI and Import-export price index (YOY)

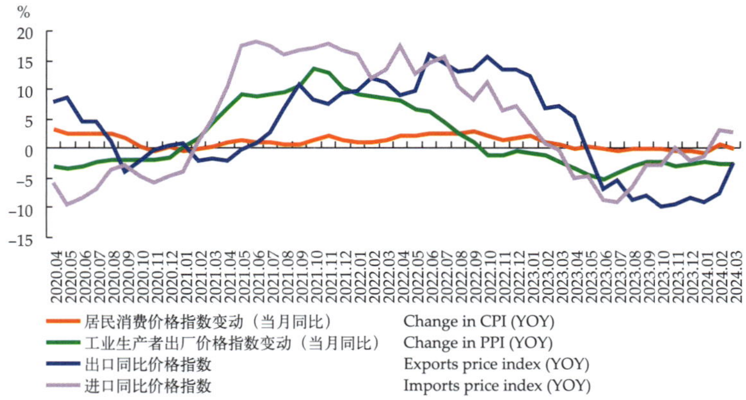

CPI同比指数变动
Change in CPI (YOY)

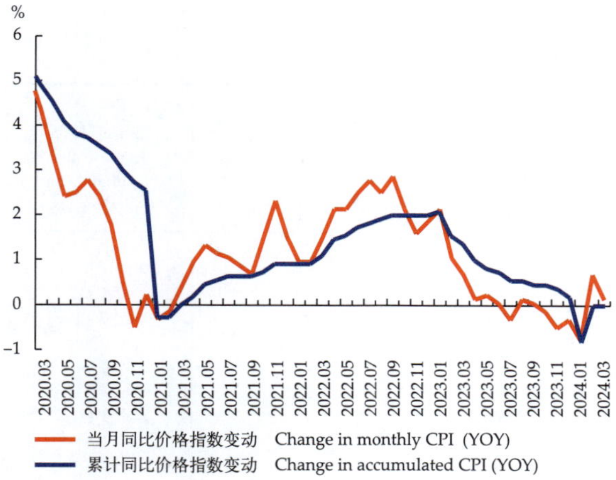

PPI同比指数变动
Change in PPI (YOY)

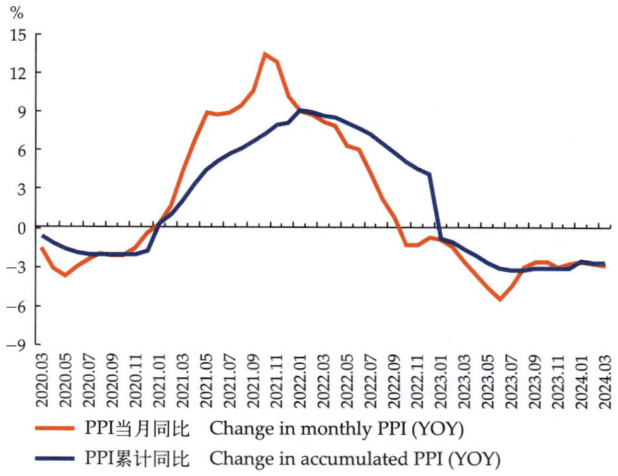

CPI当月同比分类指数变动
Breakdown of changes in CPI (YOY)

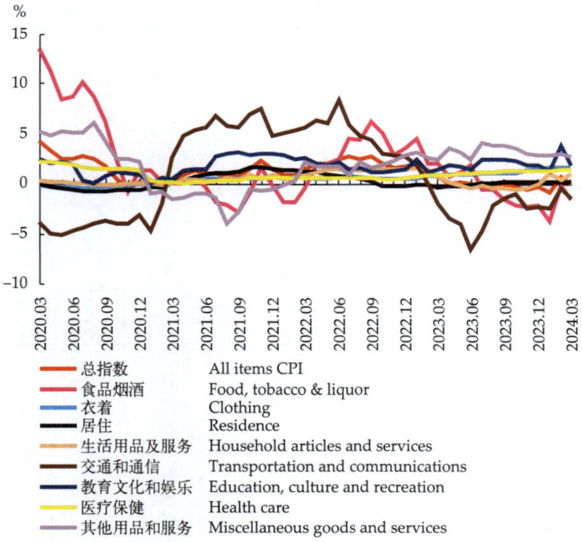

PPI当月同比分类指数变动
Breakdown of changes in PPI (YOY)

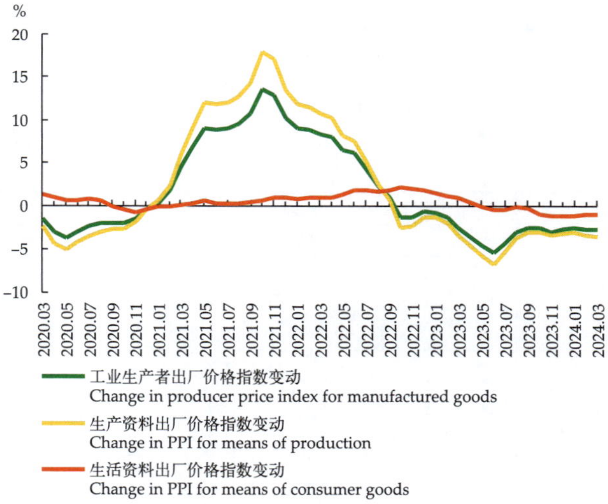

1.4 就业与居民收入（Employment and household income）

人口与就业基本情况
Population and employment

年 Year	年底总人口（亿人） Population at the end of the year (100 million people)	城镇 Urban	比重（%） Share (%)	乡村 Rural	比重（%） Share (%)	15~64 岁人口数（亿人） Population between 15~64 years of age (100 million people)	就业人员（亿人） Employment (100 million people)
2001	12.8	4.8	38	8.0	62		7.3
2002	12.8	5.0	39	7.8	61	9.0	7.3
2003	12.9	5.2	41	7.7	59	9.1	7.4
2004	13.0	5.4	42	7.6	58	9.2	7.4
2005	13.1	5.6	43	7.5	57	9.4	7.5
2006	13.1	5.8	44	7.3	56	9.5	7.5
2007	13.2	6.1	46	7.1	54	9.6	7.5
2008	13.3	6.2	47	7.0	53	9.7	7.6
2009	13.3	6.5	48	6.9	52	9.7	7.6
2010	13.4	6.7	50	6.7	50	10.0	7.6
2011	13.5	7.0	52	6.5	48	10.0	7.6
2012	13.6	7.2	53	6.4	47	10.1	7.6
2013	13.7	7.5	54	6.2	46	10.1	7.6
2014	13.8	7.7	56	6.1	44	10.1	7.6
2015	13.8	7.9	57	5.9	43	10.1	7.6
2016	13.9	8.2	59	5.7	41	10.1	7.6
2017	14.0	8.4	60	5.6	40	10.1	7.6
2018	14.1	8.6	62	5.4	38	10.0	7.6
2019	14.1	8.8	63	5.3	37	10.0	7.5
2020	14.1	9.0	64	5.1	36	9.7	7.5
2021	14.1	9.1	65	5.0	35	9.7	7.5
2022	14.1	9.2	65	4.9	35	9.6	7.3
2023	14.1	9.3	66	4.8	34		7.4

注：表中数据根据第七次人口普查数据修订。
Note: Data are revised according to the 7th National Population Census.

就业人员按城乡和产业分类
Employment in urban and rural areas and in industries

年 Year	就业人员（亿人）Employment (100 million people)	按城乡分 Urban & rural				按产业分 Industries					
		城镇 Urban	比重（%） Share (%)	乡村 Rural	比重（%） Share (%)	第一产业 Primary industry	比重（%） Share (%)	第二产业 Secondary industry	比重（%） Share (%)	第三产业 Tertiary industry	比重（%） Share (%)
2001	7.28	2.41	33.1	4.87	66.9	3.64	50.0	1.62	22.3	2.02	27.7
2002	7.33	2.52	34.3	4.81	65.7	3.66	50.0	1.57	21.4	2.10	28.6
2003	7.37	2.62	35.6	4.75	64.4	3.62	49.1	1.59	21.6	2.16	29.3
2004	7.43	2.73	36.8	4.70	63.2	3.48	46.9	1.67	22.5	2.27	30.6
2005	7.46	2.84	38.0	4.63	62.0	3.34	44.8	1.78	23.8	2.34	31.4
2006	7.50	2.96	39.5	4.53	60.5	3.19	42.6	1.89	25.2	2.41	32.2
2007	7.53	3.10	41.1	4.44	58.9	3.07	40.8	2.02	26.8	2.44	32.4
2008	7.56	3.21	42.5	4.35	57.5	2.99	39.6	2.06	27.2	2.51	33.2
2009	7.58	3.33	43.9	4.25	56.1	2.89	38.1	2.11	27.8	2.59	34.1
2010	7.61	3.47	45.6	4.14	54.4	2.79	36.7	2.18	28.7	2.63	34.6
2011	7.62	3.60	47.3	4.02	52.7	2.65	34.7	2.25	29.6	2.72	35.7
2012	7.63	3.73	48.9	3.90	51.1	2.55	33.5	2.32	30.5	2.75	36.1
2013	7.63	3.85	50.5	3.78	49.5	2.38	31.2	2.31	30.3	2.93	38.4
2014	7.63	3.97	52.0	3.66	48.0	2.24	29.3	2.31	30.2	3.09	40.5
2015	7.63	4.09	53.6	3.54	46.4	2.14	28.1	2.26	29.7	3.23	42.3
2016	7.62	4.21	55.2	3.42	44.8	2.09	27.4	2.23	29.2	3.30	43.3
2017	7.61	4.32	56.8	3.29	43.2	2.03	26.7	2.18	28.6	3.40	44.7
2018	7.58	4.43	58.4	3.15	41.6	1.95	25.8	2.14	28.2	3.49	46.1
2019	7.54	4.52	60.0	3.02	40.0	1.87	24.7	2.12	28.1	3.56	47.1
2020	7.51	4.63	61.6	2.88	38.4	1.77	23.6	2.15	28.7	3.58	47.7
2021	7.47	4.68	62.7	2.79	37.3	1.71	22.9	2.17	29.1	3.59	48.0
2022	7.34	4.59	62.6	2.74	37.4	1.77	24.1	2.11	28.8	3.46	47.1
2023	7.40	4.70	63.5	2.70	36.5						

注：表中数据根据第七次人口普查数据重新修订。
Note: Data are revised according to the 7th National Population Census.

城镇失业人数和失业率
Unemployed urban population and unemployment rate

年 / 季度末 Year/End of quarter	城镇登记失业人数（万人）Registered unemployment in urban areas (10 000 people)	城镇登记失业率 (%) Registered unemployment rate in urban areas (%)	城镇调查失业率 (%) Surveyed unemployment rate in urban areas (%)
2018 I	971	3.9	5.1
II	969	3.8	4.8
III	975	3.8	4.9
IV	974	3.8	4.9
2019 I	959	3.7	5.2
II	947	3.6	5.1
III	948	3.6	5.2
IV	945	3.6	5.2
2020 I	957	3.7	5.9
II	1 005	3.8	5.7
III	1 126	4.2	5.4
IV	1 160	4.2	5.2
2021 I	1 060	3.9	5.3
II	1 042	3.9	5.0
III	1 016	3.9	4.9
IV	1 040	4.0	5.1
2022 I	1 102	—	5.8
II	1 281	—	5.5
III	—	—	5.5
IV	—	—	5.5
2023 I	—	—	5.3
II	—	—	5.2
III	—	—	5.0
IV	—	—	5.1
2024 I	—	—	5.2

居民人均可支配收入
Per capita disposable income

年 / 季度 Year/ Quarter	农村居民人均可支配收入 Per capita disposable income in rural area		城镇居民人均可支配收入 Per capita disposable income in urban area	
	绝对值（元）Absolute value (RMB)	同比实际增长 (%) Growth in real terms (YOY) (%)	绝对值（元）Absolute value (RMB)	同比实际增长 (%) Growth in real terms (YOY) (%)
2019 I	4 600	6.9	11 633	5.9
I~II	7 778	6.6	21 342	5.7
I~III	11 622	6.4	31 939	5.4
I~IV	16 021	6.2	42 359	5.0
2020 I	4 641	-4.7	11 691	-3.9
I~II	8 069	-1.0	21 655	-2.0
I~III	12 297	1.6	32 821	-0.3
I~IV	17 131	3.8	43 834	1.2
2021 I	5 398	16.3	13 120	12.3
I~II	9 248	14.1	24 125	10.7
I~III	13 726	11.2	35 946	8.7
I~IV	18 931	9.7	47 412	7.1
2022 I	5 778	6.3	13 832	4.2
I~II	9 787	4.2	25 003	1.9
I~III	14 600	4.3	37 482	2.3
I~IV	20 133	4.2	49 283	1.9
2023 I	6 131	4.8	14 388	2.7
I~II	10 551	7.2	26 357	4.7
I~III	15 705	7.3	39 428	4.7
I~IV	21 691	7.6	51 821	4.8
2024 I	6 596	7.7	15 150	5.3

城镇调查失业率
Unemployment rate

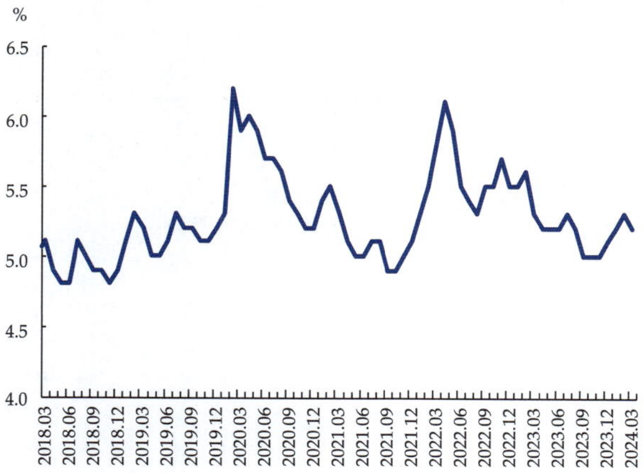

人均可支配收入变化率
Growth rate of per capita disposable income of residents

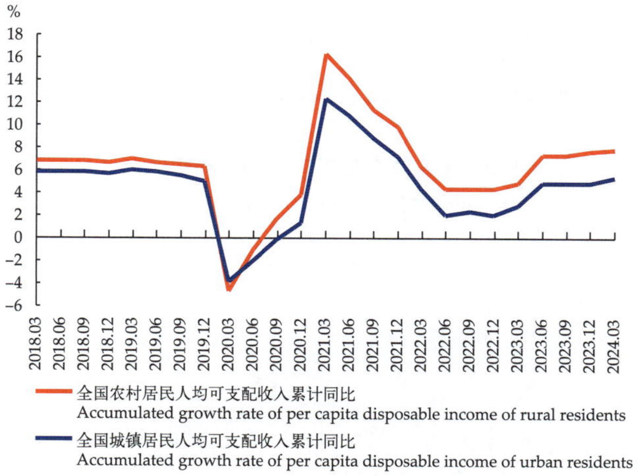

二、货币与存贷款（Money, deposits and loans）

2.1 基础货币与中央银行资产负债表 (Monetary base and balance sheet of central banks)

基础货币余额及其增长趋势
Monetary base and its growth

单位：万亿元
Unit: RMB 1 trillion

年 / 月 Year/Month	余额 Outstanding amounts	同比增长率 (%) Growth rate (YOY) (%)
2021.03	32.70	2.9
2021.04	31.87	2.2
2021.05	32.07	3.9
2021.06	32.45	5.2
2021.07	31.06	4.5
2021.08	30.74	3.1
2021.09	32.43	2.8
2021.10	31.50	4.2
2021.11	31.78	1.0
2021.12	32.95	-0.3
2022.01	33.12	4.5
2022.02	32.86	2.2
2022.03	33.55	2.6
2022.04	32.68	2.6
2022.05	32.51	1.4
2022.06	33.43	3.0
2022.07	32.42	4.4
2022.08	32.56	5.9
2022.09	34.18	5.4
2022.10	33.30	5.7
2022.11	33.48	5.4
2022.12	36.10	9.6
2023.01	35.89	8.4
2023.02	35.04	6.6
2023.03	36.41	8.5
2023.04	35.17	7.6
2023.05	34.42	5.9
2023.06	36.52	9.3
2023.07	34.78	7.3
2023.08	35.36	8.6
2023.09	36.39	6.5
2023.10	35.07	5.3
2023.11	36.32	8.5
2023.12	38.90	7.8
2024.01	37.73	5.1
2024.02	37.20	6.2
2024.03	37.09	1.9

基础货币余额及其增长趋势
Monetary base and its growth

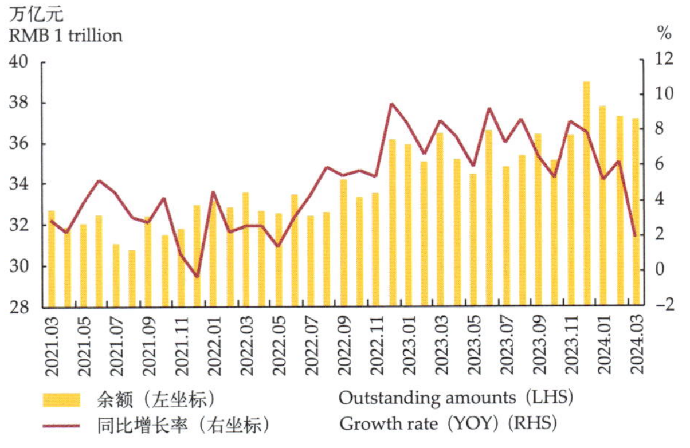

基础货币构成
Composition of monetary base

单位：亿元
Unit: RMB 100 million

年 / 季度 Year/Quarter	货币发行 Currency issue	金融机构存款 Deposits of depository corporations
2021Q1	92 459	216 683
2021Q2	89 614	216 321
2021Q3	92 427	212 047
2021Q4	96 165	212 393
2022Q1	100 738	215 232
2022Q2	101 229	212 469
2022Q3	104 051	216 254
2022Q4	110 013	227 877
2023Q1	110 937	230 383
2023Q2	110 311	231 389
2023Q3	114 478	224 685
2023Q4	118 661	245 687
2024Q1	122 843	224 850

金融机构准备金账户存款和超额准备金率
Deposit in reserve account and excess reserve ratio of financial institutions

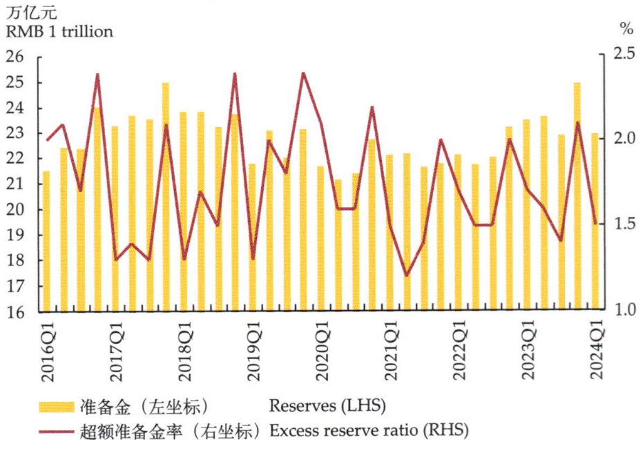

金融机构法定人民币存款准备金率
Official RMB reserve requirement ratios of financial institutions

单位：%
Unit: %

日期 Date	中资全国性大型银行① Chinese-funded large banks operating nationwide[1]	中型银行② Medium-sized banks[2]	小型银行③ Small banks[3]
2003.09.21	7.0	7.0	6.0
2004.04.25	7.5	7.5	6.0
2006.07.05	8.0	8.0	6.0
2006.08.15	8.5	8.5	6.0
2006.11.15	9.0	9.0	6.5
2007.01.15	9.5	9.5	7.0
2007.02.25	10.0	10.0	7.5
2007.04.16	10.5	10.5	8.0
2007.05.15	11.0	11.0	8.5
2007.06.05	11.5	11.5	9.0
2007.08.15	12.0	12.0	9.5
2007.09.25	12.5	12.5	10.0
2007.10.25	13.0	13.0	10.5
2007.11.26	13.5	13.5	11.0
2007.12.25	14.5	14.5	12.0
2008.01.25	15.0	15.0	12.5
2008.03.25	15.5	15.5	13.0
2008.04.25	16.0	16.0	13.5
2008.05.20	16.5	16.5	14.0
2008.06.15	17.0	17.0	14.5
2008.06.25	17.5	17.5	15.0
2008.09.25	17.5	16.5	14.0
2008.10.15	17.0	16.0	13.5
2008.12.05	16.0	14.0	11.5
2008.12.25	15.5	13.5	11.0
2010.01.18	16.0	14.0	11.0
2010.02.25	16.5	14.5	11.0
2010.05.10	17.0	15.0	11.0
2010.11.16	17.5	15.5	11.5
2010.11.29	18.0	16.0	12.0
2010.12.20	18.5	16.5	12.5
2011.01.20	19.0	17.0	13.0
2011.02.24	19.5	17.5	13.5
2011.03.25	20.0	18.0	14.0
2011.04.21	20.5	18.5	14.5
2011.05.18	21.0	19.0	15.0
2011.06.20	21.5	19.5	15.5
2011.12.05	21.0	19.0	15.0
2012.02.24	20.5	18.5	14.5
2012.05.18	20.0	18.0	14.0
2015.02.05	19.5	17.5	13.5
2015.04.20	18.5	16.5	11.5
2015.09.06	18.0	16.0	10.5
2015.10.24	17.5	15.5	9.5
2016.03.01	17.0	15.0	9.0
2018.04.25	16.0	14.0	9.0
2018.07.05	15.5	13.5	9.0
2018.10.15	14.5	12.5	9.0
2019.01.15	14.0	12.0	8.5
2019.01.25	13.5	11.5	8.0
2019.09.16	13.0	11.0	7.5
2020.01.06	12.5	10.5	7.0
2020.04.15	12.5	10.5	6.5
2020.05.15	12.5	10.5	6.0
2021.07.15	12.0	10.0	5.5
2021.12.15	10.0	8.0	5.0
2022.04.25	9.75	7.75	5.0
2022.12.05	9.5	7.5	5.0
2023.03.17	9.25	7.25	5.0
2023.09.15	9.0	7.0	5.0
2024.02.05	8.5	6.5	5.0

注：①包括中国工商银行、中国农业银行、中国银行、中国建设银行、交通银行和中国邮政储蓄银行。
②包括股份制商业银行等。
③包括农村商业银行、农村合作银行、农村信用社和村镇银行。服务县域的农村商业银行在2019年5月降准后执行与农村信用社相同档次的存款准备金率。
④表中数据为基准档存款准备金率。

Notes: 1. Including Industrial and Commercial Bank of China,Agricultural Bank of China,Bank of China,China Construction Bank,Bank of Communications,Postal Savings Bank of China.
2. Including joint-stock commercial banks, etc.
3. Including rural commercial banks, rural cooperative banks, rural credit cooperatives and township and village banks. Rural commercial banks serving counties implemented the same level of deposit reserve ratio as rural credit cooperatives after the RRR reduction in May 2019.
4. Statistics in the table are baseline required reserve ratio.

中国人民银行资产负债表
Balance sheet of the PBOC

单位：亿元
Unit: RMB 100 million

年 / 月 Year/ Month	总资产 Total Assets	国外资产 Foreign Assets	对政府债权 Claims on government	对其他存款性公司债权 Claims on other depository corporations	对其他金融性公司债权 Claims on other financial corporations	对非金融性公司债权 Claims on non-financial corporations	其他资产 Other assets	总负债 Total liabilities	储备货币（基础货币） Reserve money	货币发行 Currency issue	金融性公司存款 Deposits of financial corporations	非金融机构存款 Deposits of non-financial corporations	不计入储备货币的金融性公司存款 Deposits of financial corporations excluded from reserve money	发行债券 Bond issue	国外负债 Foreign liabilities	政府存款 Deposits of government	自有资金 Own capital	其他负债 Other liabilities
2022.03	398 726	226 202	15 241	129 349	4 118		23 816	398 726	335 458	100 738	215 232	19 489	7 090	950	1 188	42 003	220	11 817
2022.04	389 336	226 268	15 241	120 160	4 119		23 548	389 336	326 823	100 857	206 134	19 832	7 321	950	1 187	43 330	220	9 505
2022.05	385 320	225 478	15 241	119 481	1 771		23 350	385 320	325 085	100 710	204 606	19 769	6 447	950	1 294	46 414	220	4 911
2022.06	392 555	225 366	15 241	126 805	1 744		23 399	392 555	334 252	101 229	212 469	20 554	6 441	950	1 313	45 748	220	3 631
2022.07	385 627	225 615	15 241	119 635	1 743		23 394	385 627	324 197	101 513	202 093	20 591	6 026	950	1 554	50 123	220	2 557
2022.08	384 642	225 576	15 241	117 690	1 746		24 390	384 642	325 624	102 296	202 149	21 180	6 274	950	1 538	47 048	220	2 989
2022.09	397 402	224 440	15 241	128 811	1 755		27 156	397 402	341 832	104 051	216 254	21 527	5 316	950	1 466	43 738	220	3 881
2022.10	398 871	224 737	15 241	129 060	1 569		28 265	398 871	332 954	103 576	208 543	20 835	4 964	950	1 686	53 510	220	4 588
2022.11	401 528	225 813	15 241	129 031	1 556		29 887	401 528	334 806	104 836	208 722	21 248	5 164	950	1 718	52 363	220	6 307
2022.12	416 784	226 907	15 241	143 132	1 557		29 947	416 784	360 956	110 013	227 877	23 067	5 208	950	1 574	41 273	220	6 602
2023.01	422 065	228 514	15 241	148 167	1 549		28 595	422 065	358 911	122 673	209 148	27 089	5 229	950	1 925	47 737	220	7 094
2023.02	417 679	229 062	15 241	143 390	1 551		28 435	417 679	350 384	113 860	213 457	23 067	5 963	950	1 572	51 300	220	7 291
2023.03	421 007	230 941	15 241	146 628	1 565		26 632	421 007	364 072	110 937	230 383	22 752	6 105	950	1 653	41 318	220	6 691
2023.04	412 654	231 338	15 241	137 902	1 563		26 610	412 654	351 669	110 903	217 623	23 143	6 493	1 000	1 504	44 985	220	6 784
2023.05	406 421	231 469	15 241	131 712	1 566		26 434	406 421	344 207	109 771	211 438	22 997	6 409	950	1 944	46 017	220	6 675
2023.06	418 063	231 574	15 241	143 450	1 559		26 239	418 063	365 235	110 311	231 389	23 535	6 781	950	1 458	36 874	220	6 544
2023.07	408 092	231 737	15 241	135 784	1 363		23 968	408 092	347 844	111 061	213 841	22 942	6 372	950	1 487	45 155	220	6 064
2023.08	416 840	231 576	15 241	146 836	1 360		21 828	416 840	353 555	111 438	218 103	24 014	6 917	1 050	1 855	44 706	220	8 537
2023.09	427 355	230 939	15 241	158 157	1 341		21 677	427 355	363 921	114 478	224 685	24 758	5 771	1 150	3 540	43 979	220	8 774
2023.10	433 260	232 046	15 241	163 238	1 331		21 404	433 260	350 659	113 544	213 552	23 563	6 368	1 250	4 459	60 560	220	9 844
2023.11	440 655	232 797	15 241	169 885	1 335		21 397	440 655	363 160	115 073	224 099	23 988	5 733	1 250	4 403	55 036	220	10 853
2023.12	456 944	233 549	15 241	185 561	1 311		21 283	456 944	389 037	118 661	245 687	24 689	6 038	1 250	3 062	46 292	220	11 045
2024.01	456 427	234 438	15 241	183 102	2 173		21 473	456 427	377 314	128 527	223 923	24 863	5 866	1 250	4 157	55 664	220	11 956
2024.02	445 694	235 356	15 241	170 211	2 975		21 912	445 694	372 018	128 502	218 728	24 788	5 825	1 250	4 373	50 021	220	11 987
2024.03	438 861	235 897	15 241	163 527	3 218		20 978	438 861	370 950	122 843	224 850	23 257	5 897	1 350	3 773	43 560	220	13 112

主要经济体央行资产负债表规模
Balance sheet size of major central banks

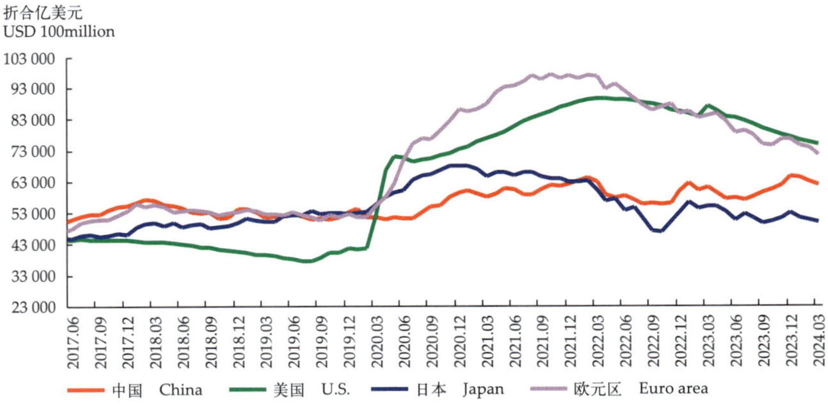

（数据来源：各经济体中央银行官方统计网站、Wind）
(Source: Official statistical websites of the major central banks, Wind)

2.2 货币供应量（Money supply）

货币供应量构成

Composition of money supply

年 / 月 Year/Month	广义货币（亿元）Money & quasi-money (M2) (RMB 100 million)	M2 同比增长率 (%) Growth rate of M2 (YOY)(%)	货币（亿元）Money (M1) (RMB 100 million)	M1 同比增长率 (%) Growth rate of M1 (YOY)(%)	流通中现金（亿元）Currency in circulation (M0) (RMB 100 million)	M0 同比增长率 (%) Growth rate of M0 (YOY)(%)	单位活期存款（亿元）Corporate demand deposits (RMB 100 million)	准货币（亿元）Quasi-money (RMB 100 million)	单位定期存款（亿元）Corporate time deposits (RMB 100 million)	个人存款（亿元）Personal deposits (RMB 100 million)	其他存款（亿元）Other deposits (RMB 100 million)
2022.03	2 497 688	9.7	645 064	4.7	95 142	9.9	549 922	1 852 625	440 627	1 110 997	301 000
2022.04	2 499 711	10.5	636 139	5.1	95 626	11.4	540 513	1 863 572	449 669	1 103 942	309 961
2022.05	2 527 026	11.1	645 108	4.6	95 547	13.5	549 561	1 881 919	454 597	1 111 383	315 939
2022.06	2 581 451	11.4	674 375	5.8	96 011	13.8	578 364	1 907 076	457 184	1 136 280	313 612
2022.07	2 578 079	12.0	661 832	6.7	96 509	13.9	565 323	1 916 246	459 427	1 132 832	323 987
2022.08	2 595 068	12.2	664 605	6.1	97 231	14.3	567 374	1 930 463	467 432	1 141 166	321 865
2022.09	2 626 601	12.1	664 535	6.4	98 672	13.6	565 863	1 962 066	477 618	1 165 283	319 165
2022.10	2 612 915	11.8	662 141	5.8	98 417	14.4	563 724	1 950 774	469 458	1 160 137	321 178
2022.11	2 647 008	12.4	667 043	4.6	99 740	14.1	567 302	1 979 966	468 412	1 182 823	328 731
2022.12	2 664 321	11.8	671 675	3.7	104 706	15.3	566 969	1 992 646	462 002	1 211 693	318 952
2023.01	2 738 072	12.6	655 214	6.7	114 601	7.9	540 613	2 082 858	473 131	1 273 792	335 935
2023.02	2 755 249	12.9	657 939	5.8	107 603	10.6	550 336	2 097 310	488 057	1 281 773	327 481
2023.03	2 814 566	12.7	678 060	5.1	105 591	11.0	572 468	2 136 507	498 891	1 311 044	326 571
2023.04	2 808 469	12.4	669 762	5.3	105 904	10.7	563 857	2 138 708	507 413	1 298 936	332 359
2023.05	2 820 505	11.6	675 253	4.7	104 757	9.6	570 496	2 145 252	503 708	1 304 289	337 255
2023.06	2 873 024	11.3	695 595	3.1	105 419	9.8	590 176	2 177 428	507 503	1 331 169	338 757
2023.07	2 854 032	10.7	677 219	2.3	106 130	9.9	571 089	2 176 813	511 062	1 322 953	342 797
2023.08	2 869 343	10.6	679 588	2.2	106 515	9.5	573 073	2 189 755	519 227	1 330 847	339 681
2023.09	2 896 659	10.3	678 444	2.1	109 253	10.7	569 190	2 218 215	526 044	1 356 228	335 943
2023.10	2 882 276	10.3	674 696	1.9	108 565	10.2	566 131	2 207 580	523 057	1 349 790	334 733
2023.11	2 912 014	10.0	675 903	1.3	110 225	10.4	565 678	2 236 111	526 663	1 358 833	350 615
2023.12	2 922 713	9.7	680 543	1.3	113 445	8.3	567 098	2 242 171	520 996	1 378 567	342 608
2024.01	2 976 250	8.7	694 198	5.9	121 399	5.9	572 799	2 282 052	529 387	1 404 051	348 614
2024.02	2 995 573	8.7	665 916	1.2	121 010	12.5	544 906	2 329 657	525 854	1 436 070	367 733
2024.03	3 047 952	8.3	685 809	1.1	117 211	11.0	568 598	2 362 143	532 332	1 464 461	365 351

2024年3月末货币供应量构成

Composition of money supply at the end of March, 2024

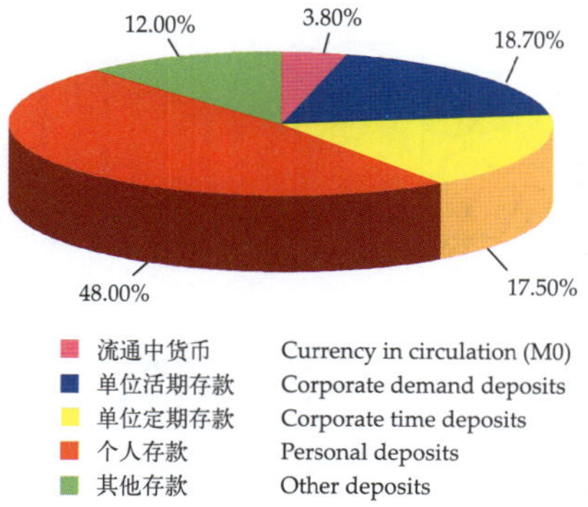

年度M0、M1、M2及其变化趋势
Annual M0, M1, and M2 and their changes

年 Year	M0（万亿元，RMB 1 trillion）	M1（万亿元，RMB 1 trillion）	M2（万亿元，RMB 1 trillion）	M0 同比增长率 (%) Growth rate of M0 (YOY) (%)	M1 同比增长率 (%) Growth rate of M1 (YOY) (%)	M2 同比增长率 (%) Growth rate of M2 (YOY) (%)
2000	1.5	5.3	13.8	8.9	16.0	14.0
2001	1.6	6.0	15.8	7.1	12.7	14.4
2002	1.7	7.1	18.5	10.1	16.8	16.8
2003	2.0	8.4	22.1	14.3	18.7	19.6
2004	2.1	9.6	25.3	8.7	13.6	14.6
2005	2.4	10.7	29.9	11.9	11.8	17.6
2006	2.7	12.6	34.6	12.7	17.5	16.9
2007	3.0	15.3	40.3	12.2	21.0	16.7
2008	3.4	16.6	47.5	12.7	9.1	17.8
2009	3.8	22.1	61.0	11.8	33.2	28.5
2010	4.5	26.7	72.6	16.7	21.2	19.7
2011	5.1	29.0	85.2	13.8	7.9	13.6
2012	5.5	30.9	97.4	7.7	6.5	13.8
2013	5.9	33.7	110.7	7.2	9.3	13.6
2014	6.0	34.8	122.8	2.9	3.2	12.2
2015	6.3	40.1	139.2	4.9	15.2	13.3
2016	6.8	48.7	155.0	8.1	21.4	11.3
2017	7.1	54.4	169.0	3.4	11.8	8.1
2018	7.3	55.2	182.7	3.6	1.5	8.1
2019	7.7	57.6	198.6	5.4	4.4	8.7
2020	8.4	62.6	218.7	9.2	8.6	10.1
2021	9.1	64.7	238.3	7.7	3.5	9.0
2022	10.5	67.2	266.4	15.3	3.7	11.8
2023	11.3	68.1	292.3	8.3	1.3	9.7

月度M0、M1、M2及其变化趋势
Monthly M0, M1, and M2 and their changes

年 / 月 Year/ Month	M0（万亿元，RMB 1 trillion）	M1（万亿元，RMB 1 trillion）	M2（万亿元，RMB 1 trillion）	M0 同比增长率 (%) Growth rate of M0 (YOY)(%)	M1 同比增长率 (%) Growth rate of M1 (YOY)(%)	M2 同比增长率 (%) Growth rate of M2 (YOY)(%)
2022.03	9.5	64.5	249.8	9.9	4.7	9.7
2022.04	9.6	63.6	250.0	11.4	5.1	10.5
2022.05	9.6	64.5	252.7	13.5	4.6	11.1
2022.06	9.6	67.4	258.1	13.8	5.8	11.4
2022.07	9.7	66.2	257.8	13.9	6.7	12.0
2022.08	9.7	66.5	259.5	14.3	6.1	12.2
2022.09	9.9	66.5	262.7	13.6	6.4	12.1
2022.10	9.8	66.2	261.3	14.4	5.8	11.8
2022.11	10.0	66.7	264.7	14.1	4.6	12.4
2022.12	10.5	67.2	266.4	15.3	3.7	11.8
2023.01	11.5	65.5	273.8	7.9	6.7	12.6
2023.02	10.8	65.8	275.5	10.6	5.8	12.9
2023.03	10.6	67.8	281.5	11.0	5.1	12.7
2023.04	10.6	67.0	280.8	10.7	5.3	12.4
2023.05	10.5	67.5	282.1	9.6	4.7	11.6
2023.06	10.5	69.6	287.3	9.8	3.1	11.3
2023.07	10.6	67.7	285.4	9.9	2.3	10.7
2023.08	10.7	68.0	286.9	9.5	2.2	10.6
2023.09	10.9	67.8	289.7	10.7	2.1	10.3
2023.10	10.9	67.5	288.2	10.2	1.9	10.3
2023.11	11.0	67.6	291.2	10.4	1.3	10.0
2023.12	11.3	68.1	292.3	8.3	1.3	9.7
2024.01	12.1	69.4	297.6	5.9	5.9	8.7
2024.02	12.1	66.6	299.6	12.5	1.2	8.7
2024.03	11.7	68.6	304.8	11.0	1.1	8.3

年度M0、M1、M2及其变化趋势
Annual M0, M1, and M2 and their changes

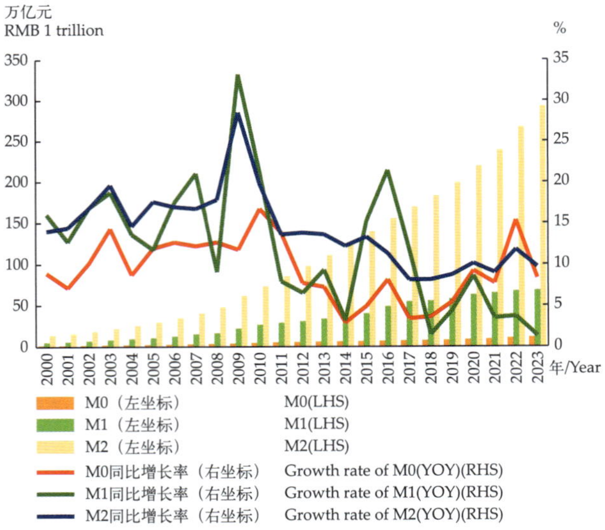

月度M0、M1、M2及其变化趋势
Monthly M0, M1, and M2 and their changes

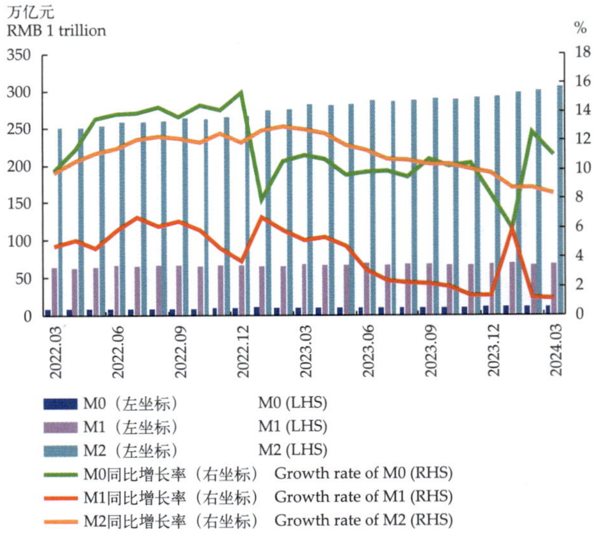

存款性公司概览
Depository corporations survey

单位：万亿元
Unit: RMB 1 trillion

年 / 月 Year/ Month	国外净资产 Net foreign assets	国内信贷 Domestic credits	对政府债权（净）Claims on government (net)	对非金融部门债权 Claims on non-financial sectors	对其他金融部门债权 Claims on other financial sectors	货币和准货币 Money & quasi money	货币 Money	准货币 Quasi money	不纳入广义货币的存款 Deposits excluded from broad money	债券 Bonds	实收资本 Paid-in capital	其他（净）Other items (net)
2021.03	27.58	253.15	34.77	193.23	25.15	227.65	61.61	166.04	5.82	32.07	7.38	7.80
2021.04	27.74	252.30	34.25	194.25	23.80	226.21	60.54	165.67	6.02	32.20	7.48	8.13
2021.05	27.79	254.05	34.42	195.42	24.22	227.55	61.68	165.87	6.00	32.51	7.53	8.24
2021.06	27.99	257.61	35.05	197.36	25.21	231.78	63.75	168.03	6.11	32.64	7.68	7.40
2021.07	28.02	256.87	34.67	197.97	24.23	230.22	62.04	168.18	5.97	33.07	7.70	7.94
2021.08	28.36	258.90	35.27	199.01	24.62	231.23	62.67	168.56	5.99	33.57	7.79	8.69
2021.09	28.48	261.91	36.43	200.91	24.57	234.28	62.46	171.82	5.97	33.86	7.85	8.43
2021.10	28.53	261.90	35.96	201.64	24.30	233.62	62.61	171.01	6.04	34.21	7.91	8.64
2021.11	28.39	264.36	36.75	202.77	24.83	235.60	63.75	171.85	6.07	34.86	8.04	8.17
2021.12	28.30	267.34	38.52	203.72	25.10	238.29	64.74	173.55	5.94	35.06	8.14	8.22
2022.01	28.54	271.77	38.49	208.05	25.23	243.10	61.39	181.72	6.14	35.08	8.19	7.81
2022.02	28.67	272.38	38.35	208.96	25.07	244.15	62.16	181.99	6.26	35.71	8.24	6.71
2022.03	28.79	278.35	40.21	212.23	25.91	249.77	64.51	185.26	6.23	36.11	8.24	6.79
2022.04	28.95	278.56	40.44	212.70	25.41	249.97	63.61	186.36	6.19	35.99	8.31	7.05
2022.05	29.03	281.12	40.99	214.23	25.90	252.70	64.51	188.19	6.16	36.21	8.33	6.75
2022.06	29.02	285.83	42.68	217.11	26.04	258.15	67.44	190.71	6.20	36.88	8.35	5.27
2022.07	28.79	285.74	42.39	217.26	26.09	257.81	66.18	191.62	6.05	36.78	8.39	5.51
2022.08	28.81	287.69	42.75	218.89	26.05	259.51	66.46	193.05	5.90	37.09	8.44	5.56
2022.09	28.82	291.55	43.50	222.08	25.97	262.66	66.45	196.21	5.90	37.79	8.43	5.60
2022.10	28.80	290.69	42.93	222.72	25.04	261.29	66.21	195.08	5.83	38.00	8.43	5.93
2022.11	28.81	292.53	43.67	223.44	25.42	264.70	66.70	198.00	5.83	37.88	8.46	4.48
2022.12	28.91	294.95	44.99	224.33	25.63	266.43	67.17	199.26	5.61	38.25	8.47	5.09
2023.01	29.05	300.18	45.00	229.22	25.96	273.81	65.52	208.29	5.65	38.05	5.54	6.18
2023.02	29.10	302.41	45.39	231.15	25.87	275.52	65.79	209.73	5.77	38.53	5.55	6.14
2023.03	29.32	308.89	46.77	234.97	27.14	281.46	67.81	213.65	5.88	39.03	5.59	6.24
2023.04	29.21	309.08	46.81	235.27	27.00	280.85	66.98	213.87	5.73	39.45	5.60	6.66
2023.05	29.22	311.28	47.22	236.39	27.67	282.05	67.53	214.53	5.66	39.90	5.61	7.28
2023.06	29.48	316.66	48.51	239.75	28.39	287.30	69.56	217.74	5.65	40.49	5.63	7.07
2023.07	29.48	315.19	48.15	239.24	27.80	285.40	67.72	217.68	5.48	41.35	5.63	6.81
2023.08	29.43	317.38	49.00	240.63	27.75	286.93	67.96	218.98	5.31	41.23	5.62	7.72
2023.09	29.03	320.66	49.93	243.10	27.63	289.67	67.84	221.82	5.19	41.35	5.64	7.84
2023.10	28.91	319.63	49.62	243.53	26.48	288.23	67.47	220.76	5.22	41.50	5.68	7.90
2023.11	28.92	323.04	50.80	244.46	27.79	291.20	67.59	223.61	5.21	41.84	5.69	8.01
2023.12	29.29	325.79	52.29	245.40	28.10	292.27	68.05	224.22	5.27	42.16	5.74	9.65
2024.01	29.37	331.28	51.60	250.60	29.08	297.63	69.42	228.21	5.32	42.79	5.75	9.17
2024.02	29.35	333.11	52.77	251.57	28.77	299.56	66.59	232.97	5.30	42.91	5.76	8.93
2024.03	29.48	338.64	54.14	255.21	29.28	304.80	68.58	236.21	5.25	42.95	5.76	9.35

2.3 存贷款（Deposits and loans）

金融机构人民币各项存贷款余额及其增长趋势

Outstanding amounts of total deposits & loans and their growth in financial institutions

年 / 月 Year/Month	各项存款（万亿元） Total deposits (RMB 1 trillion)	各项贷款（万亿元） Total loans (RMB 1 trillion)	各项存款同比增长率 (%) Growth rate of deposits (YOY) (%)	各项贷款同比增长率 (%) Growth rate of loans (YOY) (%)
2022.03	243.1	201.0	10.0	11.4
2022.04	243.2	201.7	10.4	10.9
2022.05	246.2	203.5	10.5	11.0
2022.06	251.1	206.4	10.8	11.2
2022.07	251.1	207.0	11.4	11.0
2022.08	252.4	208.3	11.3	10.9
2022.09	255.0	210.8	11.3	11.2
2022.10	254.8	211.4	10.8	11.1
2022.11	257.8	212.6	11.6	11.0
2022.12	258.5	214.0	11.3	11.1
2023.01	265.4	219.7	12.4	11.3
2023.02	268.2	221.6	12.4	11.6
2023.03	273.9	225.4	12.7	11.8
2023.04	273.4	226.2	12.4	11.8
2023.05	274.9	227.5	11.6	11.4
2023.06	278.6	230.6	11.0	11.3
2023.07	277.5	230.9	10.5	11.1
2023.08	278.8	232.3	10.5	11.1
2023.09	281.0	234.6	10.2	10.9
2023.10	281.6	235.3	10.5	10.9
2023.11	284.2	236.4	10.2	10.8
2023.12	284.3	237.6	10.0	10.6
2024.01	289.7	242.5	9.2	10.4
2024.02	290.7	244.0	8.4	10.1
2024.03	295.5	247.0	7.9	9.6

金融机构人民币各项存贷款余额及其增长趋势

Outstanding amounts of total deposits & loans and their growth in financial institutions

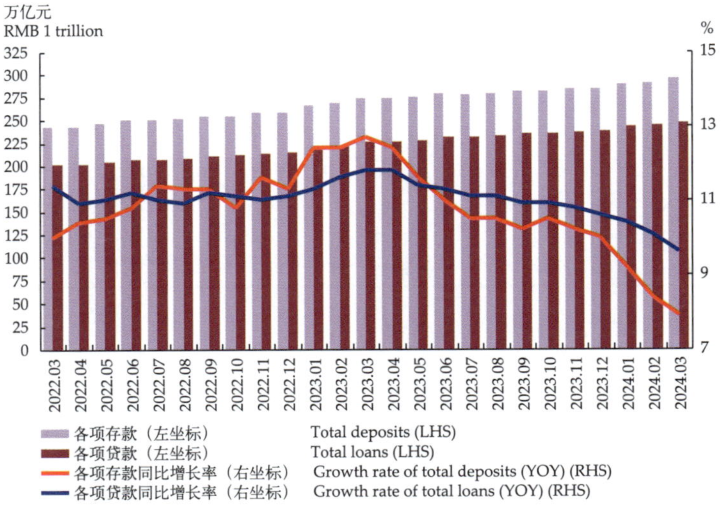

住户存款和非金融企业存款余额
Outstanding amounts of household deposits and non-financial corporate deposits

单位：亿元
Unit: RMB 100 million

年 / 月 Year/Month	住户存款 Deposits of households	活期及临时性存款 Demand & temporary deposits	定期及保证性存款 Time & marginal deposits	非金融企业存款 Deposits of non-financial enterprises	活期及临时性存款 Demand & temporary deposits	定期及保证性存款 Time & marginal deposits
2022.03	1 103 202	351 188	752 014	709 618	249 725	459 892
2022.04	1 096 170	341 103	755 068	708 407	242 058	466 349
2022.05	1 103 564	342 458	761 105	719 456	245 635	473 821
2022.06	1 128 280	355 958	772 322	748 704	261 328	487 376
2022.07	1 124 900	349 029	775 871	738 286	251 815	486 471
2022.08	1 133 186	350 840	782 346	747 837	255 422	492 414
2022.09	1 157 130	361 207	795 923	755 441	254 772	500 669
2022.10	1 152 027	354 605	797 422	743 785	251 698	492 086
2022.11	1 174 574	365 579	808 996	745 760	252 144	493 617
2022.12	1 203 387	383 900	819 487	746 574	254 651	491 923
2023.01	1 265 275	396 349	868 926	738 366	240 331	498 036
2023.02	1 273 201	379 554	893 647	751 236	245 104	506 132
2023.03	1 302 280	386 220	916 060	777 323	257 099	520 224
2023.04	1 290 294	371 355	918 938	775 915	250 140	525 775
2023.05	1 295 658	370 076	925 582	774 522	247 729	526 793
2023.06	1 322 387	384 261	938 125	795 171	259 403	535 768
2023.07	1 314 294	375 019	939 274	779 849	248 648	531 201
2023.08	1 322 171	373 901	948 270	788 739	248 978	539 760
2023.09	1 347 449	383 736	963 714	790 706	245 137	545 569
2023.10	1 341 080	377 405	963 675	782 054	244 100	537 953
2023.11	1 350 169	380 040	970 129	784 541	244 853	539 688
2023.12	1 369 895	390 266	979 629	787 756	248 676	539 080
2024.01	1 395 219	396 695	998 524	797 998	252 459	545 540
2024.02	1 427 229	398 070	1 029 160	768 065	236 340	531 725
2024.03	1 455 456	403 890	1 051 566	788 818	246 652	542 166

2024年3月末人民币存款余额
Outstanding amounts of RMB deposits at the end of March, 2024

单位：亿元
Unit: RMB 100 million

项目 Item	余额 Outstanding amount
各项存款 Total deposits	**2 955 054**
境内存款 Domestic deposits	2 935 013
住户存款 Deposits of households	1 455 456
非金融企业存款 Deposits of non-financial enterprises	788 818
机关团体存款 Deposits of government departments & organizations	364 134
财政性存款 Fiscal deposits	55 082
非银行业金融机构存款 Deposits of non-banking financial institutions	271 522
境外存款 Overseas deposits	20 042

2024年3月末人民币存款余额
Outstanding amounts of RMB deposits at the end of March, 2024

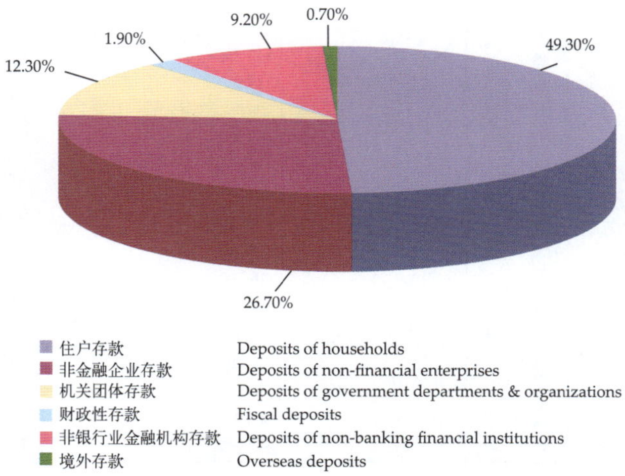

2024年3月末人民币贷款余额
RMB loans issued by the end of March 2024 by sectors

单位：亿元
Unit: RMB 100 million

项目 Item	余额 Outstanding amounts	较上年末增加 Increase from the end of last year
各项贷款 Total loans	2 470 493	94 587
境内贷款 Domestic loans	2 456 257	93 356
住户贷款 Loans to households	814 370	13 449
短期贷款 Short-term loans	210 662	3 628
中长期贷款 Mid & long-term loans	603 708	9 821
企（事）业单位贷款 Loans to non-financial enterprises and government departments & organizations	1 631 791	77 559
短期贷款 Short-term loans	428 004	29 615
中长期贷款 Mid & long-term loans	1 053 781	61 927
票据融资 Paper financing	116 481	-15 020
融资租赁 Financial leases	31 814	990
各项垫款 Total advances	1 712	46
非银行业金融机构贷款 Loans to non-banking financial institutions	10 096	2 348
境外贷款 Overseas loans	14 236	1 231

当月新增住户贷款
New loans to households by month

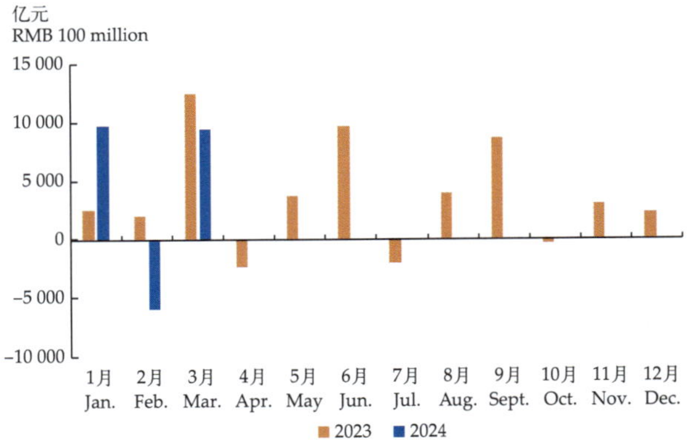

当月新增非金融企业及机关团体贷款
New loans to non-financial institutions and other sectors by month

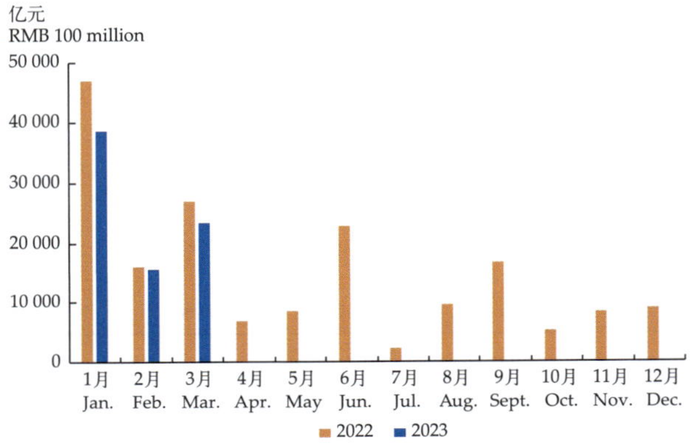

绿色贷款余额
Outstanding amount of green loans

单位：亿元
Unit: RMB 100 million

年 / 季度 Year/Quarter	绿色贷款余额 Outstanding amount of green loans
2020Q1	104 600
2020Q2	110 100
2020Q3	115 500
2020Q4	119 500
2021Q1	130 300
2021Q2	139 200
2021Q3	147 800
2021Q4	159 000
2022Q1	180 700
2022Q2	195 500
2022Q3	209 000
2022Q4	220 300
2023Q1	249 900
2023Q2	270 500
2023Q3	285 800
2023Q4	300 800
2024Q1	337 700

绿色贷款余额
Outstanding amount of green loans

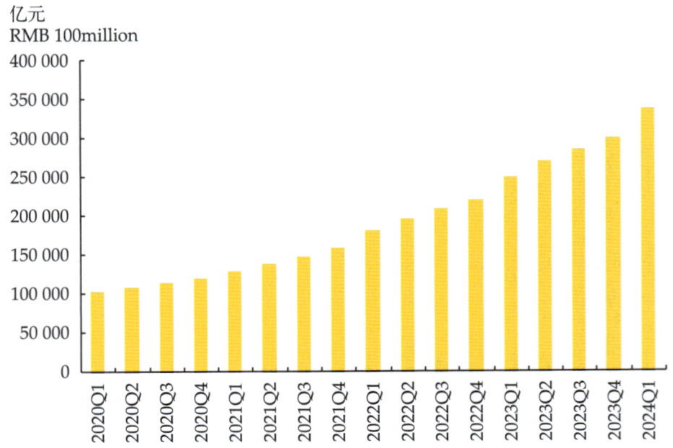

2.4 社会融资规模（Aggregate financing to the real economy, AFRE）

社会融资规模增量统计表

Aggregate financing to the real economy (flow)

单位：亿元
Unit: RMB 100 million

年 / 月 Year/Month	社会融资规模增量 AFRE (flow)	其中 Of which									
		人民币贷款 RMB loans	外币贷款（折合人民币） Foreign currency-denominated loans (RMB equivalent)	委托贷款 Entrusted loans	信托贷款 Trust loans	未贴现银行承兑汇票 Undiscounted bankers' acceptances	企业债券 Net financing of corporate bonds	政府债券 Government bonds	非金融企业境内股票融资 Equity financing on the domestic stock market by non-financial enterprises	存款类金融机构资产支持证券 Asset-backed securities of depository financial institutions	贷款核销 Loans written off
2024.01	64 734	48 401	989	−359	732	5 636	4 320	2 947	422	−203	474
2024.02	14 959	9 773	−9	−172	571	−3 686	1 423	6 011	114	−210	488
2024.03	48 335	32 920	543	−465	681	3 552	4 237	4 626	227	−588	1 587

注：1. 社会融资规模增量是指一定时期内实体经济从金融体系获得的资金额。数据来源于中国人民银行、中国银行保险监督管理委员会、中国证券监督管理委员会、中央国债登记结算有限责任公司和银行间市场交易商协会等部门。
2. 2019年12月起，人民银行进一步完善社会融资规模统计，将“国债”和“地方政府一般债券”纳入社会融资规模统计，与原有“地方政府专项债券”合并为“政府债券”指标。指标数值为托管机构的托管面值。
3. 2019年9月起，人民银行完善“社会融资规模”中的“企业债券”统计，将“交易所企业资产支持证券”纳入“企业债券”指标。
4. 2018年9月起，人民银行将“地方政府专项债券”纳入社会融资规模统计。
5. 2018年7月起，人民银行完善社会融资规模统计方法，将“存款类金融机构资产支持证券”和“贷款核销”纳入社会融资规模统计，在“其他融资”项下单独列示。

Notes: 1. AFRE(flow) refers to the total volume of financing provided by the financial system to the real economy during a certain period of time. In the calculation of AFRE, data are from the PBC, CBIRC, CSRC, CCDC and NAFMII.
2. Since December 2019,the People's Bank of China made further efforts to improve the statistical method of AFRE. “Treasury Bonds” and “Local Government General Bonds” were newly introduced into AFRE and merged with “Local Government Special Bonds” into “Government Bonds”, which is recorded at face value at depositories.
3. Since September 2019, the People's Bank of China improved the statistics of “Net Financing of Corporate Bonds” in AFRE, and incorporated “Asset-backed Securities of Non-Financial Enterprises” into “Net Financing of Corporate Bonds”.
4. Since September 2018, the People's Bank of China incorporated “Local Government Special Bonds” into AFRE.
5. Since July 2018, the People's Bank of China improved the statistical method of AFRE, and incorporated “Asset-backed Securities of Depository Financial Institutions” and “Loans Written off” into AFRE, which is reflected as a sub-item of “Other Financing”.

社会融资规模存量统计表
Aggregate financing to the real economy (stock)

单位：万亿元
Unit: RMB 1 trillion

项目 Item	2024.01		2024.02		2024.03	
	存量 Stock	增速（%） Growth rate (%)	存量 Stock	增速（%） Growth rate (%)	存量 Stock	增速（%） Growth rate (%)
社会融资规模存量 AFRE (stock)	384.3	9.5	385.7	9.0	390.3	8.7
人民币贷款 RMB loans	240.3	10.1	241.3	9.7	244.6	9.2
外币贷款（折合人民币） Foreign currency-denominated loans (RMB equivalent)	1.8	−0.9	1.8	−5.3	1.8	−3.6
委托贷款 Entrusted loans	11.2	−0.7	11.2	−0.7	11.2	−1.3
信托贷款 Trust loans	4.0	6.3	4.0	7.7	4.1	9.6
未贴现银行承兑汇票 Undiscounted bankers' acceptances	3.1	3.0	2.7	−9.3	3.0	−3.1
企业债券 Net financing of corporate bonds	31.4	1.3	31.5	0.7	31.8	1.3
政府债券 Government bonds	70.1	15.7	70.7	15.1	71.2	14.7
非金融企业境内股票 Equity financing on the domestic stock market by non-financial enterprises	11.5	6.9	11.5	6.4	11.5	6.0
存款类金融机构资产支持证券 Asset-backed securities of depository financial institutions	1.3	−31.5	1.3	−31.6	1.3	−34.1
贷款核销 Loans written off	8.7	14.8	8.7	14.8	8.9	15.1

注：1. 社会融资规模存量是指一定时期末（月末、季末或年末）实体经济从金融体系获得的资金余额。数据来源于中国人民银行、中国银行保险监督管理委员会、中国证券监督管理委员会、中央国债登记结算有限责任公司和银行间市场交易商协会等部门。
2. 2019年12月起，人民银行进一步完善社会融资规模统计，将“国债”和“地方政府一般债券”纳入社会融资规模统计，与原有“地方政府专项债券”合并为“政府债券”指标。指标数值为托管机构的托管面值。
3. 2019年9月起，人民银行完善“社会融资规模”中的“企业债券”统计，将“交易所企业资产支持证券”纳入“企业债券”指标。
4. 2018年9月起，人民银行将“地方政府专项债券”纳入社会融资规模统计。
5. 2018年7月起，人民银行完善社会融资规模统计方法，将“存款类金融机构资产支持证券”和“贷款核销”纳入社会融资规模统计，在“其他融资”项下单独列示。

Notes: 1. AFRE(stock) refers to the outstanding of financing provided by the financial system to the real economy at the end of a period(monthly/quarterly/annual). In the calculation of AFRE, data are from the PBC, CBIRC, CSRC, CCDC and NAFMII.
2. Since December 2019, the People's Bank of China made further efforts to improve the statistical method of AFRE. “Treasury Bonds” and “Local Government General Bonds” were newly introduced into AFRE and merged with “Local Government Special Bonds” into “Government Bonds”, which is recorded at face value at depositories.
3. Since September 2019, the People's Bank of China improved the statistics of “Net Financing of Corporate Bonds” in AFRE, and incorporated “Asset-backed Securities of Non-Financial Enterprises” into “Net Financing of Corporate Bonds”.
4. Since September 2018, the People's Bank of China incorporated “Local Government Special Bonds” into AFRE.
5. Since July 2018, the People's Bank of China improved the statistical method of AFRE, and incorporated “Asset-backed Securities of Depository Financial Institutions” and “Loans Written off” into AFRE, which is reflected as a sub-item of “Other Financing”.

2.5　宏观杠杆率（Macro leverage ratio）

中国、美国、欧元区、日本宏观杠杆率
Leverage ratio of China, the U.S., Euro area and Japan

单位：%
Unit: %

年 / 月 Year/Month	中国 China	美国 The U.S.	欧元区 Euro area	日本 Japan
2020.09	294.1	290.2	283.2	416.6
2020.12	294.1	293.5	286.0	420.9
2021.03	291.5	290.1	287.3	419.8
2021.06	288.7	285.3	279.6	415.3
2021.09	287.6	280.2	277	413.1
2021.12	285.0	279.6	272.5	414.2
2022.03	289.8	273.5	265.6	416.7
2022.06	294.0	265.6	256.9	417.4
2022.09	295.9	259.3	251.9	415.6
2022.12	297.4	257.9	245.3	413.0
2023.03	306.3	257.0	242.4	413.9
2023.06	308.4	255.4	239.6	410.1
2023.09	310.7	253.3	235.8	399.8

数据来源：国际清算银行。
Source: BIS.

中国分部门宏观杠杆率
Leverage ratio of different sectors in China

单位：%
Unit: %

年 / 月 Year/Month	居民 Resident	企业 Corporation	政府 Government
2020.03	67.8	162.0	40.8
2020.06	70.0	165.2	42.7
2020.09	72.2	164.7	45.1
2020.12	73.1	163.2	45.9
2021.03	72.7	160.9	44.6
2021.06	72.6	158.3	44.9
2021.09	72.8	156.2	45.7
2021.12	72.6	153.7	46.8
2022.03	72.0	157.0	47.3
2022.06	72.1	159.3	49.6
2022.09	72.1	159.6	49.7
2022.12	72.4	161.9	50.6
2023.03	72.9	166.3	51.7
2023.06	72.9	166.8	52.1
2023.09	73.0	167.3	53.9
2023.12	72.4	168.0	56.1
2024.03	72.8	173.8	56.8

数据来源：中国人民银行。
Source: PBOC.

中国、美国、欧元区、日本宏观杠杆率
Leverage ratio of China, the U.S., Euro area and Japan

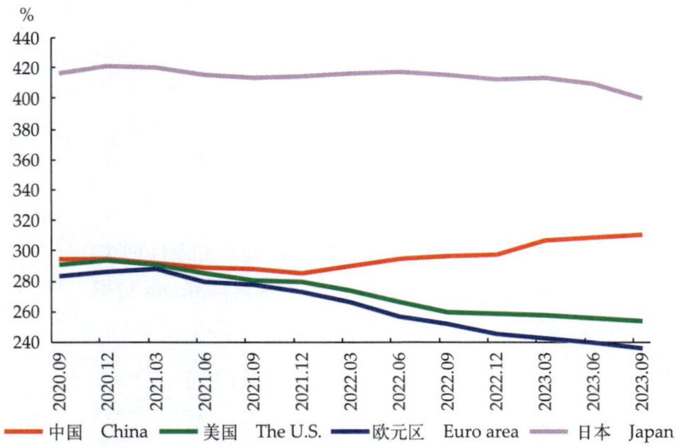

（数据来源：国际清算银行）
(Source: BIS)

中国分部门宏观杠杆率
Leverage ratio of different sectors in China

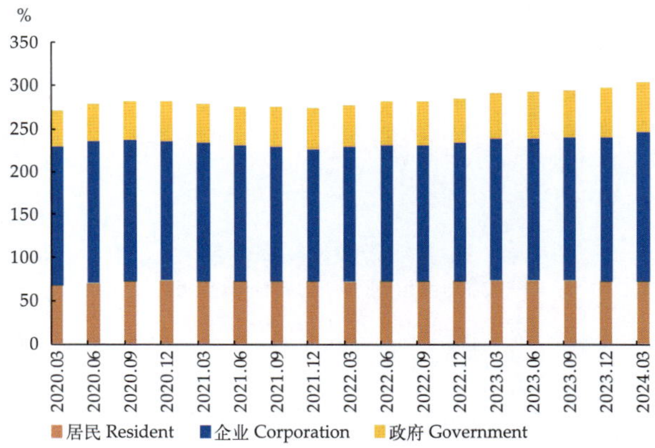

（数据来源：中国人民银行）
(Source: PBOC)

三、利率与汇率（Interest rates and exchange rates）

3.1 中央银行政策利率体系（Central bank's policy rates）

中央银行政策利率体系

Central bank policy rate system

单位：%
Unit: %

年 / 月 Year/Month	公开市场 7 天期逆回购利率 OMO 7-day repo rate	中期借贷便利 1 年期利率 1-year MLF rate
2022.04	2.10	2.85
2022.05	2.10	2.85
2022.06	2.10	2.85
2022.07	2.10	2.85
2022.08	2.00	2.75
2022.09	2.00	2.75
2022.10	2.00	2.75
2022.11	2.00	2.75
2022.12	2.00	2.75
2023.01	2.00	2.75
2023.02	2.00	2.75
2023.03	2.00	2.75
2023.04	2.00	2.75
2023.05	2.00	2.75
2023.06	1.90	2.65
2023.07	1.90	2.65
2023.08	1.80	2.50
2023.09	1.80	2.50
2023.10	1.80	2.50
2023.11	1.80	2.50
2023.12	1.80	2.50
2024.01	1.80	2.50
2024.02	1.80	2.50
2024.03	1.80	2.50

注：上述利率均为当月最后一次操作的利率水平。
Note: Above data were the interest rates of last operation in each month.

中央银行短期政策利率与DR007

Central bank short-term policy rate and DR007

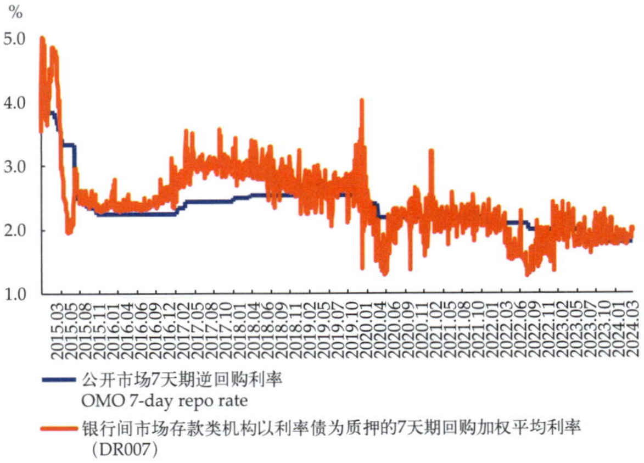

中央银行政策利率体系

Central bank policy rate system

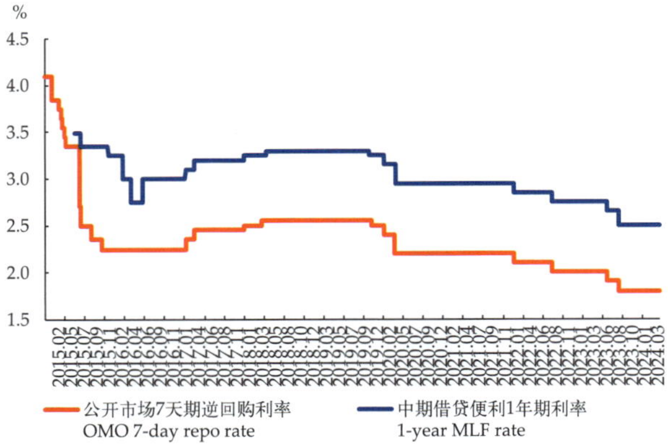

中央银行中期政策利率与贷款市场报价利率

Central bank median-term policy rate and LPR

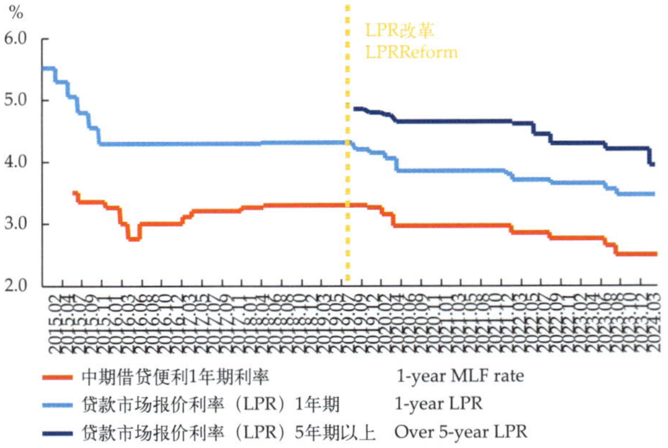

3.2 中央银行公开市场操作（Central bank open market operations）

中央银行公开市场操作
Central bank open market operations

日期 Date		操作工具 Mode of transaction	招标方式 Mode of bidding	期限品种（天） Maturity (Day)	招标数量（亿元） Bidding amount (RMB 100 million)	中标量（亿元） Transaction volume (RMB 100 million)	中标利率（%） Interest rate of successful bidding (%)
2024.01.02	周二 Tuesday	逆回购 Reverse Repo	利率招标 Interest rate bidding	7 天 7-day	1 370	1 370	1.80
2024.01.03	周三 Wednesday	逆回购 Reverse Repo	利率招标 Interest rate bidding	7 天 7-day	140	140	1.80
2024.01.04	周四 Thursday	逆回购 Reverse Repo	利率招标 Interest rate bidding	7 天 7-day	150	150	1.80
2024.01.05	周五 Friday	逆回购 Reverse Repo	利率招标 Interest rate bidding	7 天 7-day	750	750	1.80
2024.01.08	周一 Monday	逆回购 Reverse Repo	利率招标 Interest rate bidding	7 天 7-day	500	500	1.80
2024.01.09	周二 Tuesday	逆回购 Reverse Repo	利率招标 Interest rate bidding	7 天 7-day	650	650	1.80
2024.01.10	周三 Wednesday	逆回购 Reverse Repo	利率招标 Interest rate bidding	7 天 7-day	200	200	1.80
2024.01.11	周四 Thursday	逆回购 Reverse Repo	利率招标 Interest rate bidding	7 天 7-day	270	270	1.80
2024.01.12	周五 Friday	逆回购 Reverse Repo	利率招标 Interest rate bidding	7 天 7-day	650	650	1.80
2024.01.15	周一 Monday	逆回购 Reverse Repo	利率招标 Interest rate bidding	7 天 7-day	890	890	1.80
2024.01.16	周二 Tuesday	逆回购 Reverse Repo	利率招标 Interest rate bidding	7 天 7-day	7 600	7 600	1.80
2024.01.17	周三 Wednesday	逆回购 Reverse Repo	利率招标 Interest rate bidding	7 天 7-day	5 470	5 470	1.80
2024.01.18	周四 Thursday	逆回购 Reverse Repo	利率招标 Interest rate bidding	7 天 7-day	1 000	1 000	1.80
2024.01.19	周五 Friday	逆回购 Reverse Repo	利率招标 Interest rate bidding	7 天 7-day	710	710	1.80
2024.01.22	周一 Monday	逆回购 Reverse Repo	利率招标 Interest rate bidding	7 天 7-day	1 220	1 220	1.80
2024.01.23	周二 Tuesday	逆回购 Reverse Repo	利率招标 Interest rate bidding	7 天 7-day	4 650	4 650	1.80
2024.01.24	周三 Wednesday	逆回购 Reverse Repo	利率招标 Interest rate bidding	7 天 7-day	4 630	4 630	1.80
2024.01.25	周四 Thursday	逆回购 Reverse Repo	利率招标 Interest rate bidding	7 天 7-day	4 660	4 660	1.80
2024.01.25	周四 Thursday	中央银行票据 Central bank bills	利率招标 Interest rate bidding	3 个月 3-month	50	50	2.35
2024.01.26	周五 Friday	逆回购 Reverse Repo	利率招标 Interest rate bidding	7 天 7-day	4 610	4 610	1.80
2024.01.29	周一 Monday	逆回购 Reverse Repo	利率招标 Interest rate bidding	7 天 7-day	5 000	5 000	1.80
2024.01.30	周二 Tuesday	逆回购 Reverse Repo	利率招标 Interest rate bidding	7 天 7-day	5 630	5 630	1.80
2024.01.31	周三 Wednesday	逆回购 Reverse Repo	利率招标 Interest rate bidding	7 天 7-day	5 440	5 440	1.80
2024.02.01	周四 Thursday	逆回购 Reverse Repo	利率招标 Interest rate bidding	7 天 7-day	430	430	1.80
2024.02.02	周五 Friday	逆回购 Reverse Repo	利率招标 Interest rate bidding	7 天 7-day	830	830	1.80
2024.02.02	周五 Friday	逆回购 Reverse Repo	利率招标 Interest rate bidding	14 天 14-day	140	140	1.95

续表

日期 Date		操作工具 Mode of transaction	招标方式 Mode of bidding	期限品种（天） Maturity (Day)	招标数量（亿元） Bidding amount (RMB 100 million)	中标量（亿元） Transaction volume (RMB 100 million)	中标利率（%） Interest rate of successful bidding (%)
2024.02.04	周日 Sunday	逆回购 Reverse Repo	利率招标 Interest rate bidding	14 天 14-day	430	430	1.95
2024.02.05	周一 Monday	逆回购 Reverse Repo	利率招标 Interest rate bidding	14 天 14-day	1 000	1 000	1.95
2024.02.06	周二 Tuesday	逆回购 Reverse Repo	利率招标 Interest rate bidding	14 天 14-day	3 390	3 390	1.95
2024.02.07	周三 Wednesday	逆回购 Reverse Repo	利率招标 Interest rate bidding	14 天 14-day	3 960	3 960	1.95
2024.02.08	周四 Thursday	逆回购 Reverse Repo	利率招标 Interest rate bidding	14 天 14-day	2 550	2 550	1.95
2024.02.08	周四 Thursday	逆回购 Reverse Repo	利率招标 Interest rate bidding	7 天 7-day	900	900	1.80
2024.02.09	周五 Friday	逆回购 Reverse Repo	利率招标 Interest rate bidding	14 天 14-day	920	920	1.95
2024.02.09	周五 Friday	逆回购 Reverse Repo	利率招标 Interest rate bidding	7 天 7-day	440	440	1.80
2024.02.18	周日 Sunday	逆回购 Reverse Repo	利率招标 Interest rate bidding	7 天 7-day	1 050	1 050	1.80
2024.02.19	周一 Monday	逆回购 Reverse Repo	利率招标 Interest rate bidding	7 天 7-day	320	320	1.80
2024.02.20	周二 Tuesday	逆回购 Reverse Repo	利率招标 Interest rate bidding	7 天 7-day	410	410	1.80
2024.02.21	周三 Wednesday	逆回购 Reverse Repo	利率招标 Interest rate bidding	7 天 7-day	490	490	1.80
2024.02.22	周四 Thursday	逆回购 Reverse Repo	利率招标 Interest rate bidding	7 天 7-day	580	580	1.80
2024.02.23	周五 Friday	逆回购 Reverse Repo	利率招标 Interest rate bidding	7 天 7-day	2 470	2 470	1.80
2024.02.26	周一 Monday	逆回购 Reverse Repo	利率招标 Interest rate bidding	7 天 7-day	3 290	3 290	1.80
2024.02.27	周二 Tuesday	逆回购 Reverse Repo	利率招标 Interest rate bidding	7 天 7-day	3 840	3 840	1.80
2024.02.28	周三 Wednesday	逆回购 Reverse Repo	利率招标 Interest rate bidding	7 天 7-day	3 240	3 240	1.80
2024.02.28	周三 Wednesday	中央银行票据 Central bank bills	利率招标 Interest rate bidding	3 个月 3-month	50	50	2.35
2024.02.29	周四 Thursday	逆回购 Reverse Repo	利率招标 Interest rate bidding	7 天 7-day	1 170	1 170	1.80
2024.03.01	周五 Friday	逆回购 Reverse Repo	利率招标 Interest rate bidding	7 天 7-day	100	100	1.80
2024.03.04	周一 Monday	逆回购 Reverse Repo	利率招标 Interest rate bidding	7 天 7-day	100	100	1.80
2024.03.05	周二 Tuesday	逆回购 Reverse Repo	利率招标 Interest rate bidding	7 天 7-day	100	100	1.80
2024.03.06	周三 Wednesday	逆回购 Reverse Repo	利率招标 Interest rate bidding	7 天 7-day	100	100	1.80
2024.03.07	周四 Thursday	逆回购 Reverse Repo	利率招标 Interest rate bidding	7 天 7-day	100	100	1.80
2024.03.08	周五 Friday	逆回购 Reverse Repo	利率招标 Interest rate bidding	7 天 7-day	100	100	1.80
2024.03.11	周一 Monday	逆回购 Reverse Repo	利率招标 Interest rate bidding	7 天 7-day	100	100	1.80
2024.03.12	周二 Tuesday	逆回购 Reverse Repo	利率招标 Interest rate bidding	7 天 7-day	100	100	1.80
2024.03.13	周三 Wednesday	逆回购 Reverse Repo	利率招标 Interest rate bidding	7 天 7-day	30	30	1.80

续表

日期 Date		操作工具 Mode of transaction	招标方式 Mode of bidding	期限品种（天） Maturity (Day)	招标数量（亿元） Bidding amount (RMB 100 million)	中标量（亿元） Transaction volume (RMB 100 million)	中标利率（%） Interest rate of successful bidding (%)
2024.03.14	周四 Thursday	逆回购 Reverse Repo	利率招标 Interest rate bidding	7天 7-day	30	30	1.80
2024.03.15	周五 Friday	逆回购 Reverse Repo	利率招标 Interest rate bidding	7天 7-day	130	130	1.80
2024.03.18	周一 Monday	逆回购 Reverse Repo	利率招标 Interest rate bidding	7天 7-day	100	100	1.80
2024.03.19	周二 Tuesday	逆回购 Reverse Repo	利率招标 Interest rate bidding	7天 7-day	50	50	1.80
2024.03.20	周三 Wednesday	逆回购 Reverse Repo	利率招标 Interest rate bidding	7天 7-day	30	30	1.80
2024.03.21	周四 Thursday	逆回购 Reverse Repo	利率招标 Interest rate bidding	7天 7-day	20	20	1.80
2024.03.22	周五 Friday	逆回购 Reverse Repo	利率招标 Interest rate bidding	7天 7-day	20	20	1.80
2024.03.25	周一 Monday	逆回购 Reverse Repo	利率招标 Interest rate bidding	7天 7-day	500	500	1.80
2024.03.26	周二 Tuesday	逆回购 Reverse Repo	利率招标 Interest rate bidding	7天 7-day	1 500	1 500	1.80
2024.03.26	周二 Tuesday	中央银行票据 Central bank bills	利率招标 Interest rate bidding	3个月 3-month	50	50	2.35
2024.03.27	周三 Wednesday	逆回购 Reverse Repo	利率招标 Interest rate bidding	7天 7-day	2 500	2 500	1.80
2024.03.28	周四 Thursday	逆回购 Reverse Repo	利率招标 Interest rate bidding	7天 7-day	2 500	2 500	1.80
2024.03.29	周五 Friday	逆回购 Reverse Repo	利率招标 Interest rate bidding	7天 7-day	1 500	1 500	1.80

3.3 中央银行对金融机构存贷款利率（Central bank's interest rates to financial institutions）

中央银行对金融机构存贷款利率
Central bank interest rates

单位：%（年利率）
Unit: % (annual interest rate)

日期 Date	法定存款准备金 Required reserves	超额存款准备金 Excess reserves	常备借贷便利 SLF			再贴现 Rediscount
			隔夜 Overnight	7天 7-day	1个月 1-month	
1996.05.01	8.82	8.82	—	—	—	*
1996.08.23	8.28	7.92	—	—	—	*
1997.10.23	7.56	7.02	—	—	—	*
1998.03.25	5.22	—	—	—	—	6.03
1998.07.01	3.51	—	—	—	—	4.32
1998.12.07	3.24	—	—	—	—	3.96
1999.06.10	2.07	—	—	—	—	2.16
2001.09.11	—	—	—	—	—	2.97
2002.02.21	1.89	—	—	—	—	2.97
2003.12.20	—	1.62	—	—	—	—
2004.03.25	—	—	—	—	—	3.24
2005.03.17	—	0.99	—	—	—	—
2008.01.01	—	—	—	—	—	4.32
2008.11.27	1.62	0.72	—	—	—	2.97
2008.12.23	—	—	—	—	—	1.80
2010.12.26	—	—	—	—	—	2.25
2014.01.20	—	—	5.00	7.00	—	—
2015.03.04	—	—	4.50	5.50	—	—
2015.11.05	—	—	—	—	—	2.25
2015.11.20	—	—	2.75	3.25	—	—
2016.02.01	—	—	—	—	3.6	—
2017.02.03	—	—	3.1	3.35	3.70	—
2017.03.16	—	—	3.30	3.45	3.80	—
2017.12.14	—	—	3.35	3.50	3.85	—
2018.03.22	—	—	3.40	3.55	3.90	—
2019.12.31	—	—	3.35	3.50	3.85	—
2020.04.07	—	0.35	—	—	—	—
2020.04.10	—	—	3.05	3.20	3.55	—
2020.07.01	—	—	—	—	—	2.00
2022.01.17	—	—	2.95	3.10	3.45	—
2022.08.15	—	—	2.85	3.00	3.35	—
2023.06.13	—	—	2.75	2.90	3.25	—
2023.08.15	—	—	2.65	2.80	3.15	—
2024.01.25	—	—	—	—	—	1.75

注：1.1998年3月法定准备金和超额准备金两个账户合并为准备金账户。
2.*按同档次中央银行贷款利率下浮5%～10%。

Notes: 1. The required reserves account and excess reserves account were merged into the reserves account in March 1998.
2. *The interest rate is 5%-10% below that of the central bank lending rate of the same tranche.

法定和超额存款准备金利率
Required reserves interest rates and rediscount interest rates

常备借贷便利利率
SLF interest rates

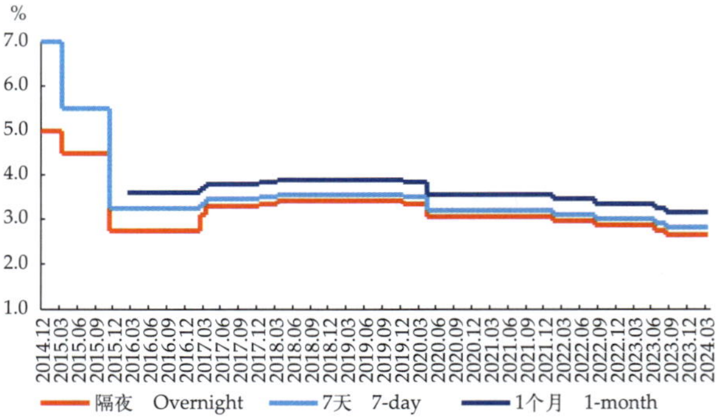

3.4 金融机构对客户存贷款利率（Interest rates in financial institutions）

人民币存款基准利率
RMB deposit benchmark interest rates

单位：%（年利率）
Unit: % (annual interest rate)

日期 Date	活期 Demand deposits	定期 Time deposits					
		3个月 3-month	6个月 6-month	1年 1-year	2年 2-year	3年 3-year	5年 5-year
1990.04.15	2.88	6.30	7.74	10.08	10.98	11.88	13.68
1990.08.21	2.16	4.32	6.48	8.64	9.36	10.08	11.52
1991.04.21	1.80	3.24	5.40	7.56	7.92	8.28	9.00
1993.05.15	2.16	4.86	7.20	9.18	9.90	10.80	12.06
1993.07.11	3.15	6.66	9.00	10.98	11.70	12.24	13.86
1996.05.01	2.97	4.86	7.20	9.18	9.90	10.80	12.06
1996.08.23	1.98	3.33	5.40	7.47	7.92	8.28	9.00
1997.10.23	1.71	2.88	4.14	5.67	5.94	6.21	6.66
1998.03.25	1.71	2.88	4.14	5.22	5.58	6.21	6.66
1998.07.01	1.44	2.79	3.96	4.77	4.86	4.95	5.22
1998.12.07	1.44	2.79	3.33	3.78	3.96	4.14	4.50
1999.06.10	0.99	1.98	2.16	2.25	2.43	2.70	2.88
2002.02.21	0.72	1.71	1.89	1.98	2.25	2.52	2.79
2004.10.29	0.72	1.71	2.07	2.25	2.70	3.24	3.60
2006.08.19	0.72	1.80	2.25	2.52	3.06	3.69	4.14
2007.03.18	0.72	1.98	2.43	2.79	3.33	3.96	4.41
2007.05.19	0.72	2.07	2.61	3.06	3.69	4.41	4.95
2007.07.21	0.81	2.34	2.88	3.33	3.96	4.68	5.22
2007.08.22	0.81	2.61	3.15	3.60	4.23	4.95	5.49
2007.09.15	0.81	2.88	3.42	3.87	4.50	5.22	5.76
2007.12.21	0.72	3.33	3.78	4.14	4.68	5.40	5.85
2008.10.09	0.72	3.15	3.51	3.87	4.41	5.13	5.58
2008.10.30	0.72	2.88	3.24	3.60	4.14	4.77	5.13
2008.11.27	0.36	1.98	2.25	2.52	3.06	3.60	3.87
2008.12.23	0.36	1.71	1.98	2.25	2.79	3.33	3.60
2010.10.20	0.36	1.91	2.20	2.50	3.25	3.85	4.20
2010.12.26	0.36	2.25	2.50	2.75	3.55	4.15	4.55
2011.02.09	0.40	2.60	2.80	3.00	3.90	4.50	5.00
2011.04.06	0.50	2.85	3.05	3.25	4.15	4.75	5.25
2011.07.07	0.50	3.10	3.30	3.50	4.40	5.00	5.50
2012.06.08	0.40	2.85	3.05	3.25	4.10	4.65	5.10
2012.07.06	0.35	2.60	2.80	3.00	3.75	4.25	4.75
2014.11.22	0.35	2.35	2.55	2.75	3.35	4.00	—
2015.03.01	0.35	2.10	2.30	2.50	3.10	3.75	—
2015.05.11	0.35	1.85	2.05	2.25	2.85	3.50	—
2015.06.28	0.35	1.60	1.80	2.00	2.60	3.25	—
2015.08.26	0.35	1.35	1.55	1.75	2.35	3.00	—
2015.10.24	0.35	1.10	1.30	1.50	2.10	2.75	—

注：从2014年11月起，中国人民银行不再公布人民币5年期定期存款基准利率。
Note: Since November, 2014, the PBC stopped publishing the benchmark interest rate for 5-year RMB deposits.

人民币存款基准利率
RMB deposit benchmark interest rates

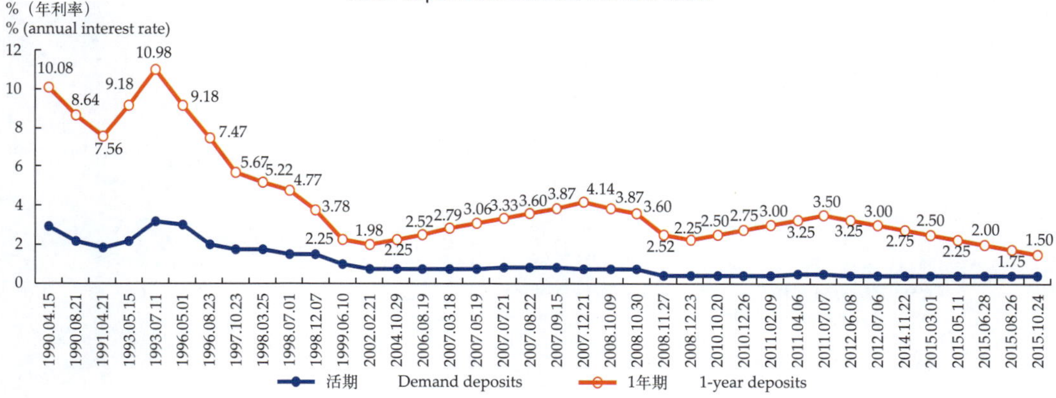

贷款市场报价利率
Loan prime rate

单位：%（年利率）
Unit: % (annual interest rate)

日期 Date	1 年期 1-year	5 年期以上 Over 5-year
2022.04.20	3.70	4.60
2022.05.20	3.70	4.45
2022.06.20	3.70	4.45
2022.07.20	3.70	4.45
2022.08.22	3.65	4.30
2022.09.20	3.65	4.30
2022.10.20	3.65	4.30
2022.11.21	3.65	4.30
2022.12.20	3.65	4.30
2023.01.20	3.65	4.30
2023.02.20	3.65	4.30
2023.03.20	3.65	4.30
2023.4.20	3.65	4.30
2023.5.22	3.65	4.30
2023.6.20	3.55	4.20
2023.7.20	3.55	4.20
2023.8.21	3.45	4.20
2023.9.20	3.45	4.20
2023.10.20	3.45	4.20
2023.11.20	3.45	4.20
2023.12.20	3.45	4.20
2024.01.22	3.45	4.20
2024.02.20	3.45	3.95
2024.03.20	3.45	3.95

贷款市场报价利率
Loan prime rate

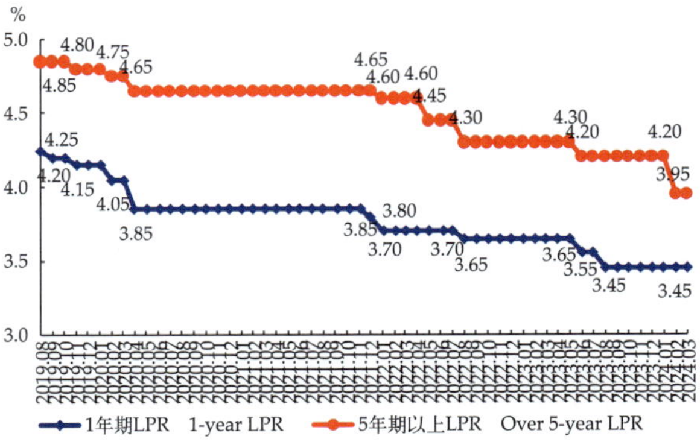

金融机构新发放贷款加权平均利率
Weighted interest rates on new loans

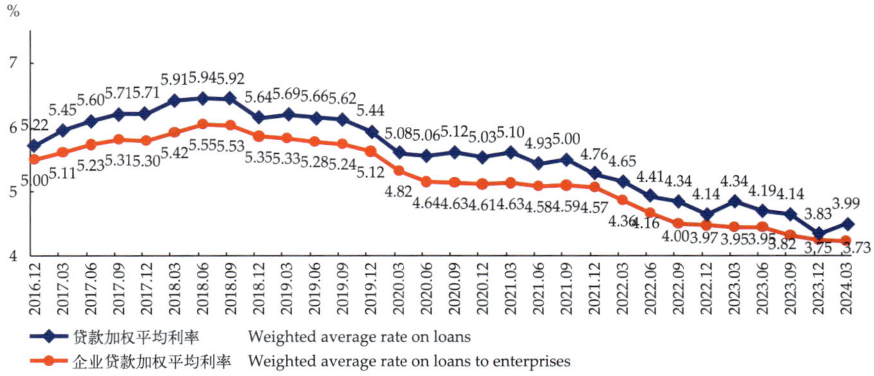

金融机构人民币贷款各利率区间占比
Share of loans with floating rates in various ranges

单位：%　Unit: %

年 / 月 Year/Month	LPR 减点 LPR-bps	LPR	LPR 加点　LPR+bps					
			小计 Subtotal	(LPR， LPR+0.5%)	[LPR+0.5%， LPR+1.5%)	[LPR+1.5%， LPR+3%)	[LPR+3%， LPR+5%)	LPR+5% 及以上 Above LPR+5%
2022.04	24.79	6.89	68.31	15.92	22.44	13.66	8.37	7.92
2022.05	28.40	6.60	65.00	16.07	21.24	12.75	7.63	7.32
2022.06	29.80	7.82	62.39	17.15	20.98	12.10	6.64	5.52
2022.07	30.37	6.21	63.41	15.95	19.96	12.38	7.54	7.58
2022.08	30.55	5.16	64.29	17.60	19.57	12.08	7.76	7.27
2022.09	34.03	5.22	60.75	17.85	19.32	11.21	6.76	5.60
2022.10	34.23	4.79	60.97	16.06	18.39	11.37	7.68	7.46
2022.11	34.32	5.40	60.28	16.31	18.71	11.54	7.36	6.35
2022.12	38.27	5.52	56.21	14.98	18.05	11.18	6.66	5.33
2023.01	37.38	6.28	56.34	16.65	19.06	10.22	5.70	4.72
2023.02	37.60	6.02	56.38	16.32	16.84	10.28	6.54	6.40
2023.03	36.96	6.88	56.16	17.10	17.57	10.57	6.18	4.74
2023.04	36.62	6.20	57.18	15.54	17.18	11.14	7.08	6.24
2023.05	36.28	5.52	58.20	13.98	16.79	11.71	7.98	7.74
2023.06	37.74	5.59	56.67	17.79	17.31	10.81	6.09	4.68
2023.07	37.05	5.13	57.82	16.60	16.43	10.44	7.12	7.23
2023.08	35.76	4.92	59.32	17.08	16.40	10.75	7.57	7.51
2023.09	37.37	5.62	57.11	16.70	16.88	10.62	6.71	6.19
2023.10	37.34	5.15	57.51	14.92	15.83	11.43	7.43	7.90
2023.11	38.43	5.77	55.80	14.60	16.39	11.37	7.01	6.44
2023.12	41.89	5.64	52.48	13.70	16.15	10.97	6.34	5.33
2024.01	42.37	6.34	51.28	14.69	16.74	9.82	5.47	4.57
2024.02	41.70	6.52	51.77	14.27	15.99	10.30	6.19	5.03
2024.03	40.44	6.74	52.81	15.64	16.72	10.26	5.53	4.66

注：1. 2019年8月17日，中国人民银行宣布改革完善LPR形成机制，金融机构主要参考LPR进行贷款定价，贷款利率区间占比情况也相应调整为按LPR加减点方式统计。
2. 2019年7月及之前的下浮和上浮是指在贷款基准利率的基础上浮动一定倍数，2019年8月及之后的加点和减点是指贷款利率在LPR的基础上加减一定的百分点。

Notes: 1. On August 17, 2019, the People's Bank of China announced the reform and improvement of the LPR formation mechanism. Financial institutions mainly refer to LPR for loan pricing, and the proportion of the loan interest rate range is also adjusted as LPR plus or minus points.
2. The floating down and floating up in July 2019 and before refer to the floating of a certain multiple on the basis of the benchmark lending rate, while the floating up and down in August 2019 and after refer to the addition and subtraction of a certain percentage point on the basis of LPR.

2024年第一季度金融机构人民币贷款各利率区间占比
Share of loans with rates floating at various ranges in the first quarter of 2024

单位：%　Unit: %

机构类型 Type of institution	低于 LPR Lower than LPR	LPR	高于 LPR　Higher than LPR					
			小计 Subtotal	(LPR， LPR+0.5%)	[LPR+0.5%， LPR+1.5%)	[LPR+1.5%， LPR+3%)	[LPR+3%， LPR+5%)	LPR+5% 及以上 Above LPR+5%
四大国有商业银行 Four state-owned commercial banks	61.66	9.69	28.65	17.66	10.54	0.43	0.01	0.00
股份制商业银行 Joint-stock commercial banks	45.35	5.05	49.60	17.10	20.35	8.06	2.03	2.07
外资商业银行 Foreign commercial banks	56.54	3.05	40.41	13.52	12.16	4.74	1.81	8.19
城市商业银行 City commercial banks	16.52	2.99	80.49	10.10	20.46	20.78	11.98	17.17
农村合作金融机构 Rural cooperative financial institutions	10.64	4.10	85.26	13.38	23.16	24.71	17.68	6.32
政策性银行 Policy banks	58.75	11.56	29.69	14.48	15.01	0.20	0.00	0.00
合计 Total	41.52	6.53	51.95	14.93	16.55	10.09	5.66	4.71

大额美元存款与美元贷款平均利率
Average interest rates of large-value dollar deposits and loans

单位：% Unit: %

年 / 月 Year/Month	大额存款 Large-value deposits						贷款 Loans				
	活期 Demand	3 个月以内 Within 3 months	3（含）~6 个月 3-6 months (including 3 months)	6（含）~12 个月 6-12 months (including 6 months)	1 年 1 year	1 年以上 Above 1 year	3 个月以内 Within 3 months	3（含）~6 个月 3-6 months (including 3 months)	6（含）~12 个月 6-12 months (including 6 months)	1 年 1 year	1 年以上 Above 1 year
2021.03	0.14	0.55	0.77	0.91	1.09	0.99	1.23	1.09	1.01	0.90	2.14
2021.04	0.12	0.51	0.77	0.81	0.99	1.07	1.32	1.15	1.16	1.03	1.93
2021.05	0.11	0.46	0.69	0.73	0.92	0.84	1.31	1.11	0.86	0.90	2.20
2021.06	0.10	0.43	0.62	0.77	0.91	0.90	1.15	0.99	0.90	0.78	2.22
2021.07	0.11	0.43	0.65	0.70	0.93	0.59	1.14	1.03	0.93	0.86	1.93
2021.08	0.09	0.41	0.64	0.69	0.99	0.88	1.25	1.05	0.94	0.90	2.24
2021.09	0.10	0.40	0.55	0.71	0.85	0.80	1.11	1.05	1.10	0.93	2.16
2021.10	0.11	0.41	0.55	0.76	0.85	1.02	1.16	1.15	1.11	0.96	1.32
2021.11	0.11	0.42	0.68	0.72	0.85	1.00	1.20	1.01	1.02	1.06	2.03
2021.12	0.10	0.31	0.65	0.78	0.97	0.96	1.11	1.11	0.98	1.09	2.00
2022.01	0.12	0.31	0.59	0.91	1.01	1.28	1.04	1.11	1.04	1.14	2.09
2022.02	0.11	0.31	0.67	0.97	1.31	1.62	1.17	1.29	1.37	1.47	2.10
2022.03	0.12	0.53	1.00	1.41	1.52	1.44	1.40	1.54	1.70	1.60	2.20
2022.04	0.13	0.70	1.19	1.85	2.10	1.67	1.69	1.95	2.02	1.87	3.10
2022.05	0.18	1.01	1.65	2.15	2.49	2.34	1.99	2.25	2.33	2.25	3.14
2022.06	0.28	1.49	2.07	2.85	3.19	3.28	2.34	2.58	2.79	3.00	3.81
2022.07	0.27	1.78	2.77	3.22	3.59	2.94	2.99	3.25	3.46	3.42	4.54
2022.08	0.43	2.21	3.10	3.60	3.69	3.61	3.33	3.60	3.72	3.85	4.28
2022.09	0.60	2.59	3.36	4.17	4.13	4.14	3.64	3.78	4.18	4.15	4.18
2022.10	0.73	3.06	3.61	4.84	4.46	4.98	4.27	4.59	4.99	4.69	4.78
2022.11	0.94	3.38	4.41	5.23	5.20	5.40	4.95	5.09	5.38	4.82	5.10
2022.12	1.20	3.66	4.84	5.22	5.49	5.34	5.03	4.99	5.28	5.18	5.67
2023.01	1.25	3.99	4.62	5.34	5.46	4.96	4.91	5.12	5.10	5.53	5.99
2023.02	1.42	4.18	5.10	5.51	5.50	5.44	5.08	5.23	5.39	5.46	5.58
2023.03	1.64	4.23	5.02	5.53	5.67	5.54	5.25	5.33	5.11	5.34	5.86
2023.04	1.76	4.50	5.29	5.49	4.91	5.72	5.39	5.47	5.49	5.64	5.62
2023.05	1.78	4.63	4.65	5.68	5.63	5.64	5.55	5.46	5.52	5.39	5.98
2023.06	1.65	4.46	5.29	5.63	5.47	5.75	5.68	5.63	5.46	5.41	5.71
2023.07	2.13	4.44	5.12	5.50	5.52	5.28	5.68	5.66	5.59	5.31	5.65
2023.08	2.19	4.37	4.57	5.45	5.45	5.25	5.72	5.14	5.30	5.34	5.46
2023.09	2.26	4.50	5.20	5.34	5.58	5.39	5.88	5.49	5.45	5.42	6.34
2023.10	2.29	4.56	5.34	5.42	4.76	5.46	5.99	5.73	5.60	5.44	5.79
2023.11	2.19	4.61	4.69	4.75	4.85	5.37	5.85	5.80	5.59	5.51	6.34
2023.12	2.23	4.70	5.33	5.49	5.39	5.30	5.81	5.80	5.51	5.82	6.36
2024.01	2.37	4.64	5.24	4.92	5.44	4.82	5.91	5.42	5.29	5.05	5.77
2024.02	2.37	4.74	5.20	4.62	5.00	4.99	5.76	5.65	5.20	5.34	5.28
2024.03	2.46	4.89	5.29	5.25	4.73	5.27	5.83	5.75	5.39	5.32	6.09

3.5　人民币汇率（RMB exchange rates）

世界主要货币兑人民币期末汇率
Exchange rate of the RMB against major foreign currencies at the end of the period

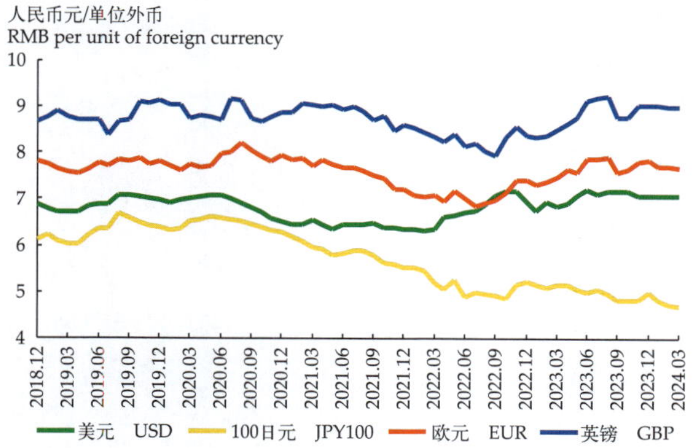

CFETS人民币汇率指数
CFETS RMB exchange rate index

注：数据为周度数，数据来源为中国外汇交易中心。
Note: Weekly data from CFETS.

人民币／美元中间价
（2005年至2024年3月）
Central parity of the RMB against the USD
(From 2005 to Mar. 2024)

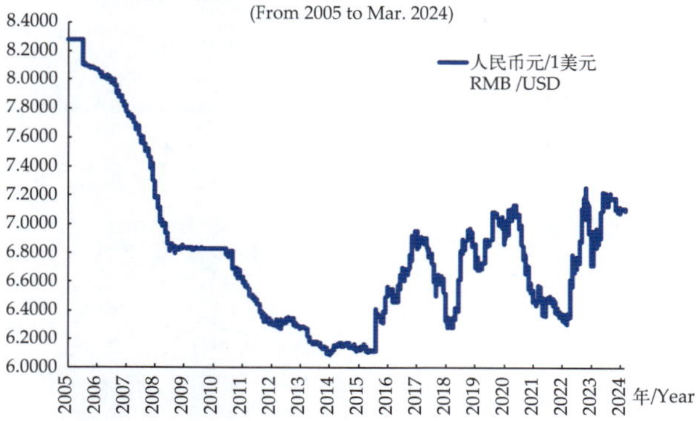

人民币／欧元中间价
（2005年至2024年3月）
Central parity of the RMB against the EUR
(From 2005 to Mar. 2024)

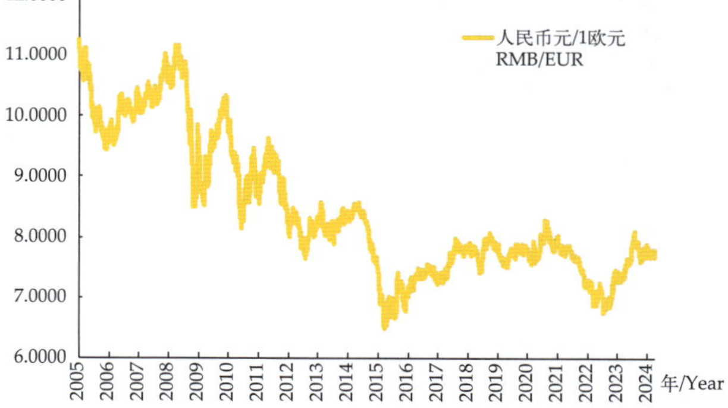

人民币／日元中间价
（2005年至2024年3月）
Central parity of the RMB against the JPY
(From 2005 to Mar. 2024)

人民币／英镑中间价
（2005年至2024年3月）
Central parity of the RMB against the GBP
(From 2005 to Mar. 2024)

世界主要货币兑人民币月平均汇率
Monthly average exchange rate of the RMB against major foreign currencies

年 / 月 Year/Month	人民币 / 美元 RMB/USD	人民币 / 欧元 RMB/EUR	人民币 / 英镑 RMB/GBP	人民币 /100 日元 RMB/JPY 100
2022.03	6.3457	6.9900	8.3575	5.3561
2022.04	6.4280	6.9456	8.3182	5.0833
2022.05	6.7071	7.0977	8.3454	5.2136
2022.06	6.6991	7.0791	8.2557	4.9980
2022.07	6.7324	6.8628	8.0782	4.9222
2022.08	6.7949	6.8831	8.1518	5.0299
2022.09	6.9621	6.9160	7.9202	4.8921
2022.10	7.1287	7.0284	8.0857	4.8396
2022.11	7.1628	7.2948	8.3997	5.0263
2022.12	6.9833	7.3872	8.4985	5.1684
2023.01	6.7976	7.3025	8.2842	5.2130
2023.02	6.8296	7.3189	8.2590	5.1434
2023.03	6.8982	7.3847	8.3693	5.1578
2023.04	6.8852	7.5439	8.5620	5.1648
2023.05	6.9912	7.5931	8.7256	5.0994
2023.06	7.1492	7.7418	9.0214	5.0733
2023.07	7.1619	7.9461	9.2575	5.0977
2023.08	7.1733	7.8908	9.1932	5.0078
2023.09	7.1839	7.7405	8.9947	4.9187
2023.10	7.1786	7.6281	8.7897	4.8336
2023.11	7.1544	7.7528	8.9043	4.7942
2023.12	7.1039	7.7612	9.0034	4.9394
2024.01	7.1060	7.7702	9.0508	4.8844
2024.02	7.1051	7.6984	9.0089	4.7807
2024.03	7.0978	7.7448	9.0560	4.7671

CFETS人民币汇率指数月末值
Month end value of CFETS RMB exchange rate index

日期 Date	CFETS 人民币汇率指数 CFETS RMB exchange rate index
2022.03.31	104.28
2022.04.30	103.24
2022.05.31	100.80
2022.06.30	102.01
2022.07.29	102.62
2022.08.31	101.62
2022.09.30	101.03
2022.10.31	99.86
2022.11.30	97.00
2022.12.30	98.67
2023.01.31	99.83
2023.02.28	99.83
2023.03.31	99.80
2023.04.28	99.52
2023.05.31	98.46
2023.06.30	96.74
2023.07.31	96.81
2023.08.31	97.14
2023.09.28	99.55
2023.10.31	99.31
2023.11.30	98.29
2023.12.29	97.42
2024.01.31	98.89
2024.02.29	99.44
2024.03.29	99.78

2024年1月2日以来人民币汇率中间价

Central parity of RMB against major foreign currencies
Since January 2, 2024

日期 Date	人民币 / 美元 RMB/USD	人民币/欧元 RMB/EUR	人民币 /100 日元 RMB/JPY 100	人民币 / 英镑 RMB/GBP
2024.01.02	7.0770	7.8218	5.0274	9.0226
2024.01.03	7.1002	7.7802	5.0080	8.9794
2024.01.04	7.0997	7.7762	4.9788	9.0216
2024.01.05	7.1029	7.7907	4.9230	9.0283
2024.01.08	7.1006	7.7828	4.9148	9.0450
2024.01.09	7.1010	7.7876	4.9376	9.0643
2024.01.10	7.1055	7.7809	4.9334	9.0488
2024.01.11	7.1087	7.8139	4.8930	9.0757
2024.01.12	7.1050	7.8142	4.9109	9.0917
2024.01.15	7.1084	7.7975	4.9138	9.0747
2024.01.16	7.1134	7.8030	4.8934	9.0693
2024.01.17	7.1168	7.7729	4.8635	9.0363
2024.01.18	7.1174	7.7737	4.8265	9.0570
2024.01.19	7.1167	7.7551	4.8250	9.0708
2024.01.22	7.1105	7.7679	4.8207	9.0563
2024.01.23	7.1117	7.7635	4.8240	9.0688
2024.01.24	7.1053	7.7407	4.8114	9.0498
2024.01.25	7.1044	7.7446	4.8284	9.0523
2024.01.26	7.1074	7.7256	4.8326	9.0559
2024.01.29	7.1097	7.7218	4.8187	9.0489
2024.01.30	7.1055	7.7150	4.8390	9.0574
2024.01.31	7.1039	7.7153	4.8322	9.0421
2024.02.01	7.1049	7.6953	4.8564	9.0394
2024.02.02	7.1006	7.7320	4.8649	9.0667
2024.02.05	7.1070	7.6755	4.8065	9.0020
2024.02.06	7.1082	7.6669	4.8087	8.9476
2024.02.07	7.1049	7.6609	4.8244	8.9730
2024.02.08	7.1063	7.6781	4.8208	8.9980
2024.02.09	7.1036	7.6858	4.7901	9.0017
2024.02.19	7.1032	7.6796	4.7572	8.9904
2024.02.20	7.1068	7.6799	4.7531	8.9738
2024.02.21	7.1030	7.6994	4.7587	8.9900
2024.02.22	7.1018	7.7088	4.7439	9.0013
2024.02.23	7.1064	7.7102	4.7401	9.0209
2024.02.26	7.1080	7.7171	4.7458	9.0378
2024.02.27	7.1057	7.7309	4.7385	9.0359
2024.02.28	7.1075	7.7290	4.7428	9.0384
2024.02.29	7.1036	7.7249	4.7391	9.0249
2024.03.01	7.1059	7.7017	4.7529	8.9970
2024.03.04	7.1020	7.7224	4.7524	9.0155
2024.03.05	7.1027	7.7347	4.7431	9.0417
2024.03.06	7.1016	7.7335	4.7577	9.0501
2024.03.07	7.1002	7.7594	4.7802	9.0615
2024.03.08	7.0978	7.7915	4.8211	9.1129
2024.03.11	7.0969	7.7878	4.8545	9.1472
2024.03.12	7.0963	7.7782	4.8568	9.1208
2024.03.13	7.0930	7.7796	4.8256	9.1089
2024.03.14	7.0974	7.7912	4.8276	9.1069
2024.03.15	7.0975	7.7569	4.8134	9.0883
2024.03.18	7.0943	7.7559	4.7895	9.0725
2024.03.19	7.0985	7.7439	4.7831	9.0643
2024.03.20	7.0968	7.7441	4.7282	9.0682
2024.03.21	7.0942	7.7769	4.7258	9.0971
2024.03.22	7.1004	7.7465	4.7118	9.0355
2024.03.25	7.0996	7.7167	4.7274	8.9953
2024.03.26	7.0943	7.7203	4.7127	8.9994
2024.03.27	7.0946	7.7179	4.7099	8.9975
2024.03.28	7.0948	7.7043	4.7195	8.9958
2024.03.29	7.0950	7.6765	4.7158	9.0004

四、金融市场（Financial market）

4.1 货币市场与债券市场（Money market and bond market）

银行间市场交易量
Transaction volume in the interbank market

单位：万亿元
Unit: RMB 1 trillion

年 Year	债券回购 Repurchasing	同业拆借 Interbank borrowing	现券买卖 Outright transactions
2001	4.0	0.8	0.1
2002	10.2	1.2	0.4
2003	11.7	2.4	3.1
2004	9.4	1.5	2.5
2005	15.9	1.3	6.0
2006	26.6	2.2	10.2
2007	44.8	10.6	15.6
2008	58.1	15.0	37.1
2009	70.3	19.4	47.3
2010	87.6	27.9	64.0
2011	99.5	33.4	63.6
2012	141.7	46.7	75.2
2013	158.2	35.5	41.6
2014	224.4	37.7	40.4
2015	457.8	64.2	86.7
2016	601.3	95.9	127.1
2017	616.4	79.0	102.8
2018	722.7	139.3	150.7
2019	819.6	151.6	213.7
2020	959.8	147.1	232.8
2021	1045.2	118.8	214.4
2022	1380.2	146.8	271.2
2023	1674.2	142.9	307.3

债券回购交易成交金额
Turnover of repurchasing

单位：亿元
Unit: RMB 100 million

年 / 月 Year/Month	银行间债券市场 Interbank bond market	交易所 Stock exchanges
2022.04	1 042 211	308 121
2022.05	1 118 521	308 295
2022.06	1 260 593	345 690
2022.07	1 318 609	328 775
2022.08	1 526 047	370 265
2022.09	1 331 465	350 493
2022.10	974 857	277 955
2022.11	1 183 613	382 640
2022.12	1 167 064	396 934
2023.01	971 230	305 573
2023.02	1 109 644	382 244
2023.03	1 449 734	442 730
2023.04	1 321 294	357 713
2023.05	1 555 866	378 700
2023.06	1 556 425	384 687
2023.07	1 676 699	394 706
2023.08	1 703 259	407 195
2023.09	1 367 693	365 475
2023.10	1 171 202	331 853
2023.11	1 420 362	420 303
2023.12	1 438 851	404 424
2024.01	1 671 854	452 026
2024.02	1 058 322	308 290
2024.03	1 457 275	419 336

银行间市场交易量
Transaction volume in the interbank market

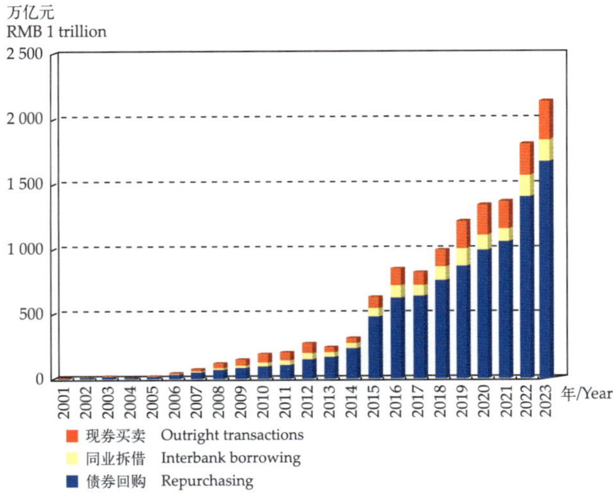

债券回购交易成交金额
Turnover of repurchasing

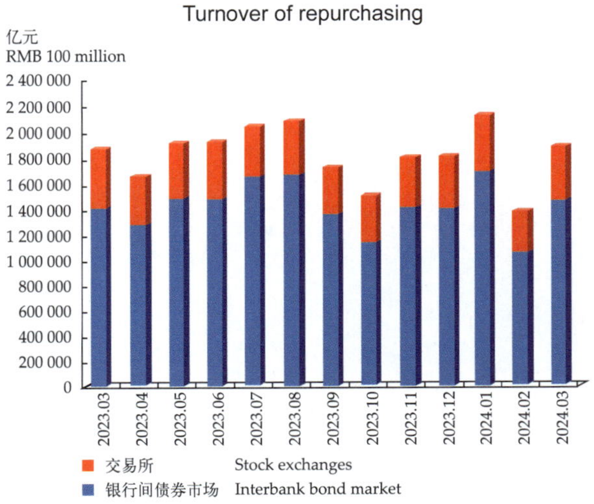

银行间市场月加权平均利率
Monthly weighted average interest rates in the interbank market

单位：%
Unit:%

年 / 月 Year/Month	同业拆借市场 Interbank borrowing market	质押式债券回购 Bond-pledged repurchasing
2022.04	1.62	1.61
2022.05	1.50	1.47
2022.06	1.56	1.57
2022.07	1.35	1.33
2022.08	1.23	1.24
2022.09	1.41	1.46
2022.10	1.41	1.46
2022.11	1.55	1.61
2022.12	1.26	1.41
2023.01	1.44	1.56
2023.02	1.92	2.07
2023.03	1.70	1.85
2023.04	1.69	1.77
2023.05	1.50	1.55
2023.06	1.57	1.67
2023.07	1.49	1.53
2023.08	1.71	1.76
2023.09	1.87	1.96
2023.10	1.92	2.06
2023.11	1.89	1.98
2023.12	1.78	1.90
2024.01	1.83	1.90
2024.02	1.85	1.89
2024.03	1.88	1.91

债券现券交易成交金额
Turnover of outright transactions

单位：亿元
Unit: RMB 100 million

年 / 月 Year/Month	银行间债券市场 Interbank bond market	交易所 Stock exchanges
2022.04	202 747	31 992
2022.05	197 908	38 483
2022.06	225 397	47 213
2022.07	235 323	36 825
2022.08	282 502	31 451
2022.09	247 152	23 061
2022.10	196 277	19 756
2022.11	286 295	34 869
2022.12	221 299	35 654
2023.01	159 590	21 136
2023.02	216 717	30 482
2023.03	284 535	35 854
2023.04	244 280	32 062
2023.05	261 641	33 522
2023.06	270 397	39 349
2023.07	273 712	44 551
2023.08	306 273	57 000
2023.09	273 549	43 881
2023.10	216 630	35 533
2023.11	283 579	49 078
2023.12	282 146	43 915
2024.01	334 806	38 788
2024.02	243 138	25 293
2024.03	390 570	36 772

银行间市场月加权平均利率
Monthly weighted average interest rates in the interbank market

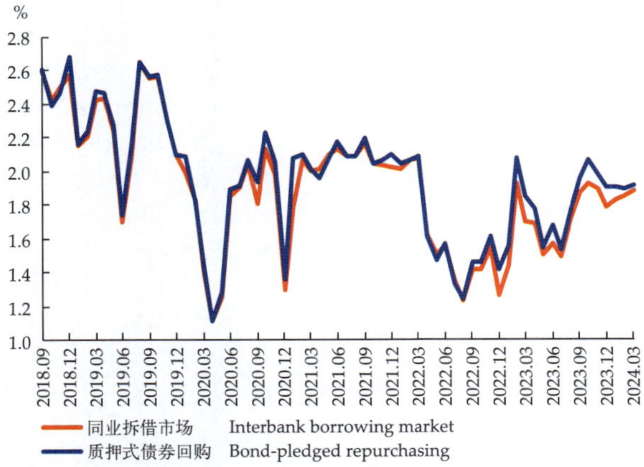

债券现券交易成交金额
Turnover of outright transactions

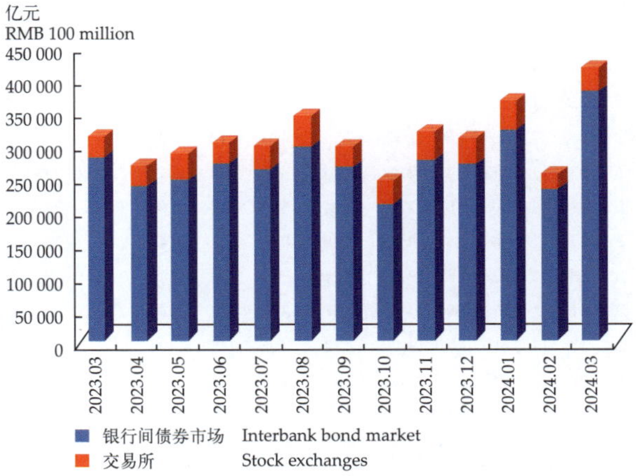

主要货币市场利率品种走势
Trend chart of major money market interest rates

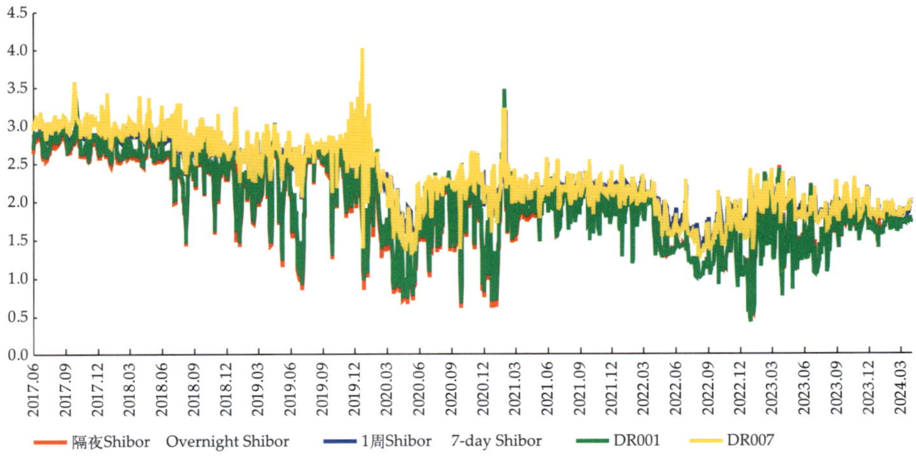

全国银行间同业拆借各期限当月交易量及月加权平均利率
Monthly transaction volume and monthly weighted average interest rates of interbank borrowing with different maturities

单位：亿元、%
Unit: RMB 100 million, %

年 / 月 Year/Month	1 天 1 day		7 天 7 days		14 天 14 days		21 天 21 days		1 个月 1 month		2 个月 2 months		3 个月 3 months		4 个月 4 months		6 个月 6 months		9 个月 9 months		1 年 1 year	
	交易量 Volume	利率 Rate	交易量 Volume	利率 Rate	交易量 Volume	利率 Rate	交易量 Volume	利率 Rate	交易量 Volume	利率 Rate	交易量 Volume	利率 Rate	交易量 Volume	利率 Rate	交易量 Volume	利率 Rate	交易量 Volume	利率 Rate	交易量 Volume	利率 Rate	交易量 Volume	利率 Rate
2022.04	94 813	1.54	12 421	2.06	979	2.03	150	2.27	229	2.58	160	2.68	565	2.99	15	3.24	53	3.23	23	3.36	24	3.45
2022.05	107 234	1.44	11 626	1.89	801	1.84	107	1.89	278	2.32	130	2.42	574	2.81	7	2.70	38	2.93	11	3.15	30	3.25
2022.06	125 798	1.51	10 779	1.98	707	1.87	142	1.89	206	2.14	261	2.15	596	2.76	12	2.80	43	3.16	11	3.32	43	3.06
2022.07	133 486	1.30	11 223	1.80	596	1.77	97	1.85	197	2.04	99	2.00	512	2.79	22	2.49	52	2.85	21	3.15	57	3.09
2022.08	160 258	1.19	11 793	1.67	711	1.54	57	1.53	287	1.72	54	1.85	417	2.50	13	2.24	40	2.84	5	2.75	36	3.02
2022.09	134 353	1.35	10 765	1.90	2 616	2.04	347	1.85	251	1.98	376	1.87	535	2.36	26	2.77	30	2.65	7	2.72	21	2.70
2022.10	95 837	1.33	10 370	1.97	955	1.83	187	1.75	368	2.02	102	2.10	525	2.43	6	2.37	25	2.76	3	2.40	20	2.88
2022.11	91 389	1.49	10 869	1.98	671	2.01	139	2.05	231	2.09	141	2.43	570	2.68	9	3.14	22	2.92	14	2.84	32	2.98
2022.12	99 601	1.13	11 536	2.10	889	2.41	103	2.43	331	2.06	218	2.58	673	2.79	42	3.16	35	3.04	5	3.21	48	3.40
2023.01	89 057	1.32	8 935	2.15	1 330	2.46	536	2.47	897	2.24	285	2.44	562	2.90	101	2.38	215	2.45	23	3.15	58	3.41
2023.02	86 407	1.87	7 965	2.37	374	2.38	44	2.53	233	2.48	168	2.80	608	2.94	80	3.03	36	2.97	22	3.02	49	3.09
2023.03	121 294	1.64	9 066	2.36	417	2.50	120	2.50	169	2.72	65	2.95	631	3.05	12	3.15	32	2.96	14	3.07	55	3.37
2023.04	108 312	1.62	10 942	2.30	596	2.26	42	2.68	173	2.58	73	2.59	578	2.89	5	3.19	21	2.90	21	3.02	31	3.39
2023.05	138 223	1.44	11 635	2.05	499	2.04	78	2.19	293	2.51	113	2.67	555	2.98	4	2.66	32	2.85	16	2.90	46	3.13
2023.06	125 453	1.50	11 528	2.15	440	2.19	89	2.19	227	2.37	257	2.30	722	2.81	6	2.70	29	2.81	5	3.01	36	3.29
2023.07	131 477	1.43	12 080	2.00	363	2.04	43	2.11	333	2.36	68	2.32	613	2.57	15	2.53	29	2.79	8	2.72	37	3.05
2023.08	117 508	1.67	11 240	2.04	698	1.98	60	1.98	298	2.16	83	2.32	546	2.63	9	2.63	31	2.69	14	2.86	26	2.71
2023.09	88 969	1.80	9 000	2.28	1 072	2.67	142	2.61	325	2.48	155	2.64	710	2.64	11	2.85	17	2.58	1	2.64	18	2.77
2023.10	74 323	1.87	9 573	2.24	502	2.33	41	2.37	375	2.58	95	2.55	546	2.73	5	2.60	26	2.80	3	2.89	29	3.01
2023.11	96 291	1.84	10 918	2.27	373	2.37	80	2.45	317	2.69	110	2.74	626	2.88	12	2.95	23	3.04	1	3.05	41	3.14
2023.12	102 640	1.71	13 486	2.12	746	2.45	94	2.89	453	2.94	121	2.91	690	3.02	10	2.94	91	2.76	3	3.34	57	3.23
2024.01	94 845	1.78	12 003	2.13	419	2.18	81	2.43	265	2.66	198	2.52	578	2.79	14	2.75	30	2.67	30	2.77	57	3.00
2024.02	50 990	1.78	9 819	2.11	1 315	2.13	188	2.29	324	2.42	178	2.43	475	2.69	77	2.61	18	2.42	15	2.59	41	2.81
2024.03	78 892	1.83	10 500	2.13	439	2.27	54	2.17	242	2.37	158	2.47	684	2.53	36	2.30	54	2.30	7	2.46	56	2.68

政府债券发行、兑付、期末余额
Issue and redemption values and end-period balance of government bonds

单位：亿元
Unit: RMB 100 million

年 / 月 Year/Month	发行额 Issue value	兑付额 Redemption value	期末余额 End-period balance
2022.04	10 502	7 027	552 613
2022.05	17 693	5 638	563 195
2022.06	24 377	7 325	579 411
2022.07	14 599	11 381	583 409
2022.08	14 290	11 802	586 754
2022.09	12 316	7 376	592 337
2022.10	14 959	9 936	595 129
2022.11	12 002	7 226	601 662
2022.12	15 676	13 446	604 602
2023.01	10 620	6 488	608 742
2023.02	14 015	5 866	616 880
2023.03	16 013	9 859	623 034
2023.04	15 013	9 683	628 386
2023.05	15 391	9 551	634 222
2023.06	15 829	10 134	639 673
2023.07	16 396	12 493	643 836
2023.08	21 799	9 932	655 726
2023.09	19 863	9 985	665 646
2023.10	26 591	10 956	681 284
2023.11	19 773	7 985	693 077
2023.12	12 909	3 222	702 779
2024.01	10 928	7 971	705 726
2024.02	12 344	6 295	711 738
2024.03	16 085	11 198	716 424

5年期与10年期国债收益率
5-year and 10-year government bond yield

单位：%
Unit: %

年 / 月 Year/Month	5 年期国债收益率 5-year government bond yield	10 年期国债收益率 10-year government bond yield
2022.04	2.61	2.84
2022.05	2.55	2.74
2022.06	2.65	2.82
2022.07	2.51	2.76
2022.08	2.41	2.62
2022.09	2.58	2.76
2022.10	2.43	2.64
2022.11	2.69	2.89
2022.12	2.64	2.84
2023.01	2.70	2.90
2023.02	2.74	2.90
2023.03	2.68	2.85
2023.04	2.61	2.78
2023.05	2.46	2.69
2023.06	2.42	2.64
2023.07	2.45	2.66
2023.08	2.40	2.56
2023.09	2.53	2.68
2023.10	2.53	2.69
2023.11	2.57	2.67
2023.12	2.40	2.56
2024.01	2.29	2.43
2024.02	2.22	2.34
2024.03	2.20	2.29

政府债券发行与兑付
Issue and redemption values of government bonds

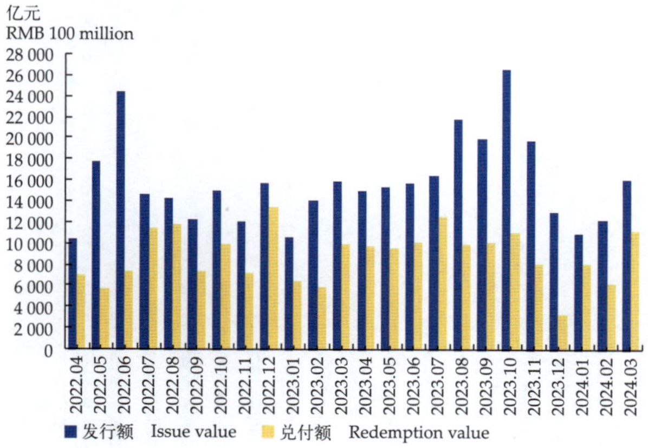

国债收益率曲线
Government bond yield curve

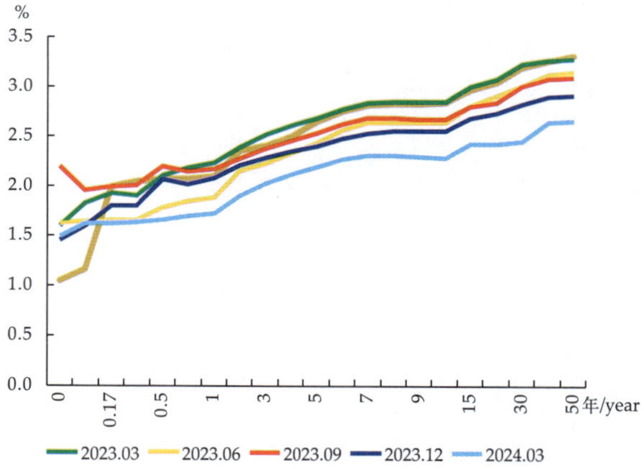

4.2 票据市场（Commercial paper market）

票据市场交易额与期末余额
Transactions and outstanding balance of commercial paper market

单位：亿元
Unit: RMB 100 million

年 / 月 Year/Month	商业汇票 Drafts	贴现 Discount bills	再贴现 Rediscount bills
发生额 Transactions during the period			
2022.04	20 536	52 295	1 297
2022.05	25 089	55 506	1 225
2022.06	25 379	46 624	1 544
2022.07	21 134	44 168	1 275
2022.08	22 017	43 521	1 122
2022.09	20 536	36 564	1 252
2022.10	16 883	34 720	1 062
2022.11	21 679	39 927	1 292
2022.12	30 999	51 408	1 526
2023.01	21 662	36 475	1 268
2023.02	15 238	28 669	1 567
2023.03	21 801	42 911	1 788
2023.04	18 596	49 175	1 598
2023.05	23 201	53 243	1 275
2023.06	23 756	45 660	1 518
2023.07	30 242	70 447	1 507
2023.08	29 715	61 238	1 207
2023.09	26 920	44 126	1 529
2023.10	26 970	57 420	1 303
2023.11	35 077	65 459	1 592
2023.12	40 301	71 582	1 924
2024.01	26 834	42 207	1 408
2024.02	22 431	44 080	1 580
2024.03	28 614	48 716	1 829
期末余额 Outstanding balance at the end of the period			
2022.04	159 156	111 688	6 112
2022.05	165 070	118 817	6 033
2022.06	166 325	119 600	6 145
2022.07	165 720	122 736	5 890
2022.08	171 248	124 327	5 669
2022.09	170 320	123 516	5 449
2022.10	169 829	125 421	5 258
2022.11	171 326	126 970	5 284
2022.12	173 755	128 090	5 583
2023.01	171 019	123 964	5 281
2023.02	169 604	122 975	5 594
2023.03	166 704	118 288	6 061
2023.04	165 640	119 568	6 219
2023.05	164 753	119 988	6 128
2023.06	162 672	119 167	5 950
2023.07	163 197	122 764	5 714
2023.08	167 913	126 236	5 283
2023.09	166 434	124 736	5 289
2023.10	169 296	127 912	5 172
2023.11	171 779	130 004	5 245
2023.12	171 373	131 500	5 920
2024.01	168 547	121 767	5 573
2024.02	162 732	119 011	5 654
2024.03	163 592	116 481	5 991

注：中国人民银行于2019年第三季度调整了商业汇票、贴现口径，与以前数据不可比。
Note: Since Q3 2019, the PBOC has improved the statistics of drafts and discount bills, the data is not comparable to previous.

商业汇票交易情况
Draft transactions

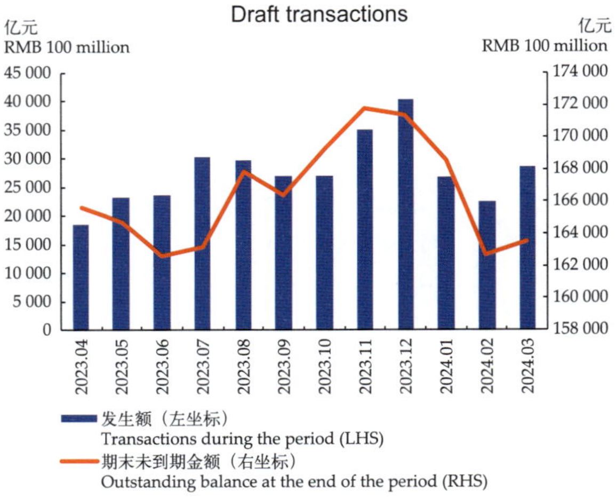

贴现情况
Discount bills

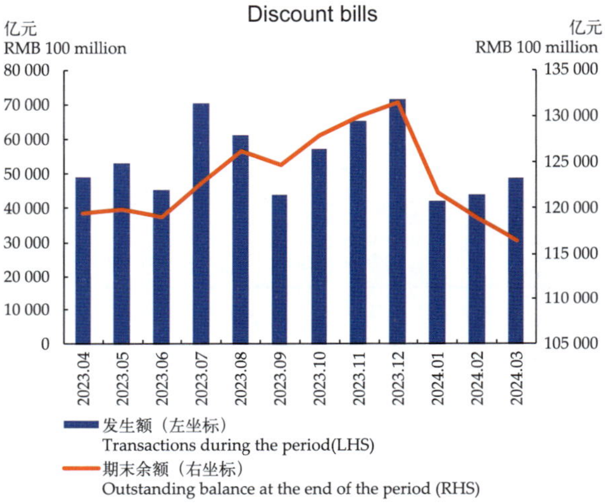

再贴现情况
Rediscount bills

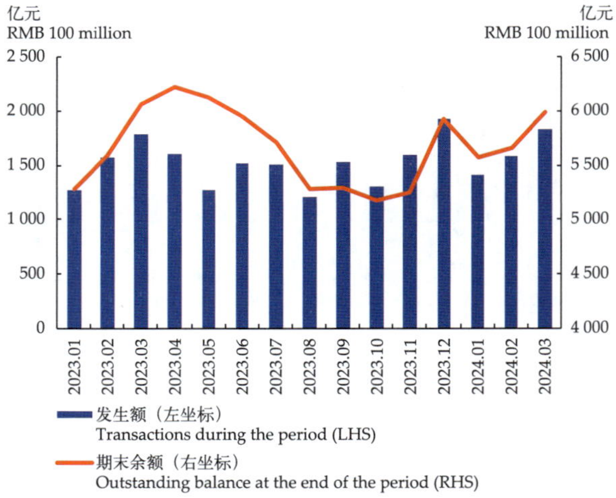

4.3 股票市场（Stock market）

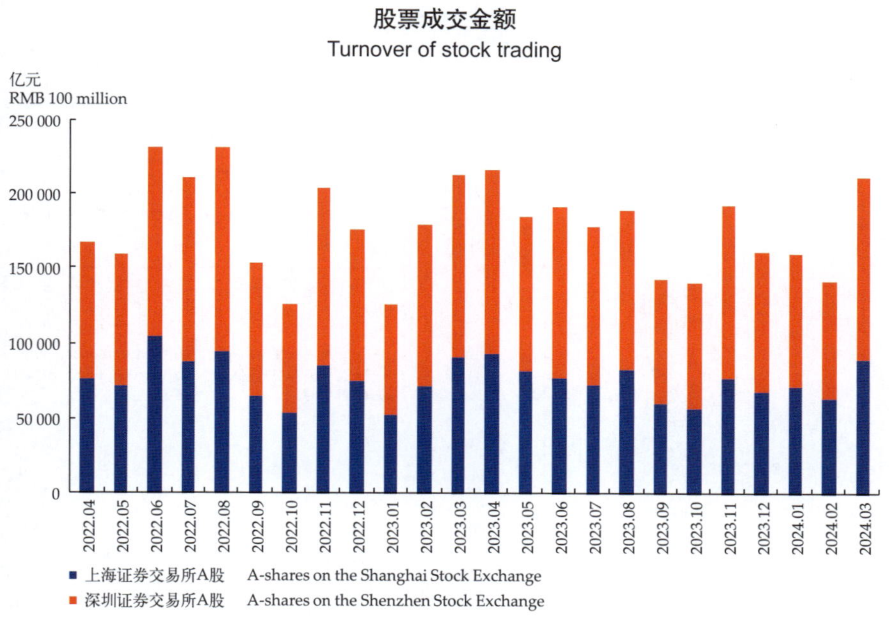

股票成交、发行筹资额
Turnover of stock trading and funds raised in the stock market

单位：亿元
Unit: RMB 100 million

年 Year	成交金额 Turnover of stock trading		A 股筹资 A-shares capital raised			H 股筹资 H-shares capital raised	
	上海证券交易所 A 股 A-shares on the Shanghai Stock Exchange	深圳证券交易所 A 股 A-shares on the Shenzhen Stock Exchange	首次发行金额 Initial public offering	增发 Additional offering	配股 Rights issues	首次发行金额 Initial public offering	再筹资金额 Refinancing
2011	236 809	183 530	2 825	1 797	422	78	33
2012	164 047	149 668	1 034	1 972	121	80	35
2013	228 919	237 713	0	2 327	669	113	84
2014	375 150	366 228	669	4 050	138	129	213
2015	1 323 231	1 223 607	1 767	6 709	42	236	227
2016	496 880	775 478	1 634	16 978	299	1079	529
2017	507 215	616 433	2 186	12 871	157	487	1342
2018	401 575	499 528	1 375	8 421	228	902	305
2019	543 464	730 108	2 490	7 365	134	956	182
2020	839 470	1 228 162	4 742	8 779	434	739	248
2021	1 139 595	1 439 455	5 351	9 556	493	306	872
2022	962 081	1 282 331	5 711	6 166	615	542	—
2023	893 350	1 228 332	3 716	5 067	150	245	—

月末加权平均市盈率
Weighted average price-earnings ratio at month-end

年 / 月 Year/Month	上海证券交易所 A 股 A-shares on the Shanghai Stock Exchange	深圳证券交易所 A 股 A-shares on the Shenzhen Stock Exchange	科创板 SSE STAR Market
2022.04	15.1	21.6	51.2
2022.05	12.9	23.6	38.3
2022.06	13.8	26.2	43.8
2022.07	13.3	25.7	45.7
2022.08	13.2	24.8	49.3
2022.09	12.5	22.7	46.4
2022.10	12.0	22.3	45.3
2022.11	13.0	23.9	48.0
2022.12	12.8	23.5	45.3
2023.01	13.6	25.6	46.6
2023.02	13.7	25.7	48.5
2023.03	13.7	24.3	47.8
2023.04	14.0	24.3	50.3
2023.05	12.8	23.6	39.4
2023.06	12.8	24.1	39.9
2023.07	13.1	24.3	38.9
2023.08	12.5	23.0	36.2
2023.09	12.5	22.5	35.7
2023.10	12.1	22.1	34.8
2023.11	12.1	22.1	36.2
2023.12	12.0	21.7	35.2
2024.01	11.2	18.3	31.4
2024.02	12.2	20.4	28.8
2024.03	12.3	21.0	31.4

月末加权平均市盈率
Weighted average price-earnings ratio at month-end

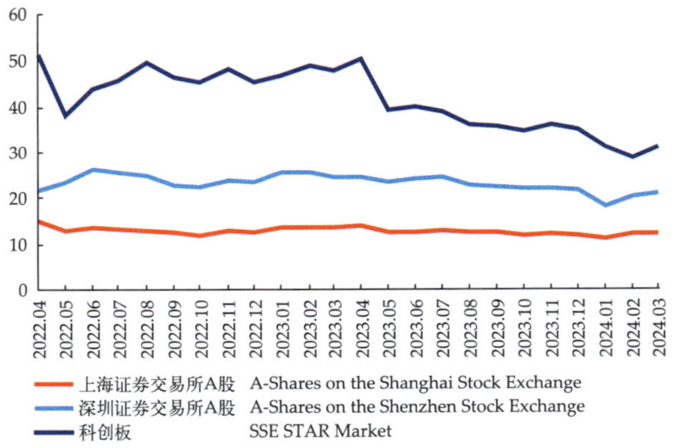

五、国际收支（Balance of payments）

2023年第四季度国际收支平衡表简表
BOP sheet in 2023 Q4

单位：亿美元
Unit: USD 100 million

项目 Items		金额 Amounts
一、经常账户 Current account		562
	贷方 credit	9 885
	借方 debit	-9 324
1.1 货物和服务 Goods and services		944
	贷方 credit	9 287
	借方 debit	-8 343
1.1.1 货物 Goods		1 511
	贷方 credit	8 432
	借方 debit	-6 921
1.1.2 服务 Services		-567
	贷方 credit	855
	借方 debit	-1 422
1.2 初次收入 Primary income		-426
	贷方 credit	501
	借方 debit	-928
1.3 二次收入 Secondary income		44
	贷方 credit	97
	借方 debit	-53
二、资本和金融账户 Capital and financial account		-466
2.1 资本账户 Capital account		-1
	贷方 credit	0
	借方 debit	-1
2.2 金融账户 Financial account		-466
资产 Assets		-899
负债 Liabilities		434
2.2.1 非储备性质的金融账户 Financial account excluding reserve assets		-340
2.2.1.1 直接投资 Direct investment		-259
资产 Assets		-436
负债 Liabilities		177
2.2.1.2 证券投资 Portfolio investment		348
资产 Assets		-111
负债 Liabilities		458
2.2.1.3 金融衍生工具 Financial derivatives		-5
资产 Assets		9
负债 Liabilities		-14
2.2.1.4 其他投资 Other investment		-424
资产 Assets		-237
负债 Liabilities		-187
2.2.2 储备资产 Reserve assets		-125
三、净误差与遗漏 Net errors and omissions		-96

注：根据《国际收支和国际投资头寸手册》（第六版）编制，为初步数。
Note: Compiled in accordance with the sixth edition of *Balance of Payments and International Investment Postion Manual* (BPM6). The Data are preliminary.

中国国际收支变化趋势

Movement of China's balance of payments

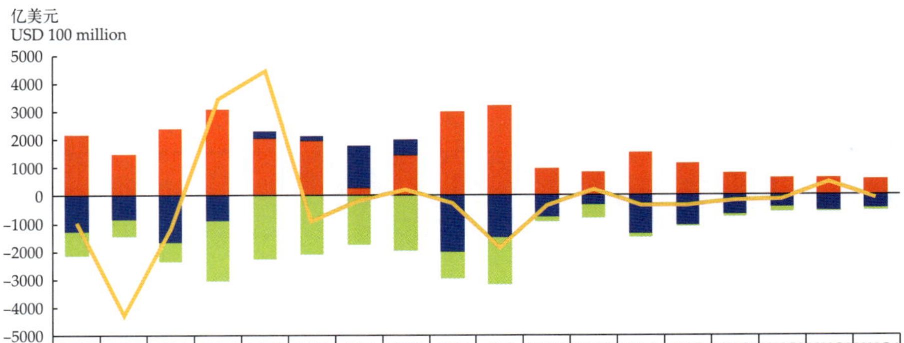

	2012	2013	2014	2015	2016	2017	2018	2019	2020	2021	2022Q1	2022Q2	2022Q3	2022Q4	2023Q1	2023Q2	2023Q3	2023Q4
净误差与遗漏差额 Balance of errors and omissions(net)	−871	−629	−669	−2 130	−2 295	−2 130	−1 787	−1 981	−949	−1 674	−197	−502	−135	−59	−70	−173	−40	−96
资本和金融项目差额 Balance of capital and financial accounts	−1 283	−853	−1 692	−912	273	179	1 532	567	−2 040	−1 499	−765	−338	−1 379	−10 58	−697	−420	−568	−466
经常项目差额 Balance of current account	2154	1 482	2 360	3 042	2 022	1 951	255	1 413	2 989	3 173	962	840	1 515	1 117	767	593	608	562
储备资产差额 Balance of reserve assets	−966	−4 314	−1 178	3 429	4 437	−915	−189	193	−280	−1 882	−393	190	−373	−388	−220	−134	431	−125

2023年12月末外债结构

External debt structure at the end of 2023Q4

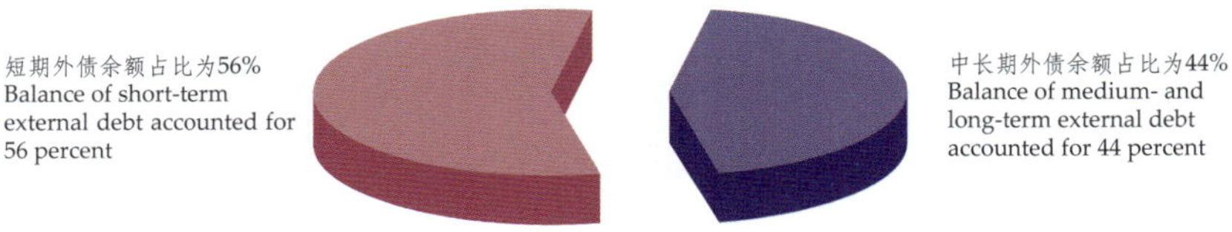

2023年12月末，中国外债余额为24 475亿美元，其中，中长期外债余额为10 847亿美元，占外债余额的44%；短期外债余额为13 628亿美元，占外债余额的56%。

China's outstanding balance of external debt was USD 2,447.5 billion at the end of 2023Q4, among which USD 1,084.7 billion or 44 percent was medium- and long-term debt, and USD 1,362.8 billion or 56 percent was short-term debt.

2023年12月末外债数据
External debt balance at the end of 2023 Q4

项目 Item	外债余额 Outstanding external debt	广义政府债务 General government debt	中央银行债务 Monetary authority debt	其他接受存款公司 Other deposit receiving companies debt	其他部门债务 Other sectors debt	直接投资：公司间贷款 Direct investment: intercompany lending
债务余额（亿美元） Debt balance (USD 100 million)	24 475	4 345	1 072	10 093	6 007	2 958
比重 (%) Share (%)	100.00	17.75	4.38	41.24	24.54	12.08

注：2014年末，国家外汇管理局按照国际货币基金组织“数据公布特殊标准”（SDDS）的分类标准公布我国外币外债数据，机构部门的分类相应进行了调整。
Note: At the end of 2014, State Administration of Foreign Exchange (SAFE) started to publish the data of China's external debts denominated in foreign currencies according to IMF's SDDS classification standards. The classification of sectors and departments were also adjusted accordingly.

外币外债余额与负债率
Balance and ratio of external debt to GDP

（图中数据根据国家外汇管理局最新数据修订）
(Data are revised by State Administration of Foreign Exchange)

外汇储备及其增长率
Foreign exchange reserves and growth rate

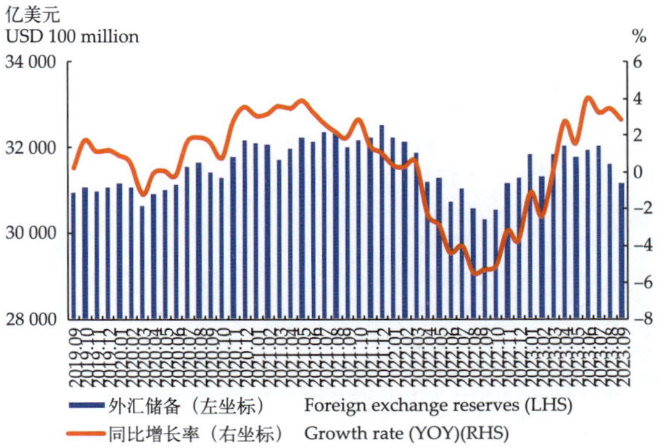

六、财政收支
（Fiscal revenue and expenditure）

年度财政收入、财政支出及其增长趋势
Annual budgetary revenue, budgetary expenditure, and their growth

年 Year	财政收入（亿元）Budgetary revenue (RMB 100 million)	财政支出（亿元）Budgetary expenditure (RMB 100 million)	财政收入同比增长率 (%) Growth rate of budgetary revenue (YOY) (%)	财政支出同比增长率 (%) Growth rate of budgetary expenditure (YOY) (%)
2003	19 774	24 650	19.9	11.8
2004	26 396	28 487	21.6	15.6
2005	31 649	33 930	19.9	19.1
2006	38 760	40 423	22.5	19.1
2007	51 322	49 781	32.4	23.2
2008	61 317	62 427	19.5	25.4
2009	68 477	75 874	11.7	21.2
2010	83 080	89 575	21.3	17.4
2011	103 740	108 930	24.8	21.2
2012	117 210	125 712	12.8	15.1
2013	129 143	139 744	10.1	10.9
2014	140 350	151 662	8.6	8.2
2015	152 217	175 768	8.4	15.8
2016	159 552	187 841	4.5	6.4
2017	172 567	203 330	7.4	7.7
2018	183 352	220 906	6.2	8.7
2019	190 382	238 874	3.8	8.1
2020	182 895	245 588	-3.9	2.8
2021	202 539	246 322	10.7	0.3
2022	203 703	260 609	0.6	6.1
2023	216 784	274 574	6.4	5.4

注：表中数据根据财政部最新数据修订。
Note: Data are revised by Ministry of Finance.

月度累计财政收支增长率与收支差额
Monthly growth rates and balance of accumulated fiscal revenue and expenditure

年 / 月 Year/Month	财政收入累计同比增长率（%）Growth rate of accumulated fiscal revenue (YOY) (%)	财政支出累计同比增长率（%）Growth rate of accumulated fiscal expenditure (YOY) (%)	累计财政收支总量差额（亿元）Balance of accumulated fiscal revenue and expenditure (RMB 100 million)
2021.04	25.5	3.8	1 612
2021.05	24.2	3.6	2 901
2021.06	21.8	4.5	−4 560
2021.07	20.0	3.3	−212
2021.08	18.4	3.6	−5 283
2021.09	16.3	2.3	−15 273
2021.10	14.5	2.4	−12 435
2021.11	12.8	2.9	−22 672
2021.12	10.7	0.3	−43 783
2022.01	—	—	—
2022.02	10.5	7.0	7 976
2022.03	8.6	8.3	−1 550
2022.04	−4.8	5.9	−6 640
2022.05	−10.1	5.9	−12 320
2022.06	−10.2	5.9	−23 666
2022.07	−9.2	6.4	−21 770
2022.08	−8.0	6.3	−27 134
2022.09	−6.6	6.2	−37 238
2022.10	−4.5	6.4	−32 937
2022.11	−3.0	6.2	−41 737
2022.12	0.6	6.1	−56 906
2023.01	—	—	—
2023.02	−1.2	7.0	4 744
2023.03	0.5	6.8	−5 574
2023.04	11.9	6.8	−3 247
2023.05	14.9	5.8	−5 129
2023.06	13.3	3.9	−14 690
2023.07	11.5	3.3	−12 289
2023.08	10.0	3.8	−19 586
2023.09	8.9	3.9	−31 184
2023.10	8.1	4.6	−28 240
2023.11	7.9	4.9	−38 331
2023.12	6.4	5.4	−57 790
2024.01	—	—	—
2024.02	−2.3	6.7	961
2024.03	−2.3	2.9	−8 979

注：表中数据根据财政部最新数据修订。
Note: Data are revised by Ministry of Finance.

年度财政收入、财政支出及其增长趋势
Annual budgetary revenue, budgetary expenditure, and their growth

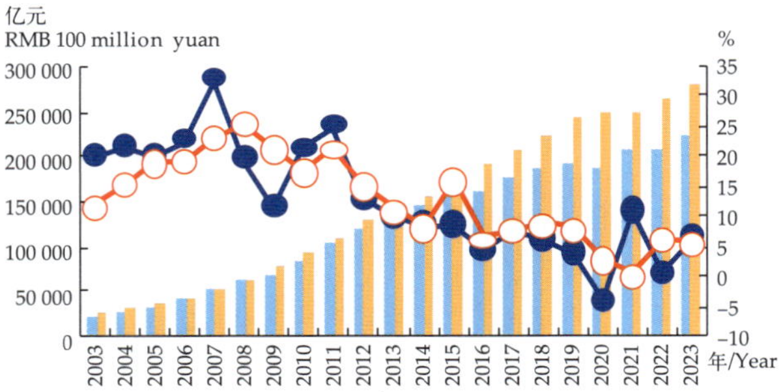

财政收入（左坐标） Budgetary revenue (LHS)
财政支出（左坐标） Budgetary expenditure (LHS)
财政收入同比增长率（右坐标） Growth rate of budgetary revenue (YOY)(RHS)
财政支出同比增长率（右坐标） Growth rate of budgetary expenditure (YOY)(RHS)

月度累计财政收支增长率与收支差额
Monthly growth rates and balance of accumulated fiscal revenue and expenditure

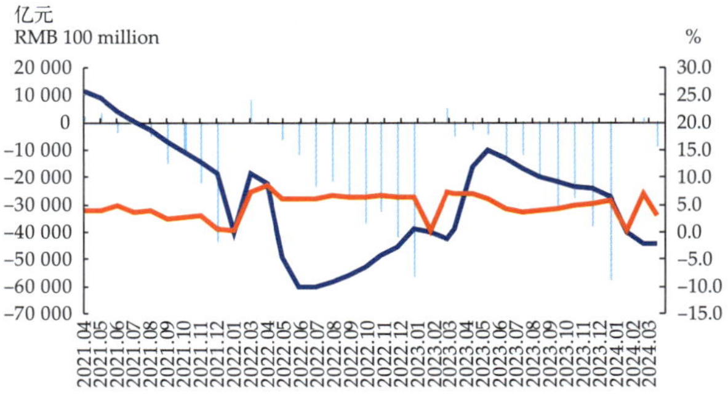

累计财政收支差额（左坐标）
Balance of accumulated fiscal revenue and expenditure (LHS)
财政收入累计同比增长率（右坐标）
Growth rate of accumulated fiscal revenue (YOY) (RHS)
财政支出累计同比增长率（右坐标）
Growth rate of accumulated fiscal expenditure (YOY) (RHS)

附录四　世界主要经济体经济和金融指标
Appendix 4 Economic and Financial Indicators of Major Economies

一、经济增长率（Economic growth rate）

世界经济增长率
World economic growth rate

单位：%　Unit: %

年 Year	国际货币基金组织按购买力平价方法计算的实际 GDP 增长率 Real GDP growth rate based on PPP (IMF)	世界银行按市场汇率法计算的实际 GDP 增长率 Real GDP growth rate based on market exchange rate（WB）
2006	5.4	4.4
2007	5.6	4.3
2008	3.1	1.9
2009	-0.1	-1.7
2010	5.4	4.3
2011	4.3	3.1
2012	3.5	2.5
2013	3.4	2.5
2014	3.5	2.6
2015	3.4	2.8
2016	3.3	2.4
2017	3.8	3.0
2018	3.6	3.2
2019	2.8	2.6
2020	-2.8	-3.1
2021	6.3	6.2
2022	3.5	3.0
2023	3.1	2.6
2024*	3.2	2.4
2025*	3.2	2.7

数据来源：国际货币基金组织、世界银行、Wind。
注：*为预测数。
Source: IMF, The World Bank, Wind.
Note: *Projection.

主要经济体GDP增长率
Annual GDP growth rate of major economies

单位：%　Unit: %

年 Year	美国 U.S.	日本 Japan	欧元区 Euro Area	英国 U.K.
2007	2.0	1.5	3.0	2.6
2008	0.1	-1.2	0.4	-0.2
2009	-2.6	-5.7	-4.5	-4.5
2010	2.7	4.1	2.1	2.4
2011	1.6	0.0	1.7	1.1
2012	2.3	1.4	-0.9	1.4
2013	1.8	2.0	-0.2	1.8
2014	2.3	0.3	1.4	3.2
2015	2.7	1.6	2.0	2.4
2016	1.7	0.8	1.9	2.2
2017	2.2	1.7	2.6	2.4
2018	2.9	0.6	1.8	1.7
2019	2.3	-0.4	1.6	1.6
2020	-2.8	-4.3	-6.1	-11.0
2021	5.9	2.2	5.3	7.6
2022	1.9	1.0	3.4	4.3
2023	2.5	1.9	0.5	0.5
2024*	2.7	0.9	0.8	0.5
2025*	1.9	1.0	1.5	1.5

数据来源：国际货币基金组织、世界银行、Wind。
注：*为预测数。
Source: IMF, The World Bank, Wind.
Note: *Projection.

世界经济增长率
World economic growth rate

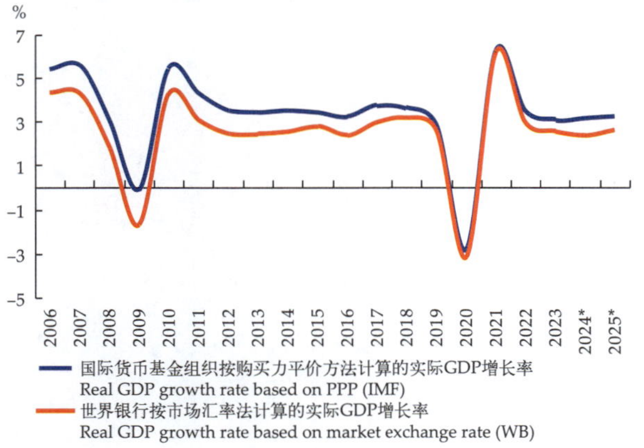

主要经济体GDP增长率
Annual GDP growth rate of major economies

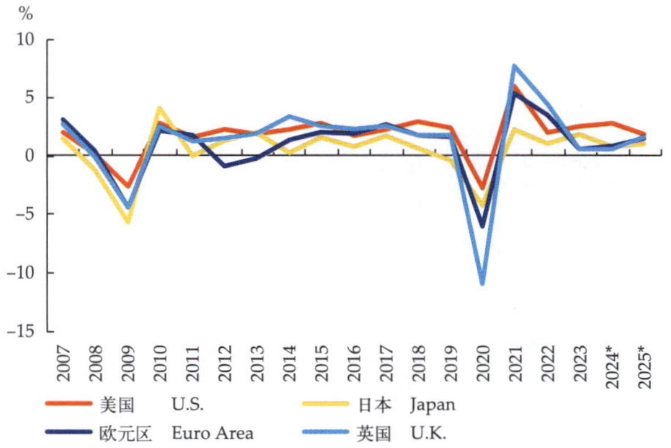

GDP季度同比增长率
Year-on-year quarterly growth rate of GDP

单位：%　Unit: %

年 / 季度 Year/Quarter	美国 U.S.	日本 Japan	欧元区 Euro Area	英国 U.K.
2020Q2	−7.5	−9.7	−14.1	−21.9
2020Q3	−1.5	−5.0	−3.9	−9.5
2020Q4	−1.1	−0.4	−4.0	−8.3
2021Q1	1.6	−0.6	−0.2	−6.7
2021Q2	12.0	8.0	14.8	25.7
2021Q3	4.7	2.1	4.6	9.5
2021Q4	5.4	1.3	5.2	9.7
2022Q1	3.6	0.4	5.4	11.4
2022Q2	1.9	1.5	4.1	3.9
2022Q3	1.7	1.5	2.5	2.1
2022Q4	0.7	0.6	1.9	0.6
2023Q1	1.7	2.6	1.3	0.3
2023Q2	2.4	2.3	0.6	0.2
2023Q3	2.9	1.6	0.1	0.2
2023Q4	3.1	1.2	0.1	−0.3
2024Q1	3.0	−0.2	0.4	0.2

数据来源：各经济体官方统计网站、Wind。
Sources: Official statistical websites of the economies, Wind.

GDP季度环比折年率
Quarter-on-quarter annualized growth rate of GDP

单位：%　Unit: %

年 / 季度 Year/Quarter	美国 U.S.	日本 Japan	欧元区 Euro Area	英国 U.K.
2020Q2	−28.0	−27.6	−38.0	−59.7
2020Q3	34.8	24.3	57.9	86.0
2020Q4	4.2	7.2	−0.2	5.5
2021Q1	5.2	1.2	1.6	−4.0
2021Q2	6.2	1.7	8.7	32.7
2021Q3	3.3	−1.8	8.6	7.0
2021Q4	7.0	4.4	2.2	6.2
2022Q1	−2.0	−2.2	2.5	2.1
2022Q2	−0.6	4.9	3.3	0.3
2022Q3	2.7	−0.9	1.9	−0.3
2022Q4	2.6	1.3	0.0	0.4
2023Q1	2.2	4.8	0.2	0.7
2023Q2	2.1	4.1	0.6	0.0
2023Q3	4.9	−3.6	−0.2	−0.5
2023Q4	3.4	0.0	−0.2	−1.2
2024Q1	1.6	−2.0	1.3	2.5

数据来源：各经济体官方统计网站、Wind。
Sources: Official statistical websites of the economies, Wind.

GDP季度同比增长率
Year-on-year quarterly growth rate of GDP

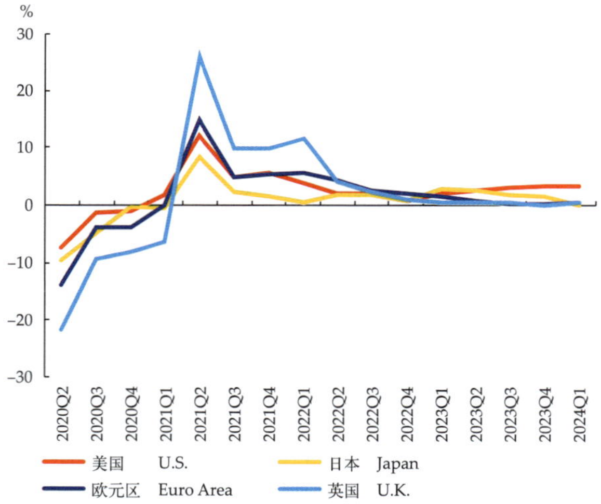

GDP季度环比折年率
Quarter-on-quarter annualized growth rate of GDP

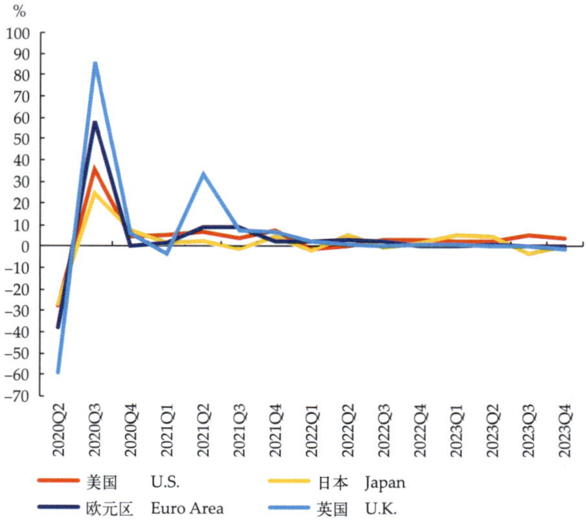

二、消费价格指数（CPI）

消费价格当月同比指数
Monthly CPI (YOY)

单位：%　Unit: %

年 / 月 Year/Month	美国 U.S.	日本 Japan	欧元区 Euro Area	英国 U.K.
2022.04	8.3	2.5	7.4	9.0
2022.05	8.6	2.5	8.1	9.1
2022.06	9.1	2.4	8.6	9.4
2022.07	8.5	2.6	8.9	10.1
2022.08	8.3	3.0	9.1	9.9
2022.09	8.2	3.0	9.9	10.1
2022.10	7.7	3.7	10.6	11.1
2022.11	7.1	3.8	10.1	10.7
2022.12	6.5	4.0	9.2	10.5
2023.01	6.4	4.3	8.6	10.1
2023.02	6.0	3.3	8.5	10.4
2023.03	5.0	3.2	6.9	10.1
2023.04	4.9	3.5	7.0	8.7
2023.05	4.0	3.2	6.1	8.7
2023.06	3.0	3.3	5.5	7.9
2023.07	3.2	3.3	5.3	6.8
2023.08	3.7	3.2	5.2	6.7
2023.09	3.7	3.0	4.3	6.7
2023.10	3.2	3.3	2.9	4.6
2023.11	3.1	2.8	2.4	3.9
2023.12	3.4	2.6	2.9	4.0
2024.01	3.1	2.2	2.8	4.0
2024.02	3.2	2.8	2.6	3.4
2024.03	3.5	2.7	2.4	3.2

数据来源：各经济体官方统计网站、Wind。
Sources: Official statistical websites of the economies, Wind.

消费价格当月同比增速
Monthly CPI (YOY)

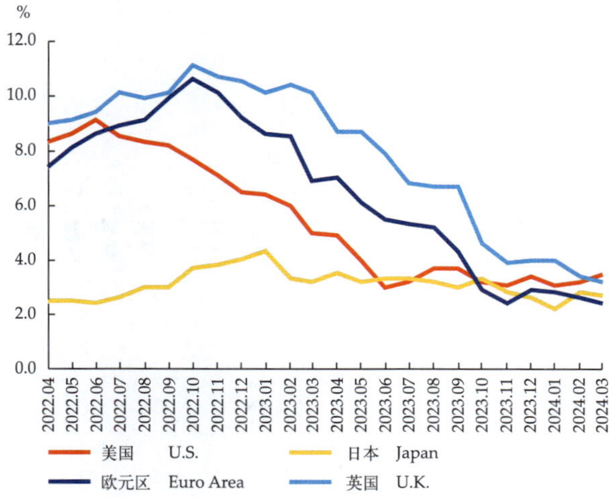

三、失业率（Unemployment rate）

失业率（季节调整后）
Unemployment rate (after seasonal adjustment)

单位：%　Unit: %

年 / 月 Year/Month	美国 U.S.	日本 Japan	欧元区 Euro Area	英国 U.K.
2022.04	3.7	2.6	6.8	4.2
2022.05	3.6	2.6	6.8	4.2
2022.06	3.6	2.6	6.8	4.1
2022.07	3.5	2.5	6.7	4.0
2022.08	3.6	2.5	6.7	4.0
2022.09	3.5	2.6	6.7	4.1
2022.10	3.6	2.6	6.7	4.0
2022.11	3.6	2.5	6.7	4.1
2022.12	3.5	2.5	6.7	4.1
2023.01	3.4	2.5	6.7	4.0
2023.02	3.6	2.6	6.6	3.9
2023.03	3.5	2.7	6.6	4.0
2023.04	3.4	2.6	6.5	4.1
2023.05	3.7	2.6	6.5	4.0
2023.06	3.6	2.5	6.5	4.0
2023.07	3.5	2.6	6.6	4.1
2023.08	3.8	2.6	6.5	4.0
2023.09	3.8	2.6	6.6	4.0
2023.10	3.8	2.5	6.6	4.1
2023.11	3.7	2.5	6.5	4.1
2023.12	3.7	2.5	6.5	4.1
2024.01	3.7	2.4	6.5	4.1
2024.02	3.9	2.6	6.5	4.1
2024.03	3.8	2.6	6.5	4.1

数据来源：各经济体官方统计网站、Wind。
Sources: Official statistical websites of the economies, Wind.

失业率（季节调整后）
Unemployment rate (after seasonal adjustment)

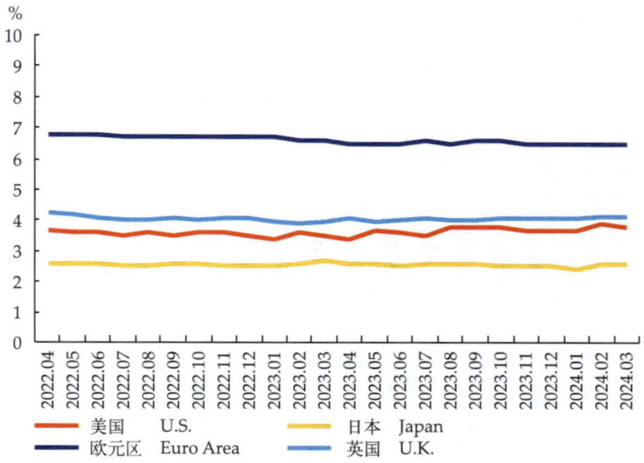

四、国际收支（BOP）

单位：10亿
Unit: billion

年 / 季度 Year/Quarter	美国 / 美元 U.S./USD			日本 / 日元 Japan/JPY			欧元区 / 欧元 Euro Area/EUR			英国 / 英镑 U.K./GBP		
	经常项目 Current account	资本与金融项目 Capital and financial account	净误差与遗漏 Net errors and omissions	经常项目 Current account	资本与金融项目 Capital and financial account	净误差与遗漏 Net errors and omissions	经常项目 Current account	资本与金融项目 Capital and financial account	净误差与遗漏 Net errors and omissions	经常项目 Current account	资本与金融项目 Capital and financial account	净误差与遗漏 Net errors and omissions
2020Q2	−149.23	70.65	78.58	892.90	−1 691.80	798.80	29.58	−1.52		−7.74	−3.44	6.19
2020Q3	−167.26	168.00	−0.73	4 897.40	−4 468.00	−429.50	61.64	−88.75		−10.33	−12.83	3.98
2020Q4	−180.20	267.73	−87.52	4 907.40	−3 433.90	−1 473.60	86.19	−120.31		−30.97	−45.25	−12.52
2021Q1	−175.55	175.89	−0.34	6 236.50	−3 918.80	−2 317.60	106.55	−113.72		−4.54	−3.59	0.27
2021Q2	−200.22	219.77	−19.55	5 542.90	−4 285.40	−1 257.60	97.96	−103.62		5.81	6.95	2.41
2021Q3	−226.72	215.80	10.93	6 084.40	−6 681.10	596.70	84.45	−83.62		−14.09	−9.37	8.77
2021Q4	−228.95	174.86	54.09	3 602.90	−2 305.90	−1 296.90	42.46	−33.73		2.01	−13.43	−15.61
2022Q1	−283.90	266.74	17.16	4 911.80	−5 148.00	236.30	15.77	−1.45		−45.70	−35.34	11.72
2022Q2	−248.78	129.75	119.03	2 290.20	−16.40	−2 273.90	−28.91	73.98		−23.75	−28.23	−1.86
2022Q3	−222.76	220.55	2.20	2 228.40	−1 173.10	−1 055.30	−68.55	23.23		−11.86	−16.02	−0.46
2022Q4	−216.15	183.14	33.02	2 018.20	−202.20	−1 816.00	−6.37	−29.86		4.10	16.38	10.88
2023Q1	−212.66	337.35	−124.69	2 541.90	−7 926.80	5 384.90	27.93	−30.40		−20.97	−9.76	14.49
2023Q2	−214.98	132.22	82.76	5 425.00	−4 321.80	−1 103.20	59.47	−37.16		−27.87	−31.35	2.07
2023Q3	−196.38	204.91	−8.53	7 893.70	−7 939.70	46.10	74.77	−84.79		−18.52	−27.70	1.95
2023Q4	−194.81	218.67	−23.86	5 520.40	−3 515.40	−2 005.00	72.29	−76.85		−21.18	−10.29	1.97
2024Q1				6 499.90	−6 020.90	−479.10	103.74	−74.83				

数据来源：各经济体官方统计网站、Wind。
Source: Official statistical websites of the economies, Wind.

美国国际收支
BOP of U.S.

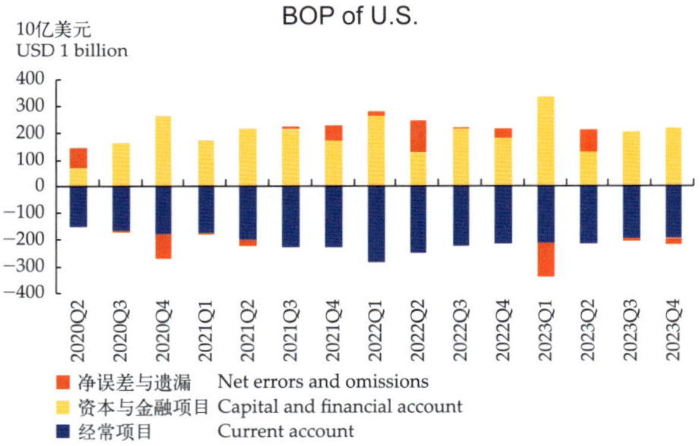

欧元区国际收支
BOP of Euro area

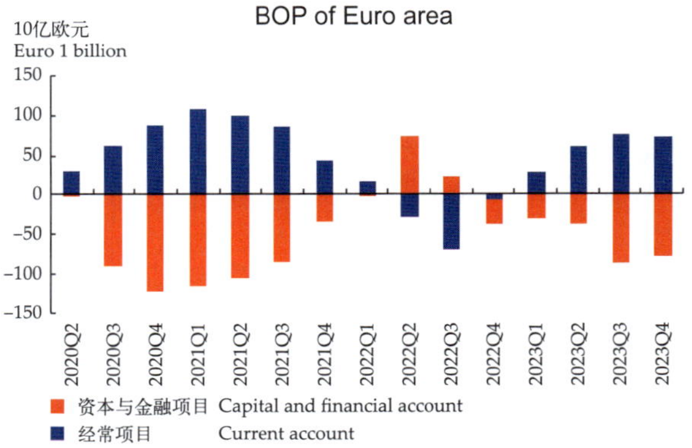

日本国际收支
BOP of Japan

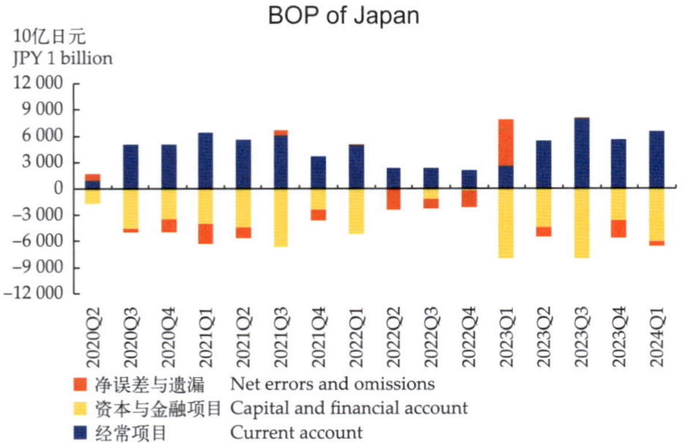

英国国际收支
BOP of U.K.

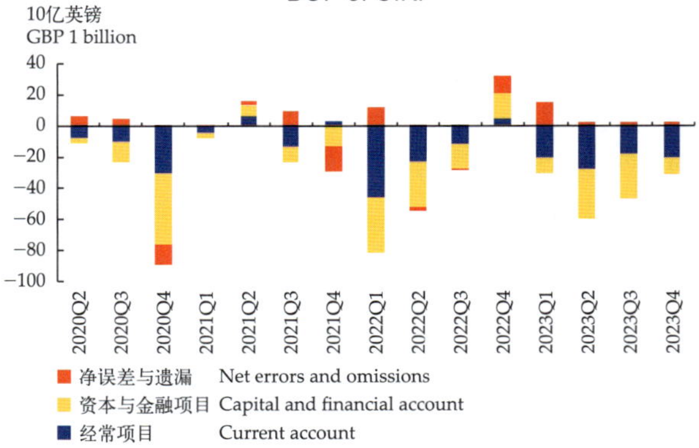

五、利率（Interest rate）

5.1　中央银行政策利率（Central bank policy rates）

中央银行政策利率
Central bank policy rates

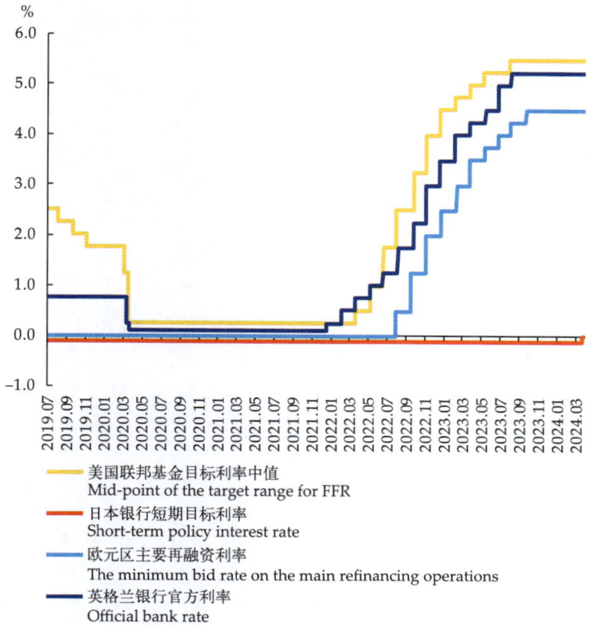

10年期国债收益率
（年率，月平均）
10-year government bond yield
(annualized, monthly average)

单位：%　Unit: %

年 / 月 Year/Month	美元 USD	日元 JPY	欧元 EUR	英镑 GBP
2022.04	2.75	0.24	0.82	1.84
2022.05	2.90	0.24	1.06	1.91
2022.06	3.14	0.25	1.58	2.38
2022.07	2.90	0.23	1.23	2.15
2022.08	2.90	0.21	1.17	2.33
2022.09	3.52	0.27	1.86	3.50
2022.10	3.98	0.26	2.30	4.11
2022.11	3.89	0.27	2.17	3.42
2022.12	3.62	0.36	2.17	3.50
2023.01	3.53	0.48	2.27	3.51
2023.02	3.75	0.52	2.46	3.56
2023.03	3.66	0.40	2.47	3.56
2023.04	3.46	0.47	2.47	3.65
2023.05	3.57	0.42	2.45	3.96
2023.06	3.75	0.42	2.48	4.37
2023.07	3.90	0.46	2.56	4.44
2023.08	4.17	0.64	2.65	4.53
2023.09	4.38	0.71	2.76	4.42
2023.10	4.80	0.82	2.91	4.57
2023.11	4.50	0.81	2.67	4.27
2023.12	4.02	0.69	2.20	3.86
2024.01	4.06	0.66	2.29	3.93
2024.02	4.21	0.72	2.43	4.12
2024.03	4.21	0.75	2.41	4.03

数据来源：各经济体官方统计网站、Wind。
Sources: Official statistical websites of the economies, Wind.

5.2　市场利率（Market interest rates）

隔夜基准利率
Overnight benchmark rates

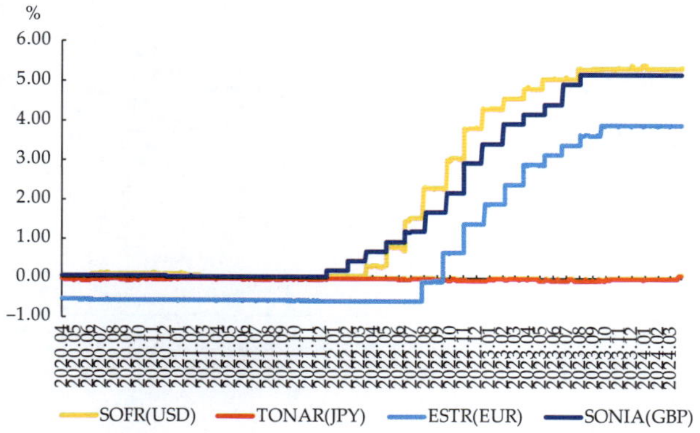

10年期国债收益率（年率，月平均）
10-year government bond yield (annualized, monthly average)

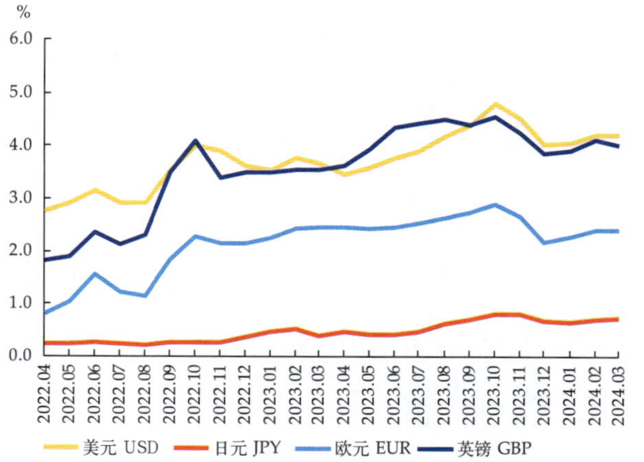

六、汇率（Exchange rates）

汇率（月平均）
Exchange rates (monthly average)

年 / 月 Year/Month	美元 / 欧元 USD/EUR	美元 / 英镑 USD/GBP	日元 / 美元 JPY/USD
2022.04	1.0803	1.2933	126.37
2022.05	1.0567	1.2438	128.85
2022.06	1.0567	1.2320	133.96
2022.07	1.0168	1.1987	136.71
2022.08	1.0129	1.1983	135.28
2022.09	0.9899	1.1320	143.28
2022.10	0.9853	1.1332	147.05
2022.11	1.0192	1.1727	142.45
2022.12	1.0591	1.2180	134.91
2023.01	1.0777	1.2237	130.45
2023.02	1.0702	1.2084	133.05
2023.03	1.0711	1.2138	133.66
2023.04	1.0962	1.2446	133.47
2023.05	1.0867	1.2484	137.05
2023.06	1.0840	1.2627	141.36
2023.07	1.1067	1.2893	140.94
2023.08	1.0910	1.2706	144.78
2023.09	1.0672	1.2381	147.85
2023.10	1.0565	1.2175	149.59
2023.11	1.0819	1.2437	149.68
2023.12	1.0909	1.2657	143.98
2024.01	1.0899	1.2701	146.29
2024.02	1.0793	1.2630	149.62
2024.03	1.0870	1.2713	149.82

数据来源：各经济体官方统计网站、Wind。
Sources: Official statistical websites of the economies, Wind.

实际有效汇率（月平均，2010年=100）
Real effective exchange rates (monthly average, year 2010=100)

年 / 月 Year/Month	美元 USD	欧元 EUR	日元 JPY	英镑 GBP
2022.04	103.2	96.5	79.3	105.2
2022.05	106.2	96.6	79.4	103.4
2022.06	107.4	96.8	76.0	102.6
2022.07	109.2	94.8	75.7	102.6
2022.08	108.7	94.6	77.0	103.0
2022.09	111.3	95.5	74.6	99.3
2022.10	113.0	97.1	73.7	101.3
2022.11	110.2	98.2	75.2	103.0
2022.12	107.4	99.1	77.7	104.4
2023.01	105.7	98.3	78.9	101.9
2023.02	106.2	98.5	77.2	102.2
2023.03	106.8	99.5	77.5	103.1
2023.04	106.0	101.1	77.5	105.0
2023.05	106.8	100.7	76.0	106.9
2023.06	107.3	101.5	74.3	108.9
2023.07	106.2	102.6	74.4	109.2
2023.08	107.7	102.6	73.1	108.8
2023.09	109.1	102.0	72.3	108.1
2023.10	110.5	101.6	72.5	106.9
2023.11	108.4	101.6	71.5	107.2
2023.12	106.7	101.4	73.4	108.4
2024.01	107.4	100.9	72.6	108.3
2024.02	108.1	100.5	70.7	108.5
2024.03	108.4	101.8	70.8	109.1

数据来源：各经济体官方统计网站、Wind。
Sources: Official statistical websites of the economies, Wind.

汇率（月平均）
Exchange rates (monthly average)

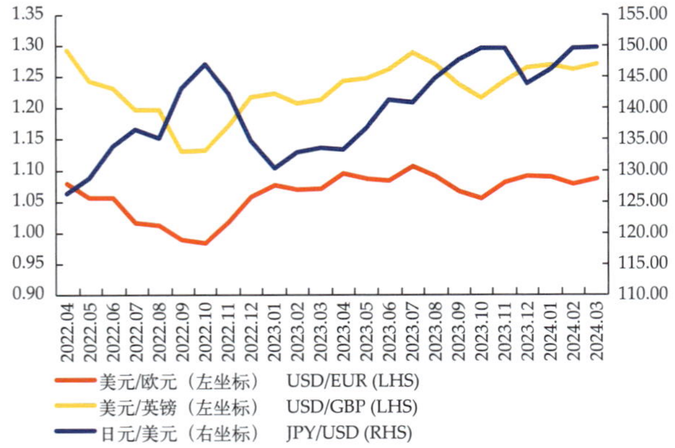

实际有效汇率（月平均，2010年=100）
Real effective exchange rates (monthly average, year 2010=100)

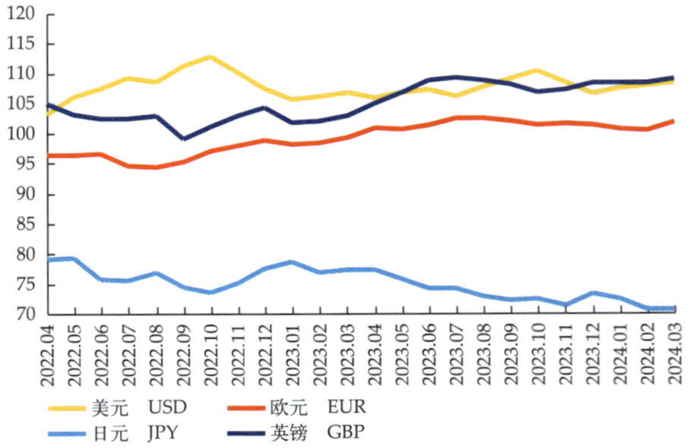

七、股票市场指数（Stock market indices）

主要股票市场指数（期末）
Major stock market indices (end-period)

年 / 月 Year/Month	美国道琼斯工业平均指数 Dow Jones 30	纳斯达克综合指数 NASDAQ	日本日经 225 种股票平均价格指数 Nikkei 225	道琼斯欧元区 STOXX 50 股票指数 Dow Jones EURO STOXX 50
2022.04	32 977	12 335	26 848	3 803
2022.05	32 990	12 081	27 280	3 789
2022.06	30 775	11 029	26 393	3 455
2022.07	32 845	12 391	27 802	3 708
2022.08	31 510	11 816	28 092	3 517
2022.09	28 726	10 576	25 937	3 318
2022.10	32 733	10 988	27 587	3 618
2022.11	34 590	11 468	27 969	3 965
2022.12	33 147	10 466	26 095	3 794
2023.01	34 086	11 585	27 327	4 163
2023.02	32 657	11 456	27 446	4 238
2023.03	33 274	12 222	28 041	4 315
2023.04	34 098	12 227	28 856	4 359
2023.05	32 908	12 935	30 888	4 218
2023.06	34 408	13 788	33 189	4 399
2023.07	35 560	14 346	33 172	4 471
2023.08	34 722	14 035	32 619	4 297
2023.09	33 508	13 219	31 858	4 175
2023.10	33 053	12 851	30 859	4 061
2023.11	35 951	14 226	33 487	4 382
2023.12	37 690	15 011	33 464	4 522
2024.01	38 150	15 164	36 287	4 648
2024.02	38 996	16 092	39 166	4 878
2024.03	39 807	16 379	40 369	5 083

数据来源：Wind。
Source: Wind.

主要股票市场指数（期末）
Major stock market indices (end-period)

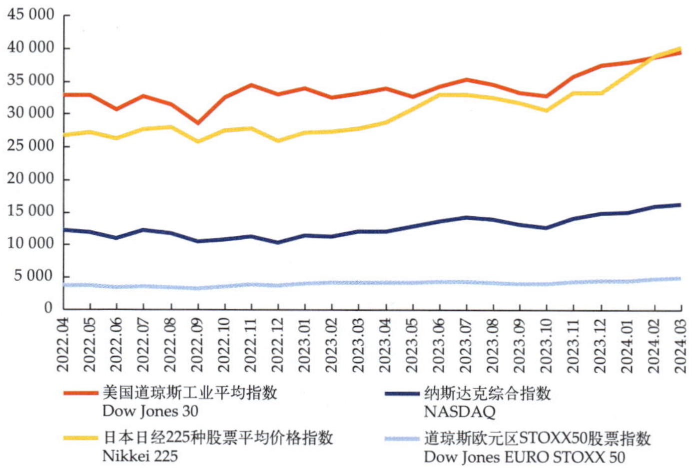